MLFlow를
활용한
MLOps

MLFlow를 활용한 MLOps

AWS, Azure, GCP에서 MLOps 시작하기

스리다르 알라 · 수만 칼리안 아다리 지음
정이현 옮김

i!i
에이콘

지은이 소개

스리다르 알라^{Sridhar Alla}(sid@bluewhale.one)

SAS 코드를 Python으로 자동 변환하는 것에 초점을 맞춘 제품 Sas2Py(www.sas2py.com)의 벤더인 Bluewhale.one의 설립자이자 CTO이다. 블루웨일^{Bluewhale}은 지능적인 이메일 대화 추적부터 소매업계에 영향을 미치는 문제에 이르기까지 AI를 활용해 핵심 문제를 해결하는 데 주력하고 있다. 퍼블릭 클라우드와 사내 인프라 모두에서 AI 기반 빅데이터 분석 실무 구축에 관한 깊은 전문 지식을 보유하고 있다. 저자이자 수많은 Strata, Hadoop World, Spark Summit 및 기타 콘퍼런스에서 열정적인 발표자로 활동하고 있다. 또한 대규모 컴퓨팅 및 분산 시스템에 대해 미국 PTO에 출원한 여러 특허를 보유하고 있다. Spark, Flink, Hadoop, AWS, Azure, TensorFlow 등을 비롯한 대부분의 주요 기술에 대한 폭넓은 실무 경험을 보유하고 있다. 아내인 로지와 딸 에블린, 마들린과 함께 미국 뉴저지에서 살고 있다. 여가 시간에는 훈련과 코칭, 미팅 참석으로 시간을 보내는 것을 좋아한다.

이 책을 쓰는 동안 많은 사랑과 인내심을 베풀어준 멋진 아내 조지 사르카리아와 아름답고 사랑스러운 딸 에블린과 마들린에게 감사드린다. 또한 부모님 라비와 라크슈미 알라가 제게 계속 베풀어주신 모든 지지와 격려에 감사드린다.

수만 칼리안 아다리^{Suman Kalyan Adari}(sadari@ufl.edu)

컴퓨터 비전, 적대적 머신러닝, 자연어 처리(대화형 AI), 이상 탐지^{anomaly detection} 등 다양한 분야에서 실용성을 발휘하는 딥러닝을 전문으로 하는 미국 플로리다대학교의 수석 연구원이다. 2019년 6월 미국 오리건주 포틀랜드에서 열린 신뢰할 수 있고 안전한 머신러닝에 관한 IEEE에서 신뢰할 수 있는 시스템 및 네트워크 국제 콘퍼런스 워크숍에서 연사로 참여했다. 또한 이상 탐지에 있어 딥러닝의 활용에 초점을 맞춘 책을 쓴 작가이기도 하다.

그동안 저를 응원해주신 부모님 벤카타와 조티 아다리 그리고 사랑하는 강아지 핑키에게 감사를 전한다. 특히 편집과 교정을 도와주고 부록 작성을 도와준 누나 니하리카 아다리에게 감사드린다.

프라모드 싱 Pramod Singh

Bain & Company의 데이터 과학 매니저다. 데이터 과학 분야에서 11년 이상의 풍부한 경험을 갖고 있으며 여러 제품 기반 및 서비스 기반 조직과 협력하고 있다. 수많은 ML과 AI 대규모 프로젝트에 참여해왔다. 대규모 데이터 처리와 머신러닝에 관한 도서 세 권을 출판했다. 오라일리 O'Reilly AI & Strata 콘퍼런스 등 주요 AI 콘퍼런스에서 고정 연사로도 활동하고 있다.

옮긴이 소개

정이현(2wisev@gmail.com)

IT 서비스 업계에서 주로 금융 차세대 AA/SA 및 Mobile Commerce/Payment 관련 글로벌 프로젝트에서 Solution Architect 역할을 수행해오다 2017년부터 본격적으로 클라우드 및 데이터 플랫폼 관련 업무를 해오고 있다. AWS, Azure, GCP 등 주요 CSP 내 Managed Kubernetes Cluster를 기반으로 한 Cloud Native Transformation 및 AI/Data 관련 플랫폼 서비스 구축 등을 담당하고 있다. Kubernetes, DevOps, SRE, MLOps, Auto-ML, 클라우드 보안 등에 대한 관심이 높고 PaaS, SaaS, OSS, Cloud Native 서비스 기반에서 다양한 시도를 해보기를 좋아한다.

옮긴이의 말

'원시 데이터 수집과 분석 학습을 위한 전처리, 모델 구축, 학습 및 테스트, 평가 및 검증/튜닝, 모델 배포 및 서빙, 예측 등으로 진행되는 일련의 머신러닝 프로세스를 얼마나 효율적이고 효과적으로 신속하게 제공할 수 있을까?'에 대한 아쉬움이 항상 존재한다. 이 상황에서 MLOps는 머신러닝에 데브옵스의 철학을 채택해 고성능 머신러닝 모델의 지속적인 전달을 보장한다. MLOps를 실현하고 자동화하려면 MLFlow와 같은 머신러닝 라이프사이클 관리 API가 필수적으로 필요하다. MLFlow를 활용해 클라우드 환경에 모델을 배포하고 배포된 모델을 대상으로 엔드포인트를 생성해 실제 서비스에 활용할 수 있도록 구성하는 것이 구체적으로 머신러닝의 효과성을 입증할 수 있는 중요한 포인트다. 이에 대한 내용을 다루는 것이 이 책의 가치이다. 실제 현장에서 머신러닝을 서비스에 어떻게 활용할 것인지 고민하는 독자들에게 조금이나마 도움이 되길 기대한다.

차례

들어가며

이 책은 머신러닝 초보자부터 고급 머신러닝 엔지니어, 심지어 실험의 더 나은 구성법을 배우고자 하는 머신러닝 연구원까지 관련한 모든 독자들을 대상으로 한다.

1장과 2장에서는 신용카드 데이터셋에 기반한 이상 검출기 모델에 MLOps 원리를 통합하는 방법을 다룬다. 3장에서는 MLOps가 무엇인지, 작동 방식은 무엇이며 어떻게 유용할 수 있는지 소개한다.

4장에서는 기존 프로젝트에서 MLFlow를 구현하고 활용해 몇 줄의 코드만으로 MLOps의 이점을 누릴 수 있는 방법을 자세히 설명한다.

5장, 6장, 7장에서는 모델을 운영해 AWS, Microsoft Azure 및 Google Cloud에 각각 구축할 수 있는 방법을 다룬다. 7장에서는 가상 머신에서 모델을 호스팅하고 외부 소스에서 서버에 연결해 예측을 수행하는 방법을 설명한다. 따라서 설명서에 설명된 MLFlow 기능이 오래되면 언제든지 이 방식을 사용해 클라우드상의 일부 클러스터에서 모델을 서비스할 수 있다.

마지막 장인 부록에서는 MLFlow를 만든 Databricks를 활용해 MLFlow 실험을 구성하고 모델을 배치하는 방법을 설명한다.

MLFlow의 장점을 이용해 기존 프로젝트에 MLOps 원리를 쉽게 통합할 수 있는 방법을 독자에게 전달하는 것이 이 책의 목표다. 그리고 많은 사람이 모델을 호스팅하는 클라우드 서버에 연결할 수 있는 한, 클라우드 구현 방법에 대해 더 잘 알고 있기를 바란다.

MLFlow는 작업 공간을 구성하는 도구로서도 머신러닝 실험의 관리를 대폭 개선하고 프로젝트의 전체 모델 기록을 추적할 수 있다. 더 많은 사람이 MLFlow를 채택해 워크플로우에 통합하기를 바란다.

연구자들은 MLFlow를 사용하면 원하는 사용자 정의 메트릭 위에 그림을 기록할 수 있어서 실험을 수행할 때 유용하다고 생각할 수 있다. 이제 개념 증명proof-of-concept으로 완벽하게 작동한 모델을 추적하고 언제든지 동일한 가중치로 되돌리면서 하이퍼파라미터를 조정할 수 있으므로 프로토타이핑이 훨씬 쉬워졌다. 하이퍼파라미터 튜닝은 훨씬 간단하고 체계화돼 여러 다양한 하이퍼파라미터를 한 번에 검색하고 MLFlow를 사용해 모든 결과를 기록하는 복잡한 스크립트를 실행할 수 있다.

MLFlow의 모든 혜택과 그에 상응하는 MLOps 원칙이 모든 영역에서의 머신러닝 마니아들에게 제공되므로, 현재 작업 환경에 통합하는 데 큰 단점이 없다. 이를 바탕으로 책을 잘 활용하기를 바란다!

문의

한국어판의 정오표는 www.acornpub.co.kr/book/mlops-mlflow에서 찾아볼 수 있다. 질문이 있면 에이콘출판사 편집 팀(edit@acornpub.co.kr)이나 옮긴이의 이메일로 문의하길 바란다.

Chapter 1

시작하기: 데이터 분석

1장에서는 운영하고자 하는 머신러닝 솔루션으로 해결하려는 문제의 선행 조건을 살펴볼 것이다. 또한 데이터 분석 및 데이터 세트의 피처 엔지니어링도 시작할 예정이다.

▶▶ 소개 및 전제

『MLFlow와 함께 하는 MLOps』에 온 것을 환영한다! 이 책에서는 문제를 예로 들어 AWS SageMaker, Microsoft Azure, Google Cloud 및 Datarobot에서 머신러닝 솔루션을 개발하고 모델을 운영한다. 우리가 보게 될 문제는 신용카드 데이터 세트에서 이상 징후를 감지하는 것이다. 1장에서는 이 데이터 세트를 탐색하고 전체 구조를 보여주는 동시에 이 데이터 분석에 대한 몇 가지 기술을 설명할 것이다. 이 데이터 세트는 www.kaggle.com/mlg-ulb/creditcardfraud에서 찾을 수 있다.

데이터를 분석하고 머신러닝 모델을 구축하는 방법에 이미 익숙하다면 데이터 세트를 자유롭게 잡고 3장으로 건너뛰면 바로 MLOps에 뛰어들 수 있다.

그렇지 않다면 먼저 머신러닝 솔루션이 일반적으로 어떻게 만들어지는지에 대한 일반적인 프로세스를 검토할 것이다. 프로세스는 다음과 같다.

1. **문제의 식별**: 우선 무엇이 문제인지, 무엇을 어떻게 할 수 있는지, 무엇을 어떻게 해왔는지 그리고 왜 그것이 해결할 가치가 있는 문제인지 잘 알아야 한다.

   여기 문제의 예가 있다. 지역 환경에 해로운 침습적인 뱀 종이 한 지역을 침범했다. 이 종은 매우 독성이 강하나 동일한 환경에 서식하는 무해한 뱀 종과 매우 유사해보인다. 더 나아가 침습종은 지역 환경에 파괴적이며 지역종을 능가하고 있다.

   이에 대해 지자체는 시민들이 직접 나가 독극물 침습종을 눈앞에서 죽이도록 유도하는 성명을 냈지만 문제는 두 종을 혼동하기 쉬운 탓에 시민들이 지역종도 죽여 온 것으로 드러나고 있다는 점이다.

   이 문제를 어떻게 해결할 수 있을까? 가능한 해결책은 머신러닝의 힘을 사용하고 시민들이 뱀 종을 식별하는 것을 돕는 애플리케이션을 만드는 것이다. 어떻게 됐는가? 아마도 누군가 이 두 종을 구별하는 데 다소 서투른 앱을 출시했을 수도 있지만, 현재 상황을 해결하는 데 도움이 되지 않는다. 전단지를 뿌렸을지도 모르지만 사진만으로 한 종에 포함되는 모든 구성원을 정확하게 식별하기는 어려울 수 있다.

   왜 이것이 해결할 가치가 있는 문제인가? 토착종은 지역 환경에 중요하다. 잘못된 종을 죽이는 것은 상황을 악화시키고 토착종보다 환경을 파괴하는 침습종으로 이어질 수 있다.

   그래서 종종 다양한 뱀 종(특히 이 문제와 관련된 두 종)을 구별할 수 있는 컴퓨터 시각 기반 애플리케이션을 만드는 것은 시민들이 올바른 뱀 종을 제거하는 데 도움을 줄 수 있는 좋은 방법이 될 수 있다.

2. **데이터 수집**: 문제를 확인한 후 관련 데이터를 수집하려고 한다.

   뱀 종 분류 문제의 맥락에서 해당 지역의 다양한 뱀 종에 대한 이미지를 찾고자 한다. 위치는 프로젝트가 얼마나 큰 규모로 운영될지에 따라 달라진다. 그것이전 세계의 어떠한 뱀도 식별할 수 있을까? 그냥 플로리다 내 뱀 정도로?

그럴 여유가 있다면 더 많은 데이터를 수집할수록 잠재적인 학습 결과가 더 좋아질 것이다. 더 많은 학습 사례를 통해 모델에 품종이 다양해짐에 따라 장기적으로 더 나은 모델을 만들 수 있다. 딥러닝 모델은 대량의 데이터에 따라 성능이 개선되므로 이러한 점을 염두에 둬야 한다.

3. **데이터 분석**: 모든 원시 데이터를 수집했으면 데이터를 더 잘 분석할 수 있도록 정리하고 처리한 후 정렬할 수 있다.

   이미지의 경우, 이것은 단지 뱀에만 초점을 맞추기 위해 이미지의 불필요한 부분을 잘라내기 위해 알고리즘을 적용하는 것과 같은 것일 수 있다. 또한 데이터 샘플의 모든 불필요한 시각적 정보를 제거하기 위해 이미지를 중앙에서 잘라낼 수도 있다. 어느 쪽이든 원시 이미지 데이터는 직접 사용할 수 있을 만큼 양호한 경우는 거의 없다. 원하는 관련 데이터를 얻기 위해서는 거의 항상 전처리가 필요하다.

   이미지와 같은 구조화되지 않은 데이터의 경우, 이 데이터를 분석할 수 있을 만큼 좋은 형식으로 정렬하는 것은 모든 뱀 종과 관련 이미지 데이터로 디렉터리를 생성하는 것과 같을 수 있다. 여기서 각 뱀 종 클래스의 이미지 수를 보고 특정 종에 대해 더 많은 샘플을 얻어야 하는지 여부를 결정할 수 있다.

   정형 데이터의 경우 원시 데이터를 처리하는 것은 null 값이 있는 항목을 제거하는 것과 같은 의미를 가질 수 있다. 더 잘 분석할 수 있도록 형식을 지정하면 주성분 분석과 같은 차원 감소 기법을 사용할 수 있다.

   > **NOTE**
   >
   > 신용카드 데이터 세트의 데이터 대부분은 실제로 주성분 분석(PCA)으로 처리돼 데이터로부터 추출된 사용자의 개인정보를 보존하는 데 사용된다.

   분석의 경우 서로 다른 피처의 여러 그래프를 구성해 피처의 전체 분포와 피처가 서로 다르게 표시되는 방식을 파악할 수 있다. 이렇게 하면 학습 데이터를 생성할 때 염두에 둘 수 있는 특정 피처 간의 중요한 상관관계를 확인할 수 있다.

레이블에 가장 큰 영향을 미치는 "phi-k correlation"과 같은 피처를 찾기 위해 사용할 수 있는 몇 가지 도구가 있다. 개별 피처와 대상 레이블 간의 서로 다른 상관관계 값을 볼 수 있으므로, 이 데이터 세트의 피처 간의 관계를 더 깊이 이해할 수 있다. 필요한 경우 데이터에 큰 영향을 미치지 않는 피처를 삭제할 수도 있다. 이 단계에서는 데이터에 가장 적합한 모델 아키텍처를 적용할 수 있도록 데이터를 확실하게 이해하고자 한다.

4. **피처 엔지니어링 및 데이터 처리**: 이제 다양한 피처와 각 피처 간의 관계를 분석해 습득한 지식을 활용해 기존의 여러 피처 조합에서 잠재적으로 새로운 피처를 구성할 수 있다. 예를 들어 타이타닉 데이터 세트는 피처 엔지니어링을 적용할 수 있는 훌륭한 사례다. 이 경우 클래스, 나이, 요금, 형제자매 수, 부모 수 등의 정보를 가져와 생각할 수 있는 만큼 많은 피처를 생성할 수 있다.

피처 엔지니어링은 실제로 모델을 좀 더 심층적인 컨텍스트를 제공해 작업을 더 잘 학습하는 데 사용된다. 우리는 그것을 위해 반드시 무작위적인 피처들을 만들고 싶은 것이 아니라, 예를 들어 여성 친척들의 수처럼 잠재적으로 관련이 있는 것들이다(여성들이 타이타닉호 침몰에서 생존할 가능성이 높았기 때문에 만약 한 사람에게 더 많은 여성 친척이 있었다면 그들의 여성 친척들에게도 선호도가 주어지기 때문에 상대적으로 생존할 가능성이 낮아질 수 있지 않았을까?).

피처 엔지니어링의 다음 단계는 데이터 처리로, 모델에 전달될 데이터를 처리하기 위한 모든 준비를 포함하는 단계다. 뱀 종 이미지 데이터의 컨텍스트에서, 이것은 데이터를 그룹으로 분류하는 것뿐만 아니라 모든 값을 0과 1 사이로 정규화하는 것을 포함할 수 있다.

이 단계에서는 일반적으로 초기 데이터의 여러 부분 집합(학습 데이터 세트, 테스트 데이터 세트 및 검증 데이터 세트)도 생성한다. 이러한 각 데이터 세트의 목적에 대해 나중에 자세히 알아보겠다. 현재 학습 데이터 세트에는 모델이 학습할 데이터가 포함돼 있으며, 테스트 데이터 세트에는 모델의 성능을 평가할 데이터가 포함돼 있으며, 검증 데이터 세트를 사용해 모델을 선택하거나 모델의 하이퍼파라미터를 조정해 더 나은 성능을 이끌어낸다.

5. **모델 구축**: 이 단계는 데이터 처리가 완료되면 적절한 아키텍처를 선택하고 모델을 구축하는 단계다. 뱀 종 이미지 데이터의 경우 이미지와 관련된 모든 작업에서 매우 잘 작동하기 때문에 합성곱 신경망CNN을 사용하는 것이 좋은 선택일 것이다. 여기서부터 모델의 계층 구성과 관련해 모델의 특별한 아키텍처를 정의하는 것은 사용자의 몫이다.

6. **학습, 평가 및 검증**: CNN 모델을 학습할 때 전체 데이터가 모델을 완전히 통과할 때까지 데이터 묶음을 전달한다. 이 "forward pass"의 결과로부터, 모델에게 "backward pass"라고 부르는 것을 통해 네트워크를 통해 역방향으로 만들어질 때 가중치를 조정하는 방법을 알려주는 계산이 만들어진다. 학습 과정은 본질적으로 모델이 작업 수행 방법을 학습하고 더 많은 예를 볼수록 더 잘하게 되는 과정이다.

   학습 과정 후에는 평가 단계 또는 검증 단계가 다음 단계로 넘어갈 수 있다. 테스트 세트와 검증 세트가 서로 다른 분포(검증 세트는 학습 세트에서 도출할 수 있는 반면, 테스트 세트는 원본 데이터에서 도출할 수 있다)에서 나온다면, 모델은 기술적으로 평가 및 검증 프로세스에서 새로운 데이터를 보고 있다. 모델은 평가 데이터에서 학습되지 않으므로 언제든지 모델을 테스트할 수 있다.

   모델 평가는 정확도, 정밀도, 재현율 등 모델의 성능 지표가 지금까지 본 적이 없는 데이터 세트에서 평가되는 것이다. 평가 단계는 2장에서 더욱 관련성이 높아지면 자세히 살펴보겠다.

   컨텍스트에 따라 정확한 검증 목적은 학습 후 평가를 먼저 수행해야 하는지 여부와 함께 달라질 수 있다. 검증을 사용하는 몇 가지 샘플 시나리오를 정의한다.

   - **모델 아키텍처 선택**: 여러 모델 유형 또는 아키텍처 중에서 k-겹 교차 검증을 사용해 검증 세트의 일부 데이터 파티션에서 각 모델을 신속하게 교육하고 평가해 모델의 성능을 파악할 수 있다. 이렇게 하면 어떤 모델이 가장 성능이 좋은지 잘 알 수 있으므로 모델을 선택하고 나머지 프로세스를 계속할 수 있다.

- **최적의 모델 선택**: 학습을 받은 여러 모델 중 k-겹 교차 검증과 같은 모델을 사용해 검증 데이터에 대한 각 모델을 신속하게 평가해 어떤 모델이 가장 성능이 좋은지 파악할 수 있다.

- **하이퍼파라미터 튜닝**: 모델을 신속하게 학습하고 다양한 하이퍼파라미터 설정으로 테스트해 어떤 구성이 더 잘 작동하는지 파악할 수 있다. 다양한 하이퍼파라미터로 시작할 수 있다. 여기서 결과를 사용해 범위를 좁힐 수 있다. 여기에서 결과를 사용해 원하는 구성에 도달할 때까지 하이퍼파라미터의 범위를 좁힐 수 있다. 예를 들어 딥러닝에서는 많은 하이퍼파라미터가 있을 수 있으므로, 검증을 사용해 해당 하이퍼파라미터를 튜닝하면 딥러닝 설정에서 잘 작동할 수 있다. 성능 저하에 주의한다. 하이퍼파라미터 설정을 통해 어느 정도 정밀도를 높인 후에는 모델에서 성능이 크게 향상되는 것을 볼 수 없다.

- **높은 분산의 표시**: 이 검증 데이터는 다른 세 가지 예제와 약간 다르다. 신경망의 경우 이 데이터는 학습 데이터의 작은 분할에서 도출된다. 학습 데이터를 완전히 통과한 후 모델은 이 검증 데이터를 평가해 손실 및 정확도와 같은 메트릭을 계산한다.

학습 정확도는 높고 학습 손실은 낮지만 검증 정확도는 낮고 검증 손실은 높은 경우 이는 모형이 높은 분산을 겪는다는 것을 나타낸다. 즉, 이 경우 검증 데이터는 이전에는 보지 못했던 데이터로 구성되므로 모델이 새로운 데이터에 대해 "학습"하는 방법을 일반화하지 못했다는 의미이다. 즉, 모형이 너무 과적합하다는 것이다. 이 모델은 이전에 보지 못했던 새로운 데이터에 대한 학습 데이터에서 얻을 수 있는 종류의 성능을 재현하지 못하고 있다.

모델의 학습 정확도가 떨어지고 학습 손실이 크면 높은 편향을 받게 된다. 즉, 모델이 학습 데이터에 대해 작업을 올바르게 수행하는 방법을 전혀 학습하지 못하고 있다는 뜻이다.

학습 과정 중 이러한 작은 검증 분할은 과적합이 발생하는 시기를 미리 알려줄 수 있다.

7. **예측**: 모델이 학습, 평가 및 검증되면 예측이 가능하다. 뱀 종 검출기의 맥락에서 이 단계는 몇 가지 예측을 다시 얻기 위해 해당 뱀의 시각적 이미지를 전달하는 것이다. 예를 들어 모델이 뱀을 감지하고, 뱀 주위에 상자를 그리고 (물체 감지 작업에서) 라벨을 붙이도록 돼 있다면, 그렇게 하고 실시간으로 결과를 애플리케이션에 표시할 것이다.

   사진 속의 뱀을 분류한다면 사용자는 단순히 (애플리케이션을 통해) 뱀의 사진을 모델에 전송해 확률 신뢰 점수와 함께 종 분류 예측을 얻을 수 있다.

   이제 머신러닝 솔루션을 만들 때 어떤 일이 일어나는지 더 잘 알 수 있기를 기대한다.

이 모든 것을 염두에 두고 신용카드 데이터 세트를 사용해 데이터를 사용하는 간단한 이상 탐지 모델을 구축하는 예제를 살펴보겠다.

▶▶ 신용카드 데이터 세트

데이터 분석을 수행하기 전에 먼저 데이터를 수집해야 한다. 다시 한 번 말하지만 데이터 세트는 www.kaggle.com/mlg-ulb/creditcardfraud에서 찾을 수 있다.

링크를 따라가면 그림 1-1에 다음과 같은 내용이 표시된다.

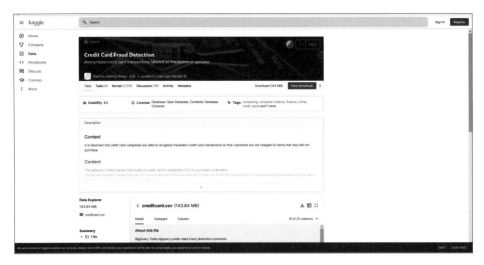

그림 1-1 신용카드 데이터의 Kaggle 웹사이트 페이지

여기서 새 노트북 옆에 있는 **다운로드**(144MB) 버튼을 클릭해 데이터 세트를 다운로드하려고 한다. 아직 로그인하지 않은 경우 로그인 페이지로 이동하지만, 그 후에는 데이터 세트를 다운로드할 수 있다.

zip 파일 다운로드가 끝나면 신용카드 데이터 세트를 볼 수 있는 어딘가에 압축을 풀기만 하면 된다. 이제 주피터 노트북을 오픈하고 이 데이터 세트를 살펴본다. 이 단계를 시작하기 전에 정확한 패키지와 해당 버전을 살펴보겠다.

- Python 3.6.5

- numpy 1.18.3

- pandas 0.24.2

- matplotlib 3.2.1

패키지 버전을 확인하려면 다음과 같은 명령을 실행할 수 있다.

```
pip show package_name
```

또는 다음 코드를 실행해 노트북 자체에 버전을 표시할 수 있다.

```
import module_name
print(module_name.__version__)
```

이 경우 module_name은 가져올 패키지의 이름(예: numpy)이다.

▶ 데이터 세트 적재

시작해보자. 먼저 새 노트북을 오픈하고 모든 종속적인 라이브러리를 import하고 이
노트북에 대한 글로벌 파라미터를 설정한다.

```
%matplotlib inline

import numpy as np
import pandas as pd
import matplotlib.pyplot as plt
from pylab import rcParams

rcParams['figure.figsize'] = 14, 8
```

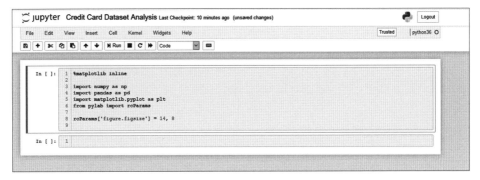

그림 1-2 모든 matplotlib 그림 크기에 대한 전역 매개변수 정의와 일부 import문이 있는 주피터 노트북 셀

이제 필요한 라이브러리를 가져왔으므로 데이터 세트를 로드할 수 있다. 이 경우 데이터 폴더는 노트북 파일과 동일한 디렉터리에 존재하며 creditcard.csv 파일을 포함한다. 코드는 다음과 같다.

```
data_path = "data/creditcard.csv"
df = pd.read_csv(data_path)
```

그림 1-3을 참조한다.

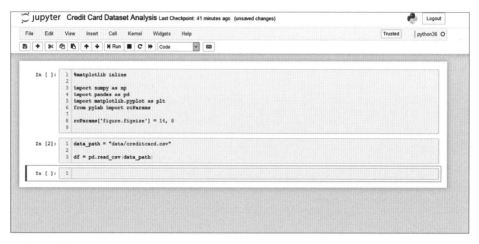

그림 1-3 신용카드 데이터 세트 .csv 파일의 데이터 경로 정의, 내용 읽기, pandas 데이터프레임 오브젝트 생성하기

이제 데이터프레임이 로드됐으므로 데이터프레임의 내용을 살펴보겠다.

```
df.head()
```

그림 1-4를 참조한다.

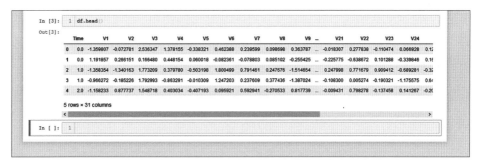

그림 1-4 데이터프레임의 head() 함수를 호출해 데이터프레임의 처음 다섯 행을 표시한다.

df.head(n) 기능에 익숙하지 않은 경우 기본적으로 데이터프레임의 첫 번째 n개 행을 출력한다. 위의 그림과 같이 인수를 전달하지 않은 경우 함수는 데이터프레임의 처음 다섯 행을 출력하는 5로 기본 설정된다.

스크롤 막대를 사용해 나머지 피처를 탐색할 뿐만 아니라 해당 기능을 자유롭게 사용해보도록 한다.

이제 이 데이터프레임의 값과 관련된 몇 가지 기본적인 통계 값을 살펴보겠다.

```
df.describe()
```

그림 1-5를 참조한다.

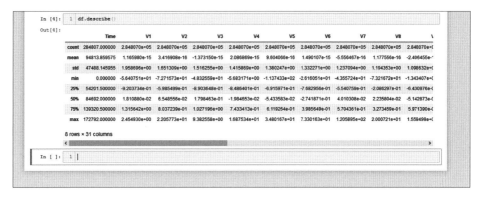

그림 1-5 데이터프레임에서 describe() 함수를 호출해 각 칼럼에 있는 데이터의 통계 요약을 가져온다.

오른쪽으로 스크롤해 나머지 칼럼에 대한 다양한 통계를 보도록 한다. 그림 1-5에서 볼 수 있듯이 함수는 데이터프레임의 각 칼럼에 있는 데이터에 대한 통계 요약을 생성한다.

여기서 중요한 점은 엄청난 수의 데이터 포인트가 있다는 것이다. 실제로 호출만 하면 데이터프레임의 모양을 확인할 수 있다.

```
df.shape
```

그림 1-6을 참조한다.

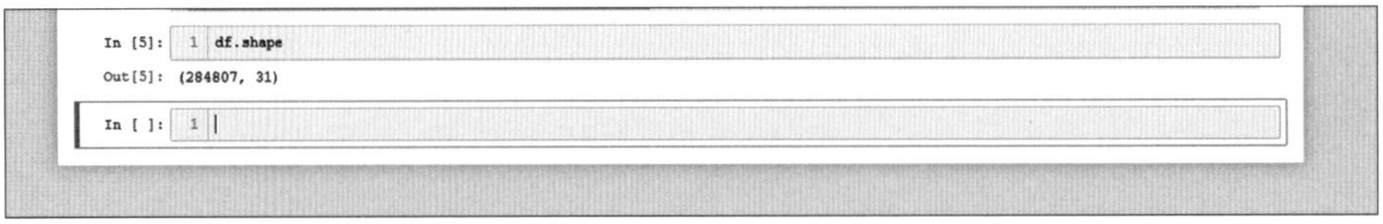

그림 1-6 데이터프레임에서 shape() 함수를 호출해 형식(행의 갯수, 칼럼의 갯수)의 출력을 가져온다.

이 데이터프레임에는 284,807개의 행과 31개의 칼럼이 있다. 정말 많은 초기 데이터다. 뿐만 아니라 그림 1-5를 보면 `Time` 칼럼에 대한 값이 매우 커질 수 있다. 실제로 오른쪽으로 계속 스크롤하면 `Amount` 칼럼에서도 값이 매우 커질 수 있다. 그림 1-7을 참조한다.

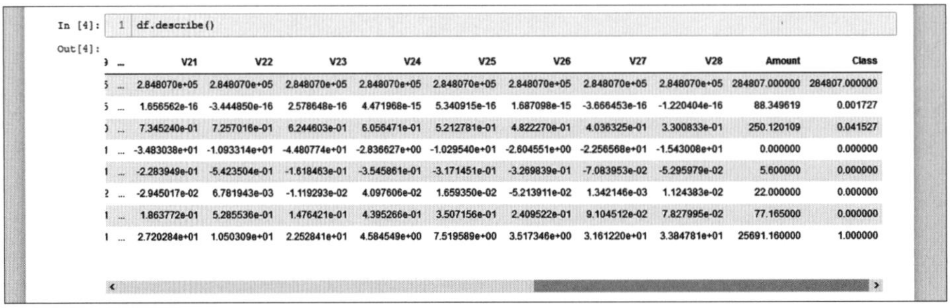

In [4]: 1 df.describe()

Out[4]:

}	...	V21	V22	V23	V24	V25	V26	V27	V28	Amount	Class
5	...	2.848070e+05	2.848070e+05	2.848070e+05	2.848070e+05	2.848070e+05	2.848070e+05	2.848070e+05	2.848070e+05	284807.000000	284807.000000
5	...	1.656562e-16	-3.444850e-16	2.578648e-16	4.471968e-15	5.340915e-16	1.687098e-15	-3.666453e-16	-1.220404e-16	88.349619	0.001727
)	...	7.345240e-01	7.257016e-01	6.244603e-01	6.056471e-01	5.212781e-01	4.822270e-01	4.036325e-01	3.300833e-01	250.120109	0.041527
1	...	-3.483038e+01	-1.093314e+01	-4.480774e+01	-2.836627e+00	-1.029540e+01	-2.604551e+00	-2.256568e+01	-1.543008e+01	0.000000	0.000000
1	...	-2.283949e-01	-5.423504e-01	-1.618463e-01	-3.545861e-01	-3.171451e-01	-3.269839e-01	-7.083953e-02	-5.295979e-02	5.600000	0.000000
2	...	-2.945017e-02	6.781943e-03	-1.119293e-02	4.097606e-02	1.659350e-02	-5.213911e-02	1.342146e-03	1.124383e-02	22.000000	0.000000
1	...	1.863772e-01	5.285536e-01	1.476421e-01	4.395266e-01	3.507156e-01	2.409522e-01	9.104512e-02	7.827995e-02	77.165000	0.000000
1	...	2.720284e+01	1.050309e+01	2.252841e+01	4.584549e+00	7.519589e+00	3.517346e+00	3.161220e+01	3.384781e+01	25691.160000	1.000000

그림 1-7 describe 함수의 출력에서 오른쪽으로 스크롤하면 Amount 칼럼의 최대 데이터 값도 Time 칼럼의 최대 데이터 값과 마찬가지로 매우 크다는 것을 알 수 있다.

보는 것처럼 값이 매우 큰 칼럼이 두 개 이상 있다. 이는 나중에 모델 학습 프로세스를 위한 다양한 데이터 세트를 구축할 때 데이터를 반드시 축소해야 한다는 것을 의미한다. 그렇지 않으면 그러한 큰 데이터 값이 잠재적으로 학습 과정을 엉망으로 만들 수 있다.

▶▶ 정상 데이터 및 부정 데이터

클래스는 정상 클래스와 부정 클래스 두 개뿐이므로 클래스별로 데이터프레임을 분할해 데이터 분석을 계속 진행한다. 이상 탐지라는 맥락에서 부정 행위 클래스는 또한 이상 유형이기 때문에 부정 행위 트랜잭션 데이터 이상을 나타내는 데이터프레임의 이름을 지정하고 이 클래스를 부정 행위 또는 이상이라고 상호 교환해 참조하도록 선택한 것이다.

코드는 다음과 같다.

```
anomalies = df[df.Class == 1]
normal = df[df.Class == 0]
```

그런 다음 별도의 셀에서 다음을 실행한다.

```
print(f"Anomalies: {anomalies.shape}")
print(f"Normal: {normal.shape}")
```

그림 1-8을 참조한다.

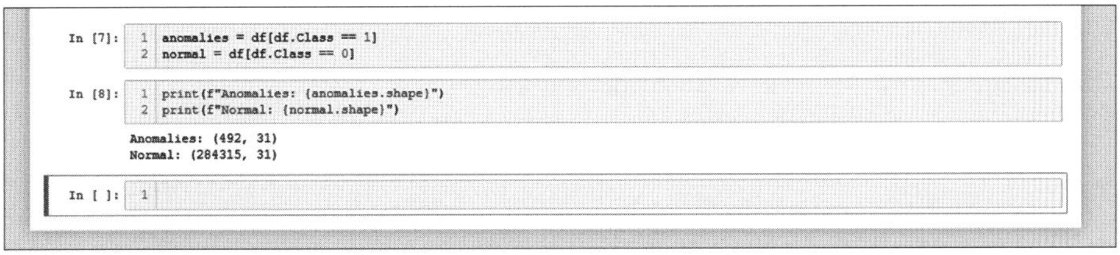

```
In [7]:  1  anomalies = df[df.Class == 1]
         2  normal = df[df.Class == 0]

In [8]:  1  print(f"Anomalies: {anomalies.shape}")
         2  print(f"Normal: {normal.shape}")

Anomalies: (492, 31)
Normal: (284315, 31)

In [ ]:  1
```

그림 1-8 부정 데이터에 대한 데이터프레임 정의 및 정상 데이터와 모양 출력

여기서 데이터가 정상 데이터에 대해 지나치게 편향돼 있으며, 이상 징후는 전체 데이터 집합의 데이터 포인트 중 극히 일부만 구성한다는 것을 알 수 있다. 따라서 학습, 평가 및 검증 세트를 더욱 신중하게 만들어야 각 세트가 이상 데이터를 잘 표현할 수 있다.

실제로 그래픽 방식으로 살펴보면서 차이가 얼마나 큰지 살펴보겠다.

```python
class_counts = pd.value_counts(df['Class'], sort = True)
class_counts.plot(kind = 'bar', rot=0)
plt.title("Class Distribution")
plt.xticks(range(2), ["Normal", "Anomaly"]) plt.xlabel("Label")
plt.ylabel("Counts")
```

그림 1-9를 참조한다.

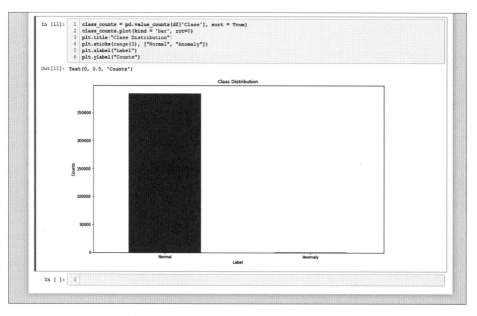

그림 1-9 정상 데이터와 이상 데이터의 개수 차이를 시각적으로 보여주는 그래프

그래프는 두 클래스의 데이터 값 수 간의 엄청난 차이를 시각적으로 보여준다.

이제 각 클래스의 데이터 점의 몇 가지 특성 분석을 시작할 수 있다. 먼저 이 데이터 집합의 칼럼은 시간, 값 V1~V28, 양 및 클래스다.

그렇다면 비정상적인 데이터 값이 과도한 양의 트랜잭션으로 구성되는가? 금액에 대한 몇 가지 통계 요약 값을 살펴보겠다.

```
anomalies.Amount.describe()
```

결과로 그림 1-10을 참조한다.

```
In [12]:    1   anomalies.Amount.describe()

Out[12]: count      492.000000
         mean       122.211321
         std        256.683288
         min          0.000000
         25%          1.000000
         50%          9.250000
         75%        105.890000
         max       2125.870000
         Name: Amount, dtype: float64

In [ ]:     1
```

그림 1-10 데이터프레임에서 칼럼의 부정한 값에 대한 describe() 함수의 출력

데이터가 오른쪽으로 치우쳐 있고 비정상적인 트랜잭션은 그리 높지 않은 값으로 구성돼 있는 것 같다. 실제로 대부분의 트랜잭션은 100달러 미만이기 때문에 부정 거래가 고액 트랜잭션인 것은 아니다.

```
normal.Amount.describe()
```

출력은 그림 1-11을 참조한다.

```
In [13]:    1   normal.Amount.describe()

Out[13]: count     284315.000000
         mean          88.291022
         std          250.105092
         min            0.000000
         25%            5.650000
         50%           22.000000
         75%           77.050000
         max        25691.160000
         Name: Amount, dtype: float64

In [ ]:     1
```

그림 1-11 데이터프레임에서 칼럼 정상 값에 대한 describe() 함수의 출력

정상 데이터를 살펴보면 이상 징후보다 오른쪽으로 훨씬 치우쳐 있다. 거래의 대부분은 100달러 이하이며, 일부 금액은 25,000달러와 같은 가치까지 올라갈 수 있다.

▶▶ 플로팅

이제 이를 시각적으로 더 잘 보여주는 그래픽 접근 방식을 살펴보겠다. 먼저 데이터의 다양한 칼럼을 표시해 다양한 관계를 훨씬 쉽게 시각화할 수 있도록 몇 가지 함수를 정의한다.

```python
def plot_histogram(df, bins, column, log_scale=False):
    bins = 100
    anomalies = df[df.Class == 1]
    normal = df[df.Class == 0]
    fig, (ax1, ax2) = plt.subplots(2, 1, sharex=True)
    fig.suptitle(f'Counts of {column} by Class')
    ax1.hist(anomalies[column], bins = bins, color="red")
    ax1.set_title('Anomaly')
    ax2.hist(normal[column], bins = bins, color="orange")
    ax2.set_title('Normal')
    plt.xlabel(f'{column}') plt.ylabel('Count')
    if log_scale:
        plt.yscale('log')
    plt.xlim((np.min(df[column]), np.max(df[column])))
    plt.show()

def plot_scatter(df, x_col, y_col, sharey = False):
    anomalies = df[df.Class == 1]
    normal = df[df.Class == 0]
    fig, (ax1, ax2) = plt.subplots(2, 1, sharex=True, sharey=sharey)
    fig.suptitle(f'{y_col} over {x_col} by Class')
    ax1.scatter(anomalies[x_col], anomalies[y_col], color='red') ax1.set_
title('Anomaly')
    ax2.scatter(normal[x_col], normal[y_col], color='orange')
    ax2.set_title('Normal')
    plt.xlabel(x_col)
    plt.ylabel(y_col)
    plt.show()
```

셀의 코드를 보려면 그림 1-12를 참조한다.

```
In [14]:  1  def plot_histogram(df, bins, column, log_scale=False):
          2
          3      bins = 100
          4
          5      anomalies = df[df.Class == 1]
          6      normal = df[df.Class == 0]
          7
          8      fig, (ax1, ax2) = plt.subplots(2, 1, sharex=True)
          9      fig.suptitle(f'Counts of {column} by Class')
         10
         11      ax1.hist(anomalies[column], bins = bins, color="red")
         12      ax1.set_title('Anomaly')
         13
         14      ax2.hist(normal[column], bins = bins, color="orange")
         15      ax2.set_title('Normal')
         16
         17      plt.xlabel(f'{column}')
         18      plt.ylabel('Count')
         19      if log_scale:
         20          plt.yscale('log')
         21      plt.xlim((np.min(df[column]), np.max(df[column])))
         22      plt.show()

In [15]:  1  def plot_scatter(df, x_col, y_col, sharey = False):
          2
          3      anomalies = df[df.Class == 1]
          4      normal = df[df.Class == 0]
          5
          6      fig, (ax1, ax2) = plt.subplots(2, 1, sharex=True, sharey=sharey)
          7      fig.suptitle(f'{y_col} over {x_col} by Class')
          8
          9      ax1.scatter(anomalies[x_col], anomalies[y_col], color='red')
         10      ax1.set_title('Anomaly')
         11
         12      ax2.scatter(normal[x_col], normal[y_col], color='orange')
         13      ax2.set_title('Normal')
         14
         15      plt.xlabel(x_col)
         16      plt.ylabel(y_col)
         17      plt.show()
```

그림 1-12 주피터 셀 내에서 각각의 플로터(plotter) 함수

이제 전체 데이터프레임에 대해 클래스별 양 값을 표시하는 것부터 시작한다.

```
plt.scatter(df.Amount, df.Class)
plt.title("Transaction Amounts by Class")
plt.ylabel("Class")
plt.yticks(range(2), ["Normal", "Anomaly"])
plt.xlabel("Transaction Amounts ($)")
plt.show()
```

그림 1-13을 참조한다.

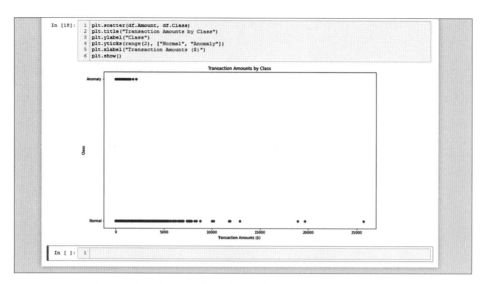

```
In [18]:  1  plt.scatter(df.Amount, df.Class)
          2  plt.title("Transaction Amounts by Class")
          3  plt.ylabel("Class")
          4  plt.yticks(range(2), ["Normal", "Anomaly"])
          5  plt.xlabel("Transaction Amounts ($)")
          6  plt.show()
```

```
In [ ]:  1
```

그림 1-13 모든 데이터 값을 포함하는 데이터프레임에 있는 데이터 값의 산점도다. 표시된 칼럼은 x축의 Amount 및 y축의 Class다.

의심되는 대로 정상 데이터 세트에 몇 가지 대규모 아웃라이어outlier가 있는 것 같다. 그러나 그래프가 값 별 개수에 대해 설명하는 데 그다지 유용하지 않으므로 앞에서 정의한 플로팅Plotting 함수를 사용해 더 많은 컨텍스트를 제공하는 그래프를 그려본다.

```
bins = 100
plot_histogram(df, bins, "Amount", log_scale=True)
```

그림 1-14를 참조한다.

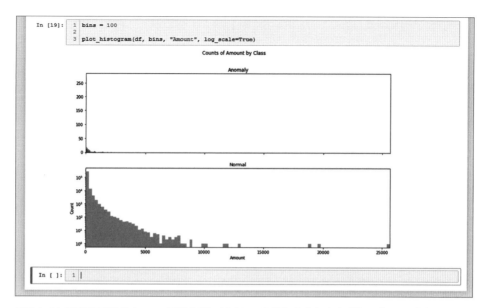

```
In [19]:   1  bins = 100
           2
           3  plot_histogram(df, bins, "Amount", log_scale=True)
```

그림 1-14 데이터프레임의 Amount 칼럼에 있는 구간으로 구성된 데이터 값의 카운트 히스토그램이다. 빈 수는 100이다. 즉, 히스토그램에서 각 막대의 구간은 Amount 칼럼의 데이터 범위를 빈 수로 나눈 값이다.

이 값에서 정상 데이터에 존재하는 대규모 아웃라이어뿐만 아니라 오른쪽 치우침도 확실히 확인할 수 있다. 대부분의 이상 징후를 볼 수 없으므로 다른 그래프를 만들어 본다.

```
plt.hist(anomalies.Amount, bins = bins, color="red")
plt.show()
```

그림 1-15를 참조한다.

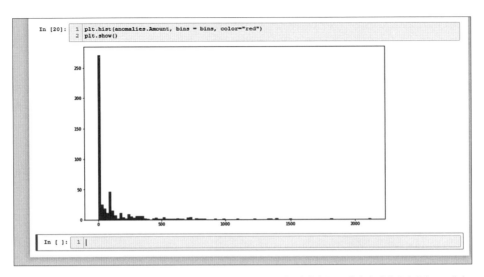

```
In [20]:   1  plt.hist(anomalies.Amount, bins = bins, color="red")
           2  plt.show()
```

그림 1-15 칼럼의 값에 대한 이상 데이터프레임 내 값의 히스토그램. 막대의 수도 나머지 예제에서처럼 100개다.

이상 징후도 오른쪽으로 치우쳐 있는 것처럼 보이지만 훨씬 더 무겁다. 이는 대부분의 변칙 거래가 실제로 거래 금액이 상당히 적다는 것을 의미한다.

좋아, 그럼 시간은 어때? 다른 기본 산점도를 표시해본다.

```python
plt.scatter(df.Time, df.Class)
plt.title("Transactions over Time by Class")
plt.ylabel("Class")
plt.yticks(range(2), ["Normal", "Anomaly"])
plt.xlabel("Time (s)")
plt.show()
```

그림 1-16을 참조한다.

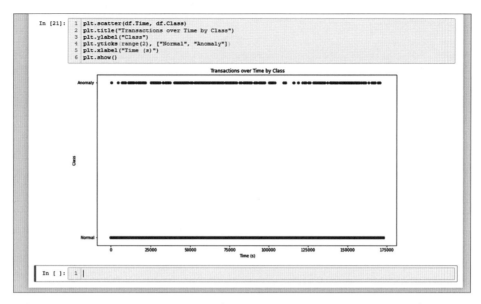

```
In [21]:  1  plt.scatter(df.Time, df.Class)
          2  plt.title("Transactions over Time by Class")
          3  plt.ylabel("Class")
          4  plt.yticks(range(2), ["Normal", "Anomaly"])
          5  plt.xlabel("Time (s)")
          6  plt.show()
```

그림 1-16 데이터프레임에 있는 값에 대한 산점도(x축의 Time 및 y축의 Class 칼럼의 데이터 포함)

이 그래프는 그다지 유용하지는 않지만 부정 거래가 전체 타임라인에 걸쳐 상당히 퍼져 있다는 것을 보여준다. 다시 한 번 플로터 함수를 사용해 카운트를 살펴보겠다.

```
plot_scatter(df, "Time", "Amount")
```

그림 1-17을 참조한다.

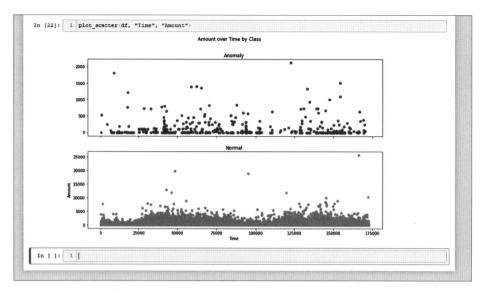

그림 1-17 plot_scatter() 함수를 사용해 x축의 Time 및 df 데이터프레임의 y축의 Amount 칼럼에 대한 데이터 값을 표시한다.

당신은 지금 더 나은 맥락을 갖고 있지만, 별로 많은 것을 말해주지 않는 것 같다. 부정한 트랜잭션이 전체 타임라인에서 발생하며 가치가 높은 트랜잭션이 발생하는 것처럼 보이는 특정 기간이 없음을 알 수 있다. 두 개의 주요 군집이 있는 것처럼 보이지만, 이는 정상 포인트 대비 데이터 포인트가 부족하기 때문일 수도 있다.

이제 빈도수를 고려해 히스토그램을 살펴보겠다.

```
plot_scatter(df, "Time", "Amount")
```

그림 1-18을 참조한다.

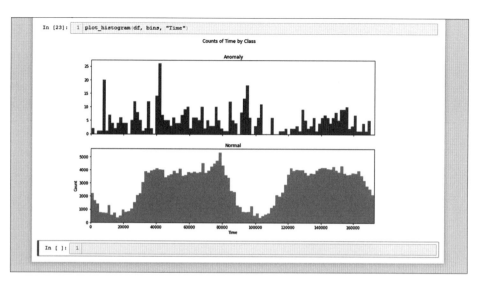

그림 1-18 df 데이터프레임의 Time 칼럼에 대한 데이터 값을 플로팅하기 위해 plot_histogram() 함수 사용

이를 통해 시간이 지남에 따라 발생하는 부정/비정상적인 트랜잭션의 양을 파악할 수 있다. 정상 데이터의 경우 정상적인 패턴에서 발생하는 것으로 보인다. 이상 데이터는 특정 피크타임이 아닌 것 같다. 전체 시간 범위에 걸쳐 두루두루 발생한다.

첫 번째 트랜잭션 시작 부근에 스파이크를 정의했으며, 일부 스파이크는 정상적인 트랜잭션이 표시된 파형 패턴이 "True"에 있는 경우에 발생한다. 하지만 부정 거래의 상당 부분은 여전히 정상적인 거래가 최대인 경우에 발생한다.

그러면 다른 칼럼의 데이터는 어떻게 생겼을까? V1에 대한 몇 가지 흥미로운 그래프를 살펴보겠다.

```
plot_histogram(df, bins, "V1")
```

그림 1-19를 참조한다.

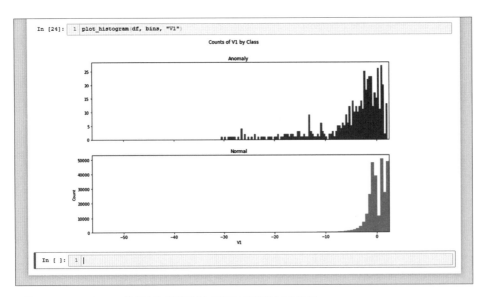

그림 1-19 plot_histogram() 함수를 사용해 V1 칼럼의 데이터를 표시한다.

여기서는 동일한 V1 값에 대한 각 클래스의 점 분포에서 분명한 차이를 확인할 수 있다. 부정 거래가 포함하는 값의 범위는 V1의 값으로 확장된다. 계속해서 양에 대한 값이 V1과 어떻게 관련돼 있는지 살펴보겠다.

```
plot_scatter(df, "Amount", "V1", sharey=True)
```

공유 매개변수는 두 하위 플롯이 동일한 Y축을 공유하도록 강제하며, 이는 플롯이 동일한 척도로 표시됨을 의미한다. 이 값을 지정하면 정상 포인트와 비교해 이상 포인트의 분포를 쉽게 알 수 있다.

그림 1-20을 참조한다.

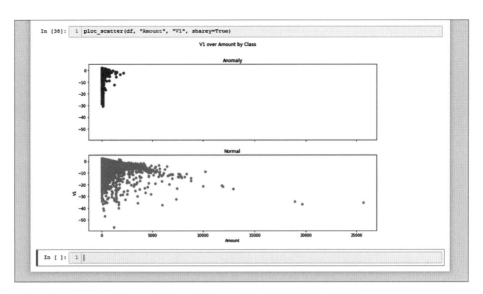

그림 1-20 plot_scatter() 함수를 사용해 x축의 양 및 y축의 V1 칼럼에 값을 표시한다.

이 그래프에서 이상점은 다른 모든 정상 포인트와 비교했을 때 적절하지 않은 것으로 보인다.

계속해서 시간이 V1의 값과 어떻게 관련돼 있는지 살펴보겠다.

```
plot_scatter(df, "Time", "V1", sharey=True)
```

그림 1-21을 참조한다.

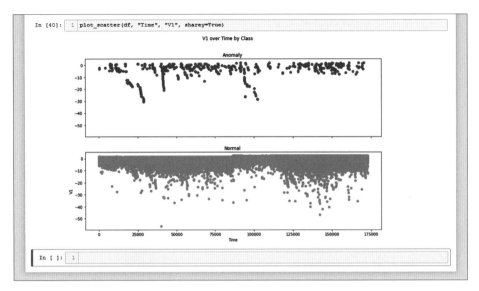

그림 1-21 plot_scatter() 함수를 사용해 데이터프레임 내 x축의 시간 및 y축의 V1 칼럼에 값을 표시

정상 지점에서 눈에 띄는 정의된 몇 가지 스파이크 외에도, 이러한 맥락에서 부정한 데이터의 대부분은 정상 데이터와 혼합된 것으로 보인다.

다른 모든 값에 대해 한 번에 하나씩 수행하는 것은 지루할 수 있으므로 간단한 스크립트를 사용해 한 번에 모두 그림으로 표시해보도록 한다. 다음은 V1에서 V28까지의 각 칼럼에 대한 모든 빈도수 카운트를 표시하는 코드다.

```
for f in range(1, 29):
    print(f'V{f} Counts')
    plot_histogram(df, bins, f'V{f}')
```

그림 1-22를 참조한다.

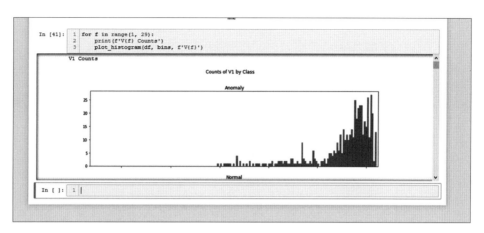

그림 1-22 데이터프레임 내 V1에서 V28까지 각 칼럼의 데이터에 대한 plot_histogram() 함수를 사용해 히스토그램을 표시하는 스크립트

출력이 최소화됐으므로 막대가 어두워지는 곳에 마우스를 대고 클릭해 그래프를 훨씬 더 잘 볼 수 있도록 출력을 확장한다. 그림 1-23을 참조한다.

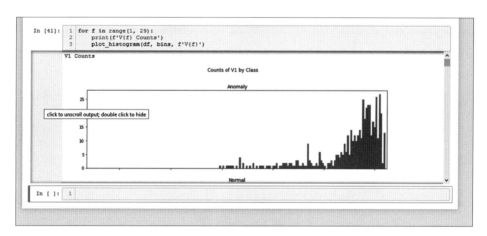

그림 1-23 플롯의 왼쪽에 있는 막대를 가리키고 클릭해서 출력을 확장

이제 그림 1-24와 같은 것을 볼 수 있다.

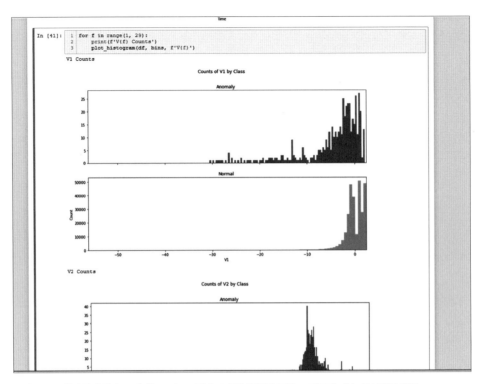

그림 1-24 확장된 출력이 보여지는 모습. 그림에 표시된 것처럼 모든 그래프가 계속 표시돼야 한다.

스크롤을 통해 그림 1-25와 그림 1-26과 같은 많은 흥미로운 그래프를 볼 수 있다.

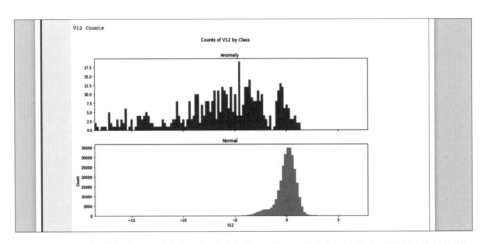

그림 1-25 데이터프레임 내 V12 칼럼에 대한 데이터 히스토그램. 보다시피 정상 값에 비해 이상치 값이 있는 경우 편차가 매우 뚜렷하게 나타난다. 두 그래프 모두 동일한 x축 척도를 공유하므로 카운트가 정상 값에 비해 매우 낮을 수 있지만 동일한 범위의 V12 칼럼 값에 대해 정상 값보다 훨씬 더 많이 분산돼 있다.

이 경우 부정 행위 데이터와 이전에 그래프에서 볼 수 없었던 정상 데이터를 명확하게 구분할 수 있다. 따라서 V12 칼럼 값과 같은 피처는 확실히 모델에 더 나은 컨텍스트를 제공하는 데 더욱 더 중요하다.

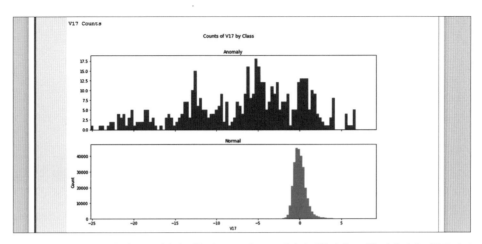

그림 1-26 데이터프레임 내 V17 칼럼에 대한 히스토그램. V12 칼럼과 마찬가지로 정상 값에 비해 이상치 값이 있는 경우에도 분명한 편차가 나타난다. 이는 V17 칼럼이 정상적인 트랜잭션과 부정(사기성) 트랜잭션을 구별하는 방법을 모델이 학습하는 데 도움이 될 수 있음을 나타낸다.

이번에는 부정 데이터와 정상 데이터 간에 훨씬 더 큰 차이를 확인할 수 있다. 다시 한 번 말하지만, V12 및 V17과 같은 피처는 모델이 이상 포인트와 정상 포인트를 구별하는 방법을 이해하는 데 도움이 된다.

출력을 최소화하려면 출력을 확장할 때와 동일한 막대를 클릭한다. 이제 이러한 모든 데이터 지점이 시간에 따라 어떻게 달라지는지 살펴보겠다.

```
for f in range(1, 29):
    print(f'V{f} vs Time')
    plot_scatter(df, "Time", f'V{f}', sharey=True)
```

다시 한 번 출력을 확장하고 그래프를 탐색한다. 몇 가지 흥미로운 결과를 보려면 그림 1-27과 그림 1-28을 참조한다.

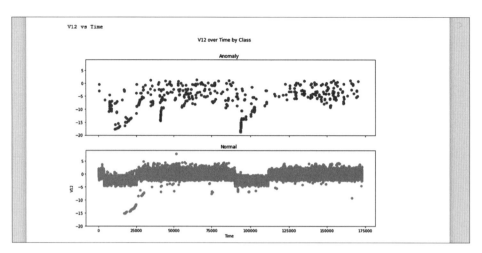

그림 1-27 x축의 시간 및 y축의 V12 산점도에는 이상 포인트와 정상 포인트 사이의 편차가 표시된다. 이상 포인트 중 상당 부분이 정상 포인트의 대역에 속하지만 여전히 해당 범위를 벗어나는 이상 징후 수가 많다. 따라서 시간에 대해 V12 칼럼에 대한 데이터에서도 정상 포인트로부터의 편차가 표시된다.

다시 한 번 V12를 사용하면 이상 포인트와 정상 포인트 간에 상당한 차이를 확인할 수 있다. 이상 징후 중 상당 부분은 정상 데이터 포인트 내에 숨겨져 있지만 상당량은 나머지 데이터 포인트와 구별될 수 있다.

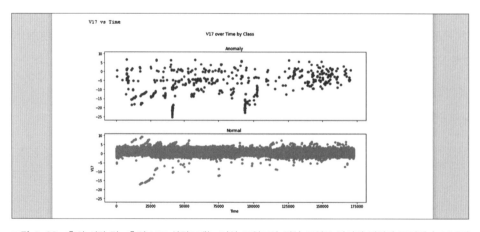

그림 1-28 x축의 시간 및 y축의 V17 산점도에는 이상 포인트와 정상 포인트 사이의 편차가 표시된다. V12의 값과 마찬가지로 정상 포인트와 이상 포인트 간의 또 다른 편차를 볼 수 있다. 이 경우, 그림 1-27보다 이상 포인트가 더 확산되는 것처럼 보여서 차이가 좀 더 뚜렷해보인다.

V17을 보면 이상 포인트와 정상 포인트 간의 차이가 더욱 강조 표시된다. 시간과 관계없이 V12 및 V17 칼럼에는 부정한 트랜잭션을 정상 트랜잭션과 가장 잘 구별하는데 도움이 되는 데이터가 보관돼 있는 것으로 보인다. 그래프에서 일부 정상 포인트도 이상 포인트와 함께 있다는 것을 알 수 있지만, 모든 데이터를 고려해 모형에서 실제 차이를 학습할 수 있기를 바란다.

마지막으로 다음 각 칼럼과 Amount 간의 관계를 살펴보겠다.

```python
for f in range(1, 29):
    print(f'Amount vs V{f}')
    plot_scatter(df, f'V{f}', "Amount", sharey=True)
```

이번에는 정상 포인트와 이상 포인트 사이의 차이를 더 명확하게 보여주는 그래프가 몇 개 더 있는 것 같다.

그림 1-29, 그림 1-30 및 그림 1-31을 참조한다.

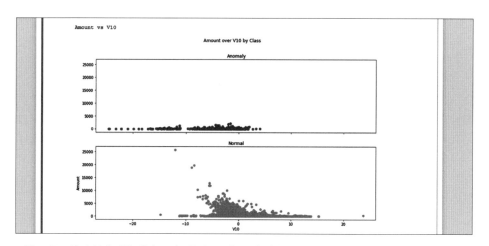

그림 1-29 y축의 양에 대한 산점도 및 x축의 V10을 보면 정상 포인트에서 이상 포인트가 두드러지는 편차를 볼 수 있다. Amount에 대한 V 칼럼의 관계에 대해 이전 그림에 비해 편차가 증가한 칼럼이 더 많은 것 같다. 이 차이는 크지 않다. 여전히 이상 징후 중 상당 부분이 정상 데이터 클러스터 내에 있다. 그러나 이것은 여전히 사기성 거래가 정상적인 거래와 어떻게 다른지에 대한 어떤 컨텍스트를 모델에 제공한다.

V9에서 V12까지의 그래프에서는 이상 징후의 상당 부분이 정상 지점의 군집 내에 있더라도 이상 징후와 정상 지점 간의 명확한 차이를 보여준다.

한 가지 주의할 점은 그래프에서 매번 차이가 나는 것과 동일한 이상 징후일 수 있으므로 모델이 이상 징후와 정상 포인트를 구별하는 방법을 더 잘 배울 수 있다는 것이다.

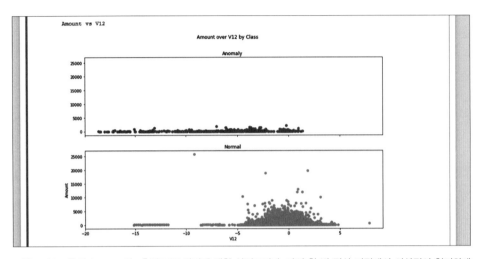

그림 1-30 y축의 Amount 및 x축의 V12 칼럼에 대한 산점도이다. 다시 한 번 정상 지점에서 이상점이 현저하게 이탈하는 것을 볼 수 있다. 이 경우 대부분의 이상 포인트는 정상 포인트 군집을 벗어나는 것으로 보인다. 또한 주 군집으로부터 멀리 떨어진 정상 포인트의 밴드가 있고 밴드가 이상 포인트와 일치한다는 것을 확인할 수 있다. 모형이 이와 같은 포인트를 이상 포인트로 분류할 경우 유의해야 할 수 있다.

V12는 이상 징후와 정상 데이터를 일관되게 구분한다. 그러나 여전히 정상 데이터 클러스터 내에 숨겨진 이상 징후 중 상당 부분이 남아 있는 문제가 있다.

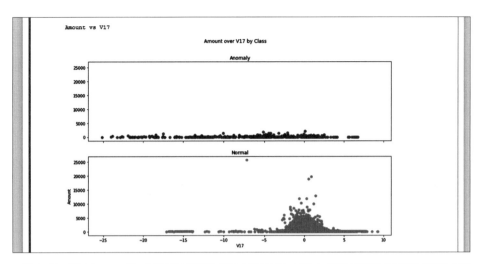

그림 1-31 y축의 Amount 및 x축의 V17 칼럼에 대한 산점도이다. 그림 1-30과 마찬가지로 정상 포인트 군집으로부터 이상 포인트 편차를 다시 볼 수 있다. 다시 한 번 말하지만 대부분의 이상 포인트는 이러한 편차를 나타내지만 이러한 비정상적인 포인트들과 일치하는 몇 가지 정상 포인트도 볼 수 있다.

또한 정상 포인트와 이상 포인트 간의 이러한 차별화가 V17에서 트랜잭션 금액을 확인하는 데에도 영향을 미친다는 것을 알 수 있다.

또한 각 V 칼럼에 대한 데이터를 살펴보고 각 칼럼에 대한 데이터를 서로 표시할 수도 있지만, 이러한 정보는 추세에 대한 정확한 변화를 파악하는 데 더 유용하며, 새 데이터에 대한 성능을 향상시키도록 모델을 학습하는 데에도 유용하다. 우선 모든 피처가 매우 중요한 것이 아닐 수 있다. 따라서 추세가 변화한다고 해서 반드시 모형의 성능이 저하되는 것은 아니다.

데이터의 철저한 분석을 통해 데이터 과학자는 다양한 데이터 칼럼이 서로 어떻게 관련돼 있는지 훨씬 더 잘 이해할 수 있으며 시간이 지남에 따라 추세가 변화하는지 확인할 수 있다. 시간이 지남에 따라 데이터가 지속적으로 수집됨에 따라 데이터 편견과 추세가 변화하기 마련이다. 지금부터 1년 후, 이상 포인트와 정상 포인트 사이의 심각한 차이를 보여주는 V18 칼럼이다. V17 칼럼은 이상 포인트가 대부분 정상 포인트 군집 내에 포함돼 있다는 것을 보여준다.

▶▶ 요약

데이터 분석은 머신러닝 솔루션을 만드는 과정에서 중요한 단계다. 그것은 모델의 종류를 결정하고 훈련 과정을 위해 선택될 피처의 집합에도 영향을 미칠 뿐만 아니라 모델이 추가 훈련될 필요가 있음을 나타낼 수 있는 시간에 따른 경향의 변화를 식별하는 데 도움이 된다. 신용카드 데이터 세트의 데이터를 탐색하고 분석했으며, 표시된 두 변수 사이의 관계를 파악하기 위해 많은 그래프를 생성했고 정상 포인트와 이상 포인트를 구별하는 몇 가지 피처를 식별했다. 2장에서는 데이터를 처리해 여러 유형의 머신러닝 모델을 학습하는 데 도움이 되는 다양한 서브셋(하위 데이터 집합)을 만든다.

Chapter 2

모델 구축

2장에서는 scikit-learn과 PySpark에서 간단한 로지스틱 회귀 모델을 구축하는 방법을 살펴보겠다. 또한 scikit-learn에서 hyperparameter(하이퍼파라미터)를 조정하기 위해 k-겹 교차 검증 프로세스를 검토할 것이다.

▶▶ 소개

1장에서는 신용카드 데이터 세트를 적재하고 데이터 분포를 분석했다. 또한 특징 간의 관계를 살펴보고 그것들이 레이블에 얼마나 큰 영향을 미치는지 일반적인 개념을 얻었다.

이제 데이터 세트에 대한 이해도가 높아졌으므로 모델을 직접 구축할 수 있다. 1장과 동일한 신용카드 데이터 세트를 사용하게 된다. 2장에서는 scikit-learn과 PySpark의 두 가지 프레임워크를 살펴보겠다. scikit-learn 및 PySpark에서 빌드한 모델은 나머지 모델과 관련성이 유지된다. 나중에 클라우드 서비스에서 호스팅할 때 두 모델을 모두 사용해 예측하게 된다. 이 두 가지 프레임워크에서 단순성을 유지하고 로지스틱 회귀 모형을 구성한다. 입력 데이터 형식은 이 두 프레임워크의 경우 서로 다르기 때문에 데이터 처리를 미리 수행하고 이 두 프레임워크에 대해 학습/테스트/검증 세트를 사용할 수 없다. 그러나 케라스 모델에서 마지막 레이어가 구성되는 방법에 따라 scikit-learn과 Keras에 대해 그렇게 할 수 있다.

하이퍼파라미터를 조정하기 위해 scikit-learn 모델을 사용해 유효성 검사 단계를 수행한다. 하이퍼파라미터는 학습 프로세스와 결과에 영향을 미치는 모델 관련 파라미터로 생각할 수 있다.

즉, scikit-learn부터 시작해 로지스틱 회귀 모형을 구축해보겠다. 한 가지 주목할 점은 우리가 PySpark 예에서 건너뛸 수 있는 scikit-learn 모델에 많은 해설을 제공한다는 것이다. 따라서 최소한 scikit-learn 과정을 통해 테스트 검증의 작동 방식에 관한 일반적인 아이디어를 얻어야 한다.

▶▶ scikit-learn

시작하기 전에 필요한 패키지와 해당 버전이 여기에 있다. 코드 자체 내에서 패키지 버전을 쉽게 확인할 수 있는 방법을 제공한다.

구성 버전은 다음과 같다.

- Python 3.6.5

- numpy 1.18.5

- pandas 1.1.0

- matplotlib 3.2.1

- seaborn 0.10.1

- sklearn 0.22.1.post1

다음 코드에서 일부 가져오기 기능은 일부만 사용할 때 모든 sklearn을 가져오는 등 불필요하다는 것을 알 수 있다. 이 작업은 버전을 표시하기 위해 수행되며 이러한 문에는 #가 옆에 있다.

▶▶ 데이터 프로세싱

이제 import 내역부터 살펴보도록 한다.

```python
import numpy as np
import pandas as pd
import matplotlib #
import matplotlib.pyplot as plt import seaborn as sns
import sklearn #
from sklearn.linear_model import LogisticRegression
from sklearn.model_selection import train_test_split
from sklearn.preprocessing import StandardScaler
from sklearn.metrics import roc_auc_score, plot_roc_curve, confusion_matrix
from sklearn.model_selection import KFold

print("numpy: {}".format(np.__version__))
print("pandas: {}".format(pd.__version__))
print("matplotlib: {}".format(matplotlib.__version__))
print("seaborn: {}".format(sns.__version__))
print("sklearn: {}".format(sklearn.__version__))
```

출력을 보려면 그림 2-1을 참조한다.

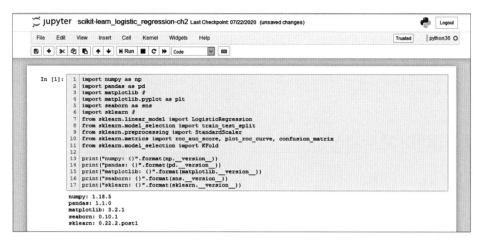

그림 2-1 필요한 모듈의 출력 버전을 보여주는 결과다. 일부 모듈은 버전 출력을 위해 가져오며 코드를 실행할 필요가 없음을 나타내기 위해 옆에 #으로 표시돼 있다.

이제 데이터를 적재하는 단계로 넘어갈 수 있다. 1장과 동일한 신용카드 데이터 세트를 사용하게 된다.

```
data_path = "data/creditcard.csv"
df = pd.read_csv(data_path)
```

셀에서 이 코드를 보려면 그림 2-2를 참조한다.

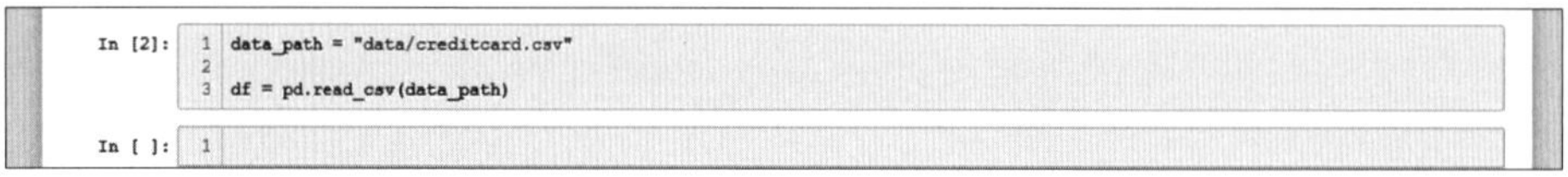

```
In [2]:  1  data_path = "data/creditcard.csv"
         2
         3  df = pd.read_csv(data_path)

In [ ]:  1
```

그림 2-2 pandas를 사용해 데이터프레임을 적재한다. 신용카드 데이터 세트는 노트북 파일과 동일한 디렉터리에 있는 데이터 폴더에 있다.

데이터프레임 적재에서 출력이 없어야 한다. 방금 적재한 데이터프레임을 보려면 다음을 호출해 데이터를 정확하게 읽었는지 확인한다.

```
df.head()
```

그림 2-3과 같은 것을 볼 수 있다.

```
In [3]:  1  df.head()
Out[3]:
```

	Time	V1	V2	V3	V4	V5	V6	V7	V8	V9	...	V21	V22	V23	V24	
0	0.0	-1.359807	-0.072781	2.536347	1.378155	-0.338321	0.462388	0.239599	0.098698	0.363787	...	-0.018307	0.277838	-0.110474	0.066928	0.12
1	0.0	1.191857	0.266151	0.166480	0.448154	0.060018	-0.082361	-0.078803	0.085102	-0.255425	...	-0.225775	-0.638672	0.101288	-0.339846	0.16
2	1.0	-1.358354	-1.340163	1.773209	0.379780	-0.503198	1.800499	0.791461	0.247676	-1.514654	...	0.247998	0.771679	0.909412	-0.689281	-0.32
3	1.0	-0.966272	-0.185226	1.792993	-0.863291	-0.010309	1.247203	0.237609	0.377436	-1.387024	...	-0.108300	0.005274	-0.190321	-1.175575	0.64
4	2.0	-1.158233	0.877737	1.548718	0.403034	-0.407193	0.095921	0.592941	-0.270533	0.817739	...	-0.009431	0.798278	-0.137458	0.141267	-0.20

5 rows × 31 columns

그림 2-3 head() 기능의 출력이다. 데이터가 올바르게 적재됐으며 데이터프레임의 처음 다섯 행을 볼 수 있다.

1장에서 기억하면 정상 데이터와 이상 징후 사이의 데이터 분포에 큰 불균형이 있다. 따라서 이 데이터를 작성하는 방법에 대해 약간 다른 방법을 사용할 수 있다.

여기서부터 데이터 분석이 시작된다. 각 클래스의 데이터 개수 간에 큰 차이가 존재한다는 것을 알고 있기 때문에 이제 데이터 세트를 특별히 제작해 각 데이터 세트에 상당한 양의 이상 건Anomalies이 발생되도록 한다. 단순히 df에서 100,000개의 데이터 포인트를 선택하고 학습/테스트/검증 세트로 분할해 계속하면 이러한 세트 중 하나 이상의 이상 징후는 거의 없거나 아예 없을 수 있다. 이때 모델이 이 작업을 제대로 하도록 하는 데 많은 어려움이 있을 것이다.

따라서 이상 건과 정상 건을 분할해 학습/테스트/검증 세트를 생성하는 것이 좀 더 효과적일 수 있다.

이를 염두에 두고 정상 지점과 비정상 지점에 대한 데이터프레임을 생성해보자.

```
normal = df[df.Class == 0].sample(frac=0.5, random_state=2020).
reset_index(drop=True)
anomaly = df[df.Class == 1]
```

random_state를 특정 값으로 설정했다. 따라서 랜덤 샘플링의 결과는 반복 횟수에 관계없이 동일해야 하므로 재현성에 도움이 된다. 아쉽게도 모델이 하는 방식을 고려할 때 이를테면 신경망과 같은 것에 대해 매번 같은 결과를 기대할 수는 없다.

코드에서 클래스별로 각 값을 필터링하고 전체 데이터프레임의 정상 지점의 50%를 샘플링해 이 컨텍스트에서 정상 데이터를 구성한다.

셀에서 이 코드를 보려면 그림 2-4를 참조한다.

```
In [27]:   1  normal = df[df.Class == 0].sample(frac=0.5, random_state=2020).reset_index(drop=True)
           2  anomaly = df[df.Class == 1]
```

그림 2-4 클래스별로 데이터프레임 값을 필터링해 정상 및 이상 건 데이터프레임을 생성한다. 정상 데이터프레임에는 모든 정상 데이터 점의 50%가 포함되며 seed (random_state)에 의해 결정된 대로 랜덤하게 선택된다.

일부 코드를 추가해 형태를 확인할 수도 있다.

```
print(f"Normal: {normal.shape}")
print(f"Anomaly: {anomaly.shape}")
```

출력을 보려면 그림 2-5를 참조한다.

```
In [28]:   1  print(f"Normal: {normal.shape}")
           2  print(f"Anomaly: {anomaly.shape}")

Normal: (142158, 31)
Anomaly: (492, 31)
```

그림 2-5 정상 및 이상 데이터프레임의 모양을 출력한다. 두 데이터프레임의 항목 수에 분명한 차이가 있다.

보다시피 정상 지점과 이상 지점 사이에는 여전히 큰 차이가 있다. 로지스틱 회귀 분석의 경우 모델은 여전히 두 가지를 구별하는 방법을 배울 수 있지만, 신경망의 경우 이러한 불균형은 모델이 이상 건을 분류하는 방법을 실제로 하지 않는다는 것을 의미한다. 그러나 2장의 뒷부분에서 볼 수 있듯이, 모델이 과정에서 정상 건에 비해 이상 건을 훨씬 더 가중치를 둘 수 있도록 지시할 수 있다.

이제 학습/테스트/검증 분할 작성을 시작할 수 있다. 그러나 scikit-learn은 학습/테스트 분할만 생성하는 기능을 제공한다. 이 문제를 해결하려면 학습과 테스트 세트를 생성한 다음, 학습 세트를 다시 학습 세트와 검증 세트로 분할한다.

먼저 데이터를 학습 데이터와 테스트 데이터로 분할해 정상 건과 이상 건을 구분한다. 이를 위해 scikit-learn의 **train_test_split()** 함수를 사용한다. 일반적으로 전달된 파라미터는 다음과 같다.

- x: 분할하려는 x 세트

- y: 분할하려는 x 세트와 일치하는 y 세트

- test_size: 테스트 세트를 위해 랜덤하게 표본을 추출할 x와 y의 데이터 비율
이다.

따라서 x와 y를 학습 세트와 테스트 세트로 분할하기 위해 다음과 같은 코드가 표시
될 수 있다.

```
x_train, x_test, y_train, y_test = train_test_train(x, y, test_size=0.2,
random_state = 2020)
```

이전과 마찬가지로 random_state는 랜덤 시드를 실행할 때마다 데이터가 동일한 방
식으로 분할되도록 설정한다.

y 파라미터를 전달하지 않으면 x 데이터에 대한 분할만 얻을 수 있다. 이러한 점을
염두에 두고 정상 건과 이상 건을 학습 및 테스트 세트로 나눠 보겠다.

```
normal_train, normal_test = train_test_train(normal, test_size = 0.2,
random_state = 2020)
anomary_train, anomary_test = train_test_train(anomaly,test_size = 0.2,
random_state = 2020)
```

출력이 없어야 하지만 셀의 코드를 보려면 그림 2-6을 참조한다.

```
In [14]:  1  normal_train, normal_test = train_test_split(normal, test_size = 0.2, random_state = 2020)
          2  anomaly_train, anomaly_test = train_test_split(anomaly, test_size = 0.2, random_state = 2020)
```

그림 2-6 정상 및 이상 데이터프레임을 학습 및 테스트 세트로 분할한다. 각 테스트 세트는 원시 데이터 세트의
20%로 구성된다.

이제 각 학습 세트에서 동일한 기능을 호출해 학습 및 검증 세트를 작성할 수 있다. 그러나 학습 세트가 이미 원래 데이터 세트의 80%이기 때문에 다시 20%로 분할하고 싶지는 않다. 20% 분할을 다시 사용한 경우 검증 세트는 원래 데이터의 16%, 학습 세트는 원래 데이터의 64%가 된다. 대신 학습, 테스트 및 검증 데이터에 대해 각각 60-20-20 분할을 수행하게 되므로 0.25의 새로운 test_size 값을 사용해 이러한 비율이 유지되도록 한다(0.25*0.8 = 0.2).

이를 염두에 두고 학습 및 검증 분할을 실시해보겠다.

```
normal_train, normal_train = train_test_train(normal_train, test_size = 0.25,
random_state = 2020)
anomary_train, anomary_train = train_test_train(anomaly_train, test_size =
0.25, random_state = 2020)
```

셀의 코드를 보려면 그림 2-7을 참조한다.

```
In [30]:   1  normal_train, normal_validate = train_test_split(normal_train, test_size = 0.25, random_state = 2020)
           2  anomaly_train, anomaly_validate = train_test_split(anomaly_train, test_size = 0.25, random_state = 2020)
```

그림 2-7 학습 데이터로부터 학습과 검증을 분할해 생성할 수 있다. 검증 세트가 각 원래 세트의 25%로 구성되도록 선택했다. 이러한 원래의 세트 자체는 원래 정상 및 이상 데이터프레임의 80%로 구성되므로, 각각의 검증 분할은 원래 정상 및 이상 데이터프레임의 20%(0.25*0.8)이다. 따라서 최종 학습 분할도 0.75*0.8 = 0.6과 같이 원래 학습 분할의 60%가 된다.

최종 학습, 테스트 및 검증 세트를 생성하려면 각각의 정상 및 이상 데이터 분할을 연결해야 한다.

먼저 x_train, x_test 및 x_validate를 정의한다.

```
x_train = pd.concat((normal_train, anomaly_train))
x_test = pd.concat((normal_test, anomaly_test))
x_validate = pd.concat((normal_validate, anomaly_validate))
```

다음으로 y_train, y_test 및 y_validate를 정의한다.

```
y_train = np.array(x_train["Class"])
y_test = np.array(x_test["Class"])
y_validate = np.array(x_validate["Class"])
```

마지막으로 레이블을 직접 제공하면 정상 트랜잭션과 비정상 트랜잭션을 구성하는 요소를 하는 방법을 모델에 가르치는 데 방해가 될 수 있으므로 X 집합의 Class 열을 삭제해야 한다.

```
x_train = x_train.drop("Class", axis=1)
x_test = x_test.drop("Class", axis=1)
x_validate = x_validate.drop("Class", axis=1)
```

셀에서 이 코드를 모두 보려면 그림 2-8을 참조한다.

```
In [8]:    1  x_train = pd.concat((normal_train, anomaly_train))
           2  x_test = pd.concat((normal_test, anomaly_test))
           3  x_validate = pd.concat((normal_validate, anomaly_validate))
           4
           5  y_train = x_train["Class"]
           6  y_test = x_test["Class"]
           7  y_validate = x_validate["Class"]
           8
           9  x_train = x_train.drop("Class", axis=1)
          10  x_test = x_test.drop("Class", axis=1)
          11  x_validate = x_validate.drop("Class", axis=1)
```

그림 2-8 학습, 테스팅 및 검증 데이터 세트의 각 x 및 y 분할을 생성한다. x 세트는 각 분할에 대한 정상 세트와 이상 세트(학습, 테스트, 검증)의 조합이다. 반면 y 세트는 해당 x 세트의 클래스 열에 있는 데이터일 뿐이다. 그런 다음 x 세트에서 레이블 열을 삭제한다.

방금 만든 세트의 모양을 살펴보겠다.

```
print("Training sets:\nx_train: {} y_train: {}".format(x_train.shape,
y_train.shape))
print("\nTesting sets:\nx_test: {} y_test: {}".format(x_test.shape,
y_test.shape))
print("\nValidation sets:\nx_validate: {} y_validate: {}".format(x_validate.
shape, y_validate.shape))
```

출력을 보려면 그림 2-9를 참조한다.

```
In [32]:    1  print("Training sets:\nx_train: {} y_train: {}".format(x_train.shape, y_train.shape))
            2  print("\nTesting sets:\nx_test: {} y_test: {}".format(x_test.shape, y_test.shape))
            3  print("\nValidation sets:\nx_validate: {} y_validate: {}".format(x_validate.shape, y_validate.shape))

Training sets:
x_train: (85588, 30) y_train: (85588,)

Testing sets:
x_test: (28531, 30) y_test: (28531,)

Validation sets:
x_validate: (28531, 30) y_validate: (28531,)
```

그림 2-9 여러 세트의 결과를 출력하는 중이다. 이러한 3개의 세트는 정상 및 이상 세트의 조합으로 전체 데이터 세트의 60%, 20%, 20%으로 구성돼야 한다.

데이터 분석을 보면 일부 값이 매우 커짐을 알 수 있다. 미세한 세부 사항은 이 책의 범위를 벗어났다. 어떤 특징들은 범위가 상대적으로 작지만 다른 특징들은 범위가 극도로 넓을 때(앞 장부터 V1과 Time의 범위를 생각하면) 모델은 학습하는 데 훨씬 더 많은 어려움을 갖고 있다.

조금 더 상세히 말하면 모델은 비용함수를 최적화하는 데 어려움을 겪을 것이며, 만약 그렇게 할 수 있다면 수렴하기 위해 더 많은 단계를 밟을 수 있다.

따라서 데이터를 정규화함으로써 모든 것을 축소하는 것이 좋다. 평균이 0이고 표준편차가 1이 되도록 모든 데이터를 정규화하는 scikit-learn의 StandardScaler를 사용한다.

다음은 데이터를 표준화하는 코드다.

```
scaler = StandardScaler()
scaler.fit(pd.concat((normal, anomaly)).drop("Class", axis=1))

x_train = scaler.transform(x_train)
x_test = scaler.transform(x_test)
x_validate = scaler.transform(x_validate)
```

모든 데이터를 동일한 방식으로 표준화하도록 전체 데이터프레임에 스케일러를 적합시키고 있다는 점에 유의해야 한다. 이는 x_train, x_test 및 x_validate를 표준화하지 않으려는 경우 데이터에 불일치가 발생하고 모델에 문제가 발생하므로 최상의 결과를 얻기 위한 것이다. 물론 모델을 구축한 후에도 새 데이터를 받기 시작하면 학습 프로세스의 스케일러를 사용해 표준화할 수 있지만, 이 새로운 데이터는 학습 데이터와는 약간 다른 분포를 따를 수 있다. 이는 특히 트렌드가 변화하기 시작하는 경우에 해당할 수 있다. 이 새로운 표준화된 데이터는 모델이 학습한 분포에 잘 맞지 않기 때문에 모형이 더 힘든 시간을 보낼 수 있다.

셀의 코드를 보려면 그림 2-10을 참조한다.

```
In [10]:    1  scaler = StandardScaler()
            2  scaler.fit(pd.concat((normal, anomaly)).drop("Class", axis=1))
            3
            4  x_train = scaler.transform(x_train)
            5  x_test = scaler.transform(x_test)
            6  x_validate = scaler.transform(x_validate)
```

그림 2-10 정상 데이터프레임과 이상 데이터프레임의 연결부에 표준 스케일러 개체를 적용한다. 이 작업은 동일한 표준에 따라 각 학습, 테스트 및 검증 서브세트를 확장해 데이터 확장 간에 불일치가 없도록 하기 위해 수행된다.

▶ 모델 학습

마침내 로지스틱 회귀 모델을 정의할 수 있다.

```
sk_model = LogisticRegression(random_state=None, max_iter=400,
solver='newton-cg').fit(x_train, y_train)
```

셀의 코드를 보려면 그림 2-11을 참조한다. 실행 후 모든 것이 잘 진행되면 출력이 없어야 한다. 표시되는 오류는 수렴에 실패할 수 있다. 그것을 위해 max_iter 파라미터 수정이 도움이 될 수 있고 solver 알고리즘 변경도 또한 도움이 될 수 있다.

```
In [21]:    1  sk_model = LogisticRegression(random_state=None, max_iter=400, solver='newton-cg').fit(x_train, y_train)
```

그림 2-11 로지스틱 회귀 모델을 정의하고 그것을 학습 데이터 대상으로 학습시키는 것

학습 프로세스 이후에 평가나 검증 단계가 다음에 올 수 있다. 테스트 세트와 검증 세트가 서로 다른 분포에서 나오는 한(검증 세트는 학습 세트에서 파생된 반면, 테스트 세트는 원래 데이터에서 파생된 것이다), 모델은 기술적으로 평가 및 검증 프로세스에서 새로운 데이터를 보고 있다.

컨텍스트도 중요하다. 검증 프로세스를 사용해 일련의 학습된 모델 중에서 가장 적합한 모델을 선택하는 경우, 검증 프로세스는 학습 프로세스 이후에 수행될 수 있다. 아직 학습받은 모델 중 하나 또는 전체를 평가할 수 있지만, 이러한 컨텍스트에서 코드에 가장 적합한 모델을 찾으려고 하기 때문에 불필요할 수 있다. 계속 사용할 모델에 대해 하이퍼파라미터를 조정하려고 하는 상황에서는 평가를 먼저 하든 검증을 먼저 하든 상관없다. 잠시 후 마찬가지로 먼저 평가를 수행하면 검증 단계를 시작하기 전에 모델이 현재 얼마나 잘 수행되고 있는지 잘 알 수 있다. 이 모델은 평가 데이터에서 되지 않으므로 이 데이터에서 모델을 평가해도 아무런 해가 없다.

이 예제에서는 클래스 가중치에 대한 정상 샘플의 가중치 및 비정상 샘플의 가중치 조정하는 하이퍼파라미터를 검토하고 있다.

하지만 먼저 여러분의 모델을 평가해 모든 것이 어떻게 작동하는지 더 깊이 이해하도록 한다.

▶▷ 모델 평가

이제 정확도와 AUC 점수를 볼 수 있다. 먼저 모델의 기본 제공 점수 함수를 사용해 정확성을 찾을 수 있다.

```
eval_acc = sk_model.score(x_test, y_test)
```

다음으로, AUC 점수를 계산하는 데 도움이 되는 예측 목록을 모형에서 가져온다. AUC는 모델의 성능을 더 잘 설명하기 때문에 일반적으로 더 나은 메트릭이다. 그것의 일반적인 요지는 모든 점을 정확하게 분류하는 모델이 100%의 AUC 점수를 가질 것이라는 것이다.

이 컨텍스트에서 정확성의 문제는 정상 건이 100,000개 정도 있고 이상 건이 100개 정도라면 모델이 모든 정상 포인트를 정확하게 분류할 수 있고 이상 징후는 전혀 없지만 99% 이상의 정확성을 여전히 얻을 수 있다는 것이다. 그러나 AUC 점수는 약

0.5에서 훨씬 낮은 값을 나타낸다. AUC가 0.5라는 것은 모델이 아무것도 모르고 실제로는 랜덤하게 추측하고 있다는 것을 의미하지만, 이 경우 모델이 보는 어떤 점에만 대해 "정상"을 예측한다는 것을 의미한다. 다시 말해서 이상 징후를 예측하는 방법을 모른다면 실제로 많은 것을 배우지 못한 것이다.

또한 컨텍스트가 중요하기 때문에 AUC가 모델의 가치를 기준으로 삼아야 하는 유일한 지표가 아니라는 점도 언급할 필요가 있다. 이 경우 정상 건은 이상 건보다 훨씬 많으므로 정확도는 모델 성능을 단독으로 판단하기에는 상대적으로 낮은 메트릭이다. 이 경우 AUC 점수는 모드 성능을 잘 반영하지만 AUC 점수는 높지만 정확도 점수는 낮출 수도 있다. 그것은 단지 무슨 일이 일어나고 있는지 정확히 이해하기 위해 결과를 주의 깊게 보아야 한다는 것을 의미한다. 이 문제를 해결하기 위해 잠시 후 '혼동 매트릭스Confusion Matrix'를 살펴보게 된다.

이제 예측을 통해 AUC 점수를 계산해보겠다.

```
preds = sk_model.predict(x_test)
auc_score = roc_auc_score(y_test, preds)
```

마지막으로 점수를 출력해본다.

```
print(f"Auc Score: {auc_score:.3%}")
print(f"Eval Accuracy: {eval_acc:.3%}")
```

위 3개의 셀과 결과 출력을 모두 보려면 그림 2-12를 참조한다.

```
In [37]:   1  eval_acc = sk_model.score(x_test, y_test)

In [25]:   1  preds = sk_model.predict(x_test)
           2  auc_score = roc_auc_score(y_test, preds)

In [26]:   1  print(f"Auc Score: {auc_score:.3%}")
           2  print(f"Eval Accuracy: {eval_acc:.3%}")

Auc Score: 84.331%
Eval Accuracy: 99.867%
```

그림 2-12 사이킷런(scikit-learn) 로지스틱 회귀 모델을 위한 AUC 점수와 정확성 출력

이 경우 AUC 점수와 정확도 점수가 모두 높다. 두 가지 중에서 정확도 점수는 존재하는 정상 점수에 의해 확실히 부풀려지지만 AUC 점수는 모델이 이상 건과 정상 건을 구별하는 데 상당히 효과가 있다는 것을 나타낸다.

Scikit-learn은 실제로 ROC 커브(AUC 점수 또는 "곡선 아래의 영역")을 볼 수 있는 기능을 제공한다. 다음을 실행한다.

```
roc_plot = plot_roc_curve(sk_model, x_test, y_test,
name='Scikit-learn ROC Curve')
```

출력을 위해 그림 2-13을 참조한다.

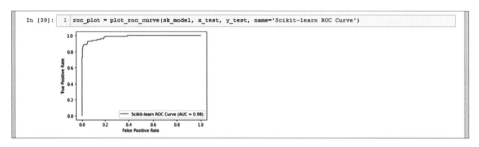

그림 2-13 방금 학습한 로지스틱 회귀 모델에 대해 생성된 ROC 커브. 거짓 양의 값 0.0에서 참 양의 값 1.0으로 시작하는 ROC 커브는 이론적으로 가능한 최상의 곡선이다. 이때부터 x축 1.0에 도달하면서 값을 유지하면서 우회전해야 한다. 이 그래프는 그 이상형에 상당히 가까우며, 따라서 AUC 점수가 0.98로 높은 이유가 된다. 이전에 계산했을 때와 비교한 AUC 점수의 불일치는 실제 값이 계산되는 방법과 관련이 있다.

기본적으로 scikit-learn은 모델 및 평가 세트를 사용해 테스트 세트에서 예측한 대로 동적으로 곡선을 생성한다. 축에 표시되는 메트릭은 모델이 각 값을 얼마나 정확하게 예측하는지에서 파생된다. '참긍정률true positive rate'과 '거짓긍정률false positive rate'은 다음에 표시되는 혼동 매트릭스의 값에서 파생된다.

이 그래프에서 AUC 점수가 생성된다. 앞에서 계산한 점수와는 차이가 있지만, 이는 두 함수가 점수를 약간 다르게 계산하기 때문이라고 할 수 있다.

이제 혼동 매트릭스Confusion Matrix을 구성하고 씨본Seaborn을 사용해 그림을 그리도록 한다.

```
conf_matrix = confusion_matrix(y_test, preds)
ax = sns.heatmap(conf_matrix, annot=True,fmt='g') ax.invert_xaxis()
ax.invert_yaxis()
plt.ylabel('Actual')
plt.xlabel('Predicted')
```

출력에 대해 그림 2-14를 참조한다.

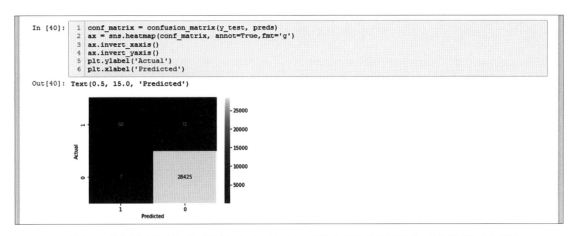

그림 2-14 학습 결과의 혼동 매트릭스(Confusion Matrix) 그림이다. 정상 건의 정확도는 매우 좋지만 이상 건의 정확도도 괜찮다. 아직 모델의 하이퍼파라미터를 조정하지 않았으므로 이러한 결과를 보면 여전히 개선의 여지가 있지만, 이상 건을 감지하는 데는 이미 문제가 없다. 이제 목표는 정상 건의 정확도를 가능한 한 허용 가능한 수준으로 유지하면서 이상 건의 정확도를 최대한 높이는 것이다. 이 혼동 매트릭스 그림을 바탕으로 이제 AUC 점수가 낮을수록 모형의 실제 성능을 반영하는 데 더 정확하다는 것을 알 수 있다. 무시할 수 없는 양의 이상 건이 정상 건으로 잘못 분류됐음을 알 수 있으므로 AUC 점수 0.84는 그래프의 명백한 점수 0.98보다 훨씬 나은 모델 성능을 보여주는 지표다.

이것이 혼동 매트릭스의 모습이다. y축은 참 레이블로 구성되고 x축은 예측 레이블로 구성된다.

참 레이블이 "0"이고 모델이 "0"을 예측하면 이를 true negative라고 한다. "true"는 참 레이블을 나타내고 "negative"는 모델이 예측한 레이블을 나타낸다.

"positive"로 간주되는 것과 "negative"로 간주되는 것은 다를 수 있다. 질병 검사와 같은 작업에서 만약 검사가 그 병에 걸린 누군가를 발견하면, 그들은 "test positive"

라고 말한다. 그렇지 않으면 그들은 "test negative"로 판정한다. 이상 징후 감지도 유사하다. 모델이 어떤 포인트를 이상 건이라고 생각할 때 "1"이라는 레이블로 플래그를 지정한다. 그래서 모델이 이상 건이라고 생각되면 "positive"로, 그렇지 않으면 "negative"로 레이블이 지정된다.

우리가 코드 내 축을 반전시켰다는 것을 알 수 있을 것이다. 이것은 단순히 매트릭스의 왼쪽 위가 "true positive(참 긍정)", 매트릭스의 오른쪽 위가 "false negative(거짓 부정)", 매트릭스의 왼쪽 아래가 "false positive(거짓 긍정)", 매트릭스의 오른쪽 아래가 "true negative(참 부정)"에 해당하는 형식으로 그것을 얻기 위한 것이다.

이러한 개념을 간단히 요약하면 다음과 같다.

- **True positive(참 긍정)**는 모델이 긍정으로 예측하고 실제도 긍정인 경우이다.
- **False negative(거짓 부정)**는 모델이 부정으로 예측하고 실제 긍정인 경우이다.
- **False positive(거짓 긍정)**는 모델이 긍정으로 예측하고 실제 부정인 경우이다.
- **True negative(참 부정)**는 모델이 부정으로 예측하고 실제도 부정인 경우이다.

얼마나 모델이 이상 징후를 식별하는지 잘 보려면 y축의 1라인을 찾아본다. 이쪽 라인의 합은 테스트 세트 내 이상 건의 총 수인 99개 이상 건과 동일하다. 모델은 이상 건 중의 68.7%, 정확하게 (68/(68+31))이고 정상 건의 99.98%는 정확하게 하단 행을 보면서 (28425/(28425+7))로 예측했다.

보다시피 혼동 매트릭스는 우리에게 모델의 실제 성능을 볼 수 있는 매우 좋은 정보를 준다.

이제 정상 건을 예측하는 작업에서는 매우 잘하지만 이상 징후를 예측하는 작업도 잘 수행된다는 것을 알게 됐다. 즉, 모델은 여전히 대다수의 이상 징후를 정확하게 예측할 수 있다. AUC 점수 0.84는 AUC 0.98의 그래프보다 모형의 성능을 나타내는 데 훨씬 더 정확하다는 것을 알 수 있다. AUC가 0.98이면 거짓 부정이나 거짓 긍정의 사례가 거의 없다고 예측할 수 있다.

▶▶ 모델 검증

이제 k-겹 교차 검증 프로세스를 사용해 여러 하이퍼파라미터 값을 비교하는 방법에 대해 알아보겠다. 검증 프로세스가 종료된 후에는 평가 메트릭을 비교해 어떤 하이퍼파라미터 설정이 가장 적합한지 더 잘 파악할 수 있다.

튜닝할 하이퍼파라미터는 정상 데이터 건과 비교해 이상 건의 가중치를 얼마만큼 반영할 것인지 나타낸다. 기본적으로 두 개의 가중치는 동일하다. 반복할 가중치 목록을 정의해보자.

```
anomaly_weights = [1, 5, 10, 15]
```

그런 다음 겹 수를 정의하고 데이터 겹 생성기를 초기화한다.

```
num_folds = 5
kfold = KFold(n_splits=num_folds, shuffle=True, random_state=2020)
```

이 KFold() 함수는 전달된 데이터를 num_folds로 전달된 데이터를 서로 다른 파티션으로 분할한다. 단일 겹은 한 번에 검증 세트의 역할을 하는 반면, 나머지 겹은 학습에 사용된다. 이러한 컨텍스트에서 '검증 겹'은 기본적으로 모델이 평가할 대상이다. 이것을 '검증'이라고 부르는데, 그 이유는 이 모델이 이전에는 보지 못했던 데이터에 대해 어떻게 작동하는지 알 수 있도록 도와주기 때문이다. 이전에 딥러닝 모델을 구축한 적이 있는 경우, 학습 프로세스 중에 검증 세트로 설정된 학습의 일부를 분할할 수 있다. 이렇게 하면 학습 중에 학습 손실이 감소하고 검증 손실이 증가한다는 것을 알 수 있으므로, 학습 중에 과적합Overfitting 여부를 알 수 있다.

위의 코드를 셀에서 보려면 그림 2-15를 참조한다.

```
In [17]:   1  anomaly_weights = [1, 5, 10, 15]

In [18]:   1  num_folds = 5
           2  kfold = KFold(n_splits=num_folds, shuffle=True, random_state=2020)
```

그림 2-15 검증 스크립트를 사용해 테스트할 이상 건 가중치에 대한 다른 값을 설정하고 KFold 데이터 생성기를 구성한다. 이 경우 다섯 개의 겹을 사용하므로 전달된 데이터가 다섯 개 계층으로 분할된다.

이제 검증 스크립트를 정의한다.

```python
logs = []
for f in range(len(anomaly_weights)):
    fold = 1
    accuracies = []
    auc_scores= []
    for train, test in kfold.split(x_validate, y_validate):
      weight = anomaly_weights[f]
      class_weights= {
            0:1,
            1: weight
      }
      sk_model = LogisticRegression(random_state=None,
                                    max_iter=400,
                                    solver='newton-cg',
                                    class_weight=class_
                                    weights).fit(x_
                                    validate[train],
                                    y_validate[train])
      for h in range(40): print('-', end="")
      print(f"\nfold {fold}\nAnomaly Weight: {weight}")
      eval_acc = sk_model.score(x_validate[test], y_validate[test])
      preds = sk_model.predict(x_validate[test])
      try:
          auc_score = roc_auc_score(y_validate[test], preds)
      except:
          auc_score = -1
      print("AUC: {}\neval_acc: {}".format(auc_score, eval_acc))
      accuracies.append(eval_acc)
      auc_scores.append(auc_score)
```

```
        log = [sk_model, x_validate[test], y_validate[test], preds]
        logs.append(log)
        fold = fold + 1
    print("\nAverages: ")
    print("Accuracy: ", np.mean(accuracies))
    print("AUC: ", np.mean(auc_scores))
    print("Best: ")
    print("Accuracy: ", np.max(accuracies))
    print("AUC: ", np.max(auc_scores))
```

한 번에 처리해야 할 일이 많으므로 코드 형식이 올바른지 확인하려면 그림 2-16을
참조한다.

```
In [33]:   1  logs = []
           2
           3  for f in range(len(anomaly_weights)):
           4      fold = 1
           5      accuracies = []
           6      auc_scores= []
           7      for train, test in kfold.split(x_validate, y_validate):
           8
           9          weight = anomaly_weights[f]
          10
          11          class_weights= {
          12              0:1,
          13              1: weight
          14          }
          15
          16          sk_model = LogisticRegression(random_state=None,
          17                                        max_iter=400,
          18                                        solver='newton-cg',
          19                                        class_weight=class_weights).fit(x_validate[train], y_validate[train])
          20
          21          for h in range(40): print('-', end="")
          22          print(f"\nfold {fold}\nAnomaly Weight: {weight}")
          23
          24
          25          eval_acc = sk_model.score(x_validate[test], y_validate[test])
          26          preds = sk_model.predict(x_validate[test])
          27
          28          try:
          29              auc_score = roc_auc_score(y_validate[test], preds)
          30          except:
          31              auc_score = -1
          32
          33
          34          print("AUC: {}\neval_acc: {}".format(auc_score, eval_acc))
          35
          36          accuracies.append(eval_acc)
          37          auc_scores.append(auc_score)
          38
          39          log = [sk_model, x_validate[test], y_validate[test], preds]
          40          logs.append(log)
          41
          42          fold = fold + 1
          43
          44      print("\nAverages: ")
          45      print("Accuracy: ", np.mean(accuracies))
          46      print("AUC: ", np.mean(auc_scores))
          47
          48      print("Best: ")
          49      print("Accuracy: ", np.max(accuracies))
          50      print("AUC: ", np.max(auc_scores))
          51
```

그림 2-16 셀의 유효성 검사 스크립트다. 스크립트가 상당히 길기에 단일한 공간 정렬을 잘못하면 문제가 발생
할 수 있으므로 올바르게 정렬됐는지 확인한다.

스크립트를 실행하기 전에 한 번에 많은 코드가 반영됐기에 코드가 어떻게 작동하는지 살펴보겠다.

첫 번째 루프는 각 이상 건 가중치를 넘는다. 여기서 겹 번호를 1과 동일하게 설정하고 현재 가중치 파라미터를 사용해 각 실행에 대한 정확도와 AUC 점수를 보유할 비어있는 목록을 정의한다.

두 번째 루프는 KFold() 개체가 정의하는 다섯 개 겹의 경계에 걸쳐 있다. class_weights 딕셔너리를 설정해 모델에 하이퍼파라미터로 전달한다. 학습 과정이 끝나면 평소와 같이 평가한다. 생성된 겹에 하나의 클래스 값만 있는 경우(그래서 정상 데이터만 있고 이상 징후는 없는 경우) AUC 점수에 대한 try-except 블록이 있다. AUC 점수가 겹에 대해 -1이면 겹 중 하나에 문제가 있다는 것을 알 수 있다.

모델, 검증 데이터 및 예측을 저장해 혼동 매트릭스를 검사하고 원하는 실행에 대한 ROC 커브를 그릴 수 있다. 다섯 번의 겹이 끝나면 스크립트는 평균과 최고 점수를 표시한다.

이 작업을 실행하면 출력이 잘리므로 1장과 같이 확장해 모든 실행을 확인해야 한다. 겹 수를 늘리면 이상 건수가 훨씬 더 많은 파티션에 분산돼야 하므로 결과에 유의한다. 이러한 특정 컨텍스트에서 겹 횟수가 적을수록 이상 건이 거의 없기 때문에 더 나은 결과를 얻을 수 있다.

출력을 걸러내면 이상 가중치가 10으로 설정될 때 최상의 결과가 발생한다는 것을 알 수 있다. 이 설정은 평균 AUC 점수가 가장 높고 최상의 AUC 점수가 가장 높았으며 그림 2-17과 같은 출력이 됐다.

```
----------------------------------------
fold 1
Anomaly Weight: 10
AUC: 0.9245604009143662
eval_acc: 0.9985982127212195
----------------------------------------
fold 2
Anomaly Weight: 10
AUC: 0.9751350672194998
eval_acc: 0.9977216964598669
----------------------------------------
fold 3
Anomaly Weight: 10
AUC: 0.9313783507133262
eval_acc: 0.9985979670522257
----------------------------------------
fold 4
Anomaly Weight: 10
AUC: 0.8942972430196292
eval_acc: 0.998422712933754
----------------------------------------
fold 5
Anomaly Weight: 10
AUC: 0.8820013855427915
eval_acc: 0.9985979670522257

Averages:
Accuracy:  0.9983877112438584
AUC:  0.9214744894819227
Best:
Accuracy:  0.9985982127212195
AUC:  0.9751350672194998
----------------------------------------
```

그림 2-17 검증 스크립트 출력에서 최상의 설정 결과를 확인한다. 최상의 설정은 평균 AUC 점수가 가장 우수하고 다른 이상 가중치 파라미터와 함께 AUC 점수가 가장 높았기 때문에 이상 건이 10으로 가중된 것으로 밝혀졌다. 절대 최적 설정을 찾으려면 범위가 더 좁아진 하이퍼파라미터 검색을 다시 수행해야 하지만 실제 최적 가중치는 10의 이상 가중치일 가능성이 높다. 원하는 만큼 검색을 계속 좁힐 수 있지만 어느 정도 정밀도를 지나면 수율이 줄어들고 있음을 알게 될 것이다.

이 설정이 평균적으로 가장 우수한 성능을 보였으므로 이에 관한 플롯을 살펴보겠다.

먼저 로그 목록에 올바른 로그를 적재한다. 이상 건 가중치는 10이었고 두 번째 겹이 가장 잘 수행됐다. 로그 항목의 12번째 인덱스를 살펴보려고 한다. 첫 번째 5는 지수 0-4에 해당하며, 다음 5는 인덱스 5-9에 해당한다. 인덱스 10으로 첫 번째 접기는 가중치 10으로 시작하므로 두 번째 접기는 인덱스 11에서 시작한다.

```
sk_model, x_val, y_val, preds = logs[11]
```

ROC 커브를 보자. 검증 세트에 데이터가 너무 적기 때문에 AUC 점수가 정확하지 않을 수 있다. 코드는 다음과 같다.

```
roc_plot = plot_roc_curve(sk_model, x_val, y_val, name=
'ScikitlearnROC Curve')
```

위의 두 셀의 출력을 보려면 그림 2-18을 참조한다.

그림 2-18 특정 검증 겹에 대한 ROC 커브 보기

보다시피 ROC 커브는 매우 최적이다. 완벽한 ROC 커브는 x축에서 1.0에 도달할 때 그 수준을 우측으로 유지하면서 y축에서 1.0에 최대한 가깝게 시작한다. 이와 같은 ROC 그래프는 AUC가 가능한 1.0에 가깝다는 것을 의미한다. 이 경우 거의 완벽한 AUC 곡선을 볼 수 있으며 AUC는 1.0이다. 그림 2-19의 혼동 매트릭스는 AUC 점수가 왜 그렇게 낮은지 훨씬 더 많은 것을 보여줄 것이다.

이 그래프는 앞에서 본 ROC 플롯과 다르게 보인다. 사실 그것은 거의 완벽해보인다. 이 폴더에서 모델이 어떻게 작동하는지 더 잘 알기 위해 혼동 매트릭스^{Confusion Matrix}를 살펴보겠다.

```
conf_matrix = confusion_matrix(y_val, preds)
ax = sns.heatmap(conf_matrix, annot=True,fmt='g')
ax.invert_xaxis()
ax.invert_yaxis()
plt.ylabel('Actual')
plt.xlabel('Predicted')
```

그 결과 발생하는 혼동 매트릭스는 그림 2-19에서 볼 수 있다.

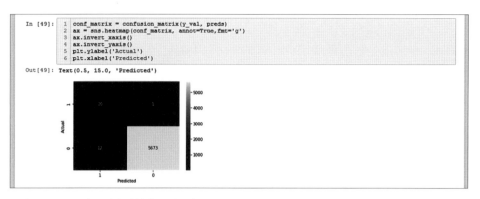

그림 2-19 특정 검증 겹에 대한 혼동 매트릭스.

정상 데이터 포인트에 라벨을 지정하는 정확도가 매우 뛰어나며 이상 징후 포인트에도 매우 적합하다. 또한 맨 위 행의 항목 21개부터 정상 지점 5,685개까지를 셀 경우이 검증 겹에 이상 징후가 거의 없음을 알 수 있다. 따라서 이상 징후에 더 높은 가중치를 갖는 것이 학습 과정에서 이러한 이상 징후의 모델 요소에 도움이 돼 이상 징후검출 성능이 향상된 것은 당연하다.

이 모델은 이상 징후를 올바르게 분류했지만, 이 경우 검증의 목표는 하이퍼파라미터 설정을 올바른 방향으로 전환하는 데 도움이 되는 것이다. 검증 프로세스의 결과를 바탕으로 최적의 하이퍼파라미터 값은 10과 15의 값 내에 있다는 것을 알 수 있다. 이 두 설정이 최상의 결과를 생성했기 때문이다.

물론 범위를 추가로 좁혀 이상 가중치에 대한 값을 10에서 15 사이로 지정하고 이 프로세스를 반복해 양호한 최적 값을 찾을 때까지 범위를 더욱 줄일 수 있다. 하지만어느 정도 정밀도를 유지하면 수익률이 감소하고 하이퍼파라미터 튜닝에 쏟는 노력은 거의 무시하기 어려운 성능 향상만 초래한다는 사실을 알게 된다. 이를 통해 이제scikit-learn에서 로지스틱 회귀 모형을 학습, 평가 및 검증하는 방법을 알게 됐다.

▶▶ PySpark

우리가 사용할 모듈의 버전을 제공했다. PySpark 설치는 특정 버전에 해당하는 `pip install PySpark`을 할 문제가 아니기 때문에 조금 복잡할 수 있다.

여기 환경 구성에 필요한 모듈 버전이 있다.

- Python 3.6.5

- PySpark 3.0.0

- matplotlib 3.2.1

- seaborn 0.10.1

- sklearn 0.22.1.post1

위와 같은 모듈로 시작하자.

다시 한 번 말하지만 scikit-learn 예처럼 상세한 해설을 제공하진 않겠으니, scikit-learn에서 전체 과정을 검토해 진행 상황에 대한 좋은 아이디어를 얻는다. 또한 이 예에서는 PySpark의 모델을 검증하지 않는다.

▶▶ 데이터 처리

여기 import문이 있다.

```
import pyspark #
from pyspark.sql import SparkSession
from pyspark import SparkConf, SparkContext
from pyspark.sql.types import *
from pyspark.ml.feature import VectorAssembler
from pyspark.ml import Pipeline
from pyspark.ml.classification import LogisticRegression as
LogisticRegressionPySpark
```

```
import pyspark.sql.functions as F
import os
import seaborn as sns
import sklearn #
from sklearn.metrics import confusion_matrix
from sklearn.metrics import roc_auc_score
import matplotlib #
import matplotlib.pyplot as plt
os.environ["SPARK_LOCAL_IP"]='127.0.0.1'
spark = SparkSession.builder.master("local[*]").getOrCreate()
spark.sparkContext._conf.getAll()
print("pyspark: {}".format(pyspark.__version__))
print("matplotlib: {}".format(matplotlib.__version__))
print("seaborn: {}".format(sns.__version__))
print("sklearn: {}".format(sklearn.__version__))
```

출력은 그림 2-20과 같아야 한다.

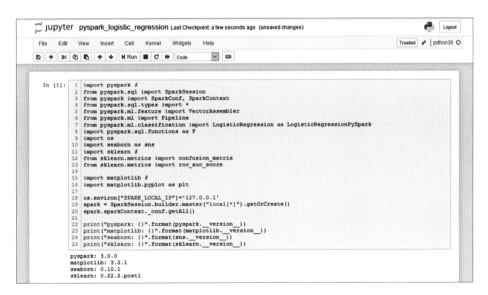

그림 2-20 필요한 모듈을 import하고 해당 버전을 출력한다.

다시 한 번 버전을 표시하기 위해 가져온 모듈에는 # 표시가 있으므로 원하는 경우 해당 모듈을 제거하고 출력문을 적용할 수 있다.

PySpark와 관련해 정의해야 했던 몇 가지 추가 코드가 있음을 알게 될 것이다. PySpark를 사용해 스파크 컨텍스트를 정의하고 스파크 세션을 생성해야 한다. 이는 스파크 엔진과의 연결 지점을 만들어 엔진에서 스파크 기능과 관련된 모든 코드를 실행할 수 있게 한다는 것을 의미한다.

이제 데이터 세트를 적재한다. PySpark에는 데이터프레임을 생성하는 자체 기능이 있으므로 Pandas를 사용하지 않아도 된다. 다음을 실행한다.

```
data_path = 'data/creditcard.csv'
df = spark.read.csv(data_path, header = True, inferSchema = True)
labelColumn = "Class"
columns = df.columns
numericCols = columns
numericCols.remove(labelColumn)
print(numericCols)
```

그림 2-11과 같은 것을 볼 수 있다.

```
In [3]:   1  data_path = 'data/creditcard.csv'
          2
          3  df = spark.read.csv(data_path, header = True, inferSchema = True)
          4  labelColumn = "Class"
          5  columns = df.columns
          6  numericCols = columns
          7  numericCols.remove(labelColumn)
          8  print(numericCols)

['Time', 'V1', 'V2', 'V3', 'V4', 'V5', 'V6', 'V7', 'V8', 'V9', 'V10', 'V11', 'V12', 'V13', 'V14', 'V15', 'V16', 'V17', 'V18', 'V19', 'V20', 'V21', 'V22', 'V23', 'V24', 'V25', 'V26', 'V27', 'V28', 'Amount']
```

그림 2-11 PySpark에서 신용카드 데이터 세트를 읽고 칼럼 목록에서 Class(클래스) 칼럼을 제거한다. 이는 그림 2-22에서 볼 수 있듯이 클래스 칼럼이 피처 벡터에 포함되지 않도록 하기 위한 것이다.

칼럼을 출력하는 것은 레이블 칼럼이 성공적으로 제거됐는지 확인하기 위한 것이다. 이제 데이터프레임이 제대로 적재됐는지 확인할 수 있다. Spark 데이터프레임은 보기에 그다지 깨끗하지 않기 때문에 내장 기능을 사용해 pandas 데이터프레임으로 변환해야 한다.

다음 두 셀과 그 출력을 살펴본다.

```
df.show(2)
```

그림 2-22를 참조한다.

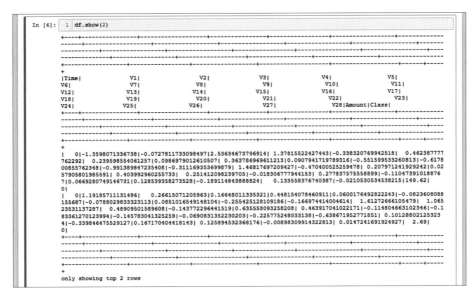

그림 2-22 스파크 데이터프레임의 출력. 데이터프레임에 열이 너무 많기 때문에 출력이 매우 지저분하고 읽기 어렵다. 다행히 PySpark 데이터프레임을 pandas 데이터프레임으로 변환하는 기능이 내장돼 있어 스파크 데이터프레임의 행을 더욱 쉽게 볼 수 있다.

이를 다음과 비교한다.

```
df.toPandas().head()
```

그림 2-23을 참조한다.

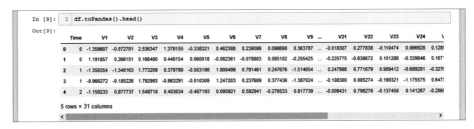

그림 2-23 PySpark의 내장 기능을 사용해 스파크 데이터프레임을 pandas 데이터프레임으로 변환해 쉽게 볼 수 있다. 그림 2-22에서 볼 수 있듯이 스파크 데이터프레임의 직접 출력을 읽기가 매우 어렵다.

따라서 스파크 데이터프레임을 확인하려면 칼럼이 많으면 pandas로 변환해야 한다. PySpark의 데이터 처리 절차는 pandas와 약간 다르다. 모델을 학습하려면 features 라는 벡터를 전달해야 한다.

다음 코드를 살펴본다.

```
stages = []
assemblerInputs = numericCols
assembler = VectorAssembler(inputCols=assemblerInputs, outputCol="features")
stages += [assembler]
dfFeatures = df.select(F.col(labelColumn).alias('label'), *numericCols )
```

이는 features 벡터로 변환할 칼럼을 알 수 있도록 어셈블러assembler에 대한 입력을 정의한다.

여기서부터는 위의 셀에 추가해 scikit-learn 예제와 같이 정상 및 이상 징후 데이터 분할을 생성한다.

```
normal = dfFeatures.filter("Class == 0").
sample(withReplacement=False, fraction=0.5, seed=2020)
anomaly = dfFeatures.filter("Class == 1")
normal_train, normal_test = normal.randomSplit([0.8, 0.2], seed = 2020)
anomaly_train, anomaly_test = anomaly.randomSplit([0.8, 0.2], seed = 2020)
```

셀은 그림 2-24와 같이 보여야 한다.

그림 2-24 나중에 입력 데이터에서 피처 벡터를 생성하는 데 사용할 벡터 어셈블러(Vector Assembler) 구성. 또한 scikit-learn에서 수행한 방식과 유사한 정상 및 이상 징후 데이터 분할을 생성해 학습 및 테스트 서브셋으로 분할할 수 있다.

scikit-learn 예제와 마찬가지로 각각의 정상 및 이상 징후 분할을 결합해 학습 및 테스트 세트를 구성한다. 그러나 이번에는 검증 세트가 없으므로 학습 데이터와 테스트 데이터 간에 80-20 분할을 검토해야 한다.

```
train = normal_train.union(anomaly_train)
test = normal_test.union(anomaly_test)
```

셀을 보기 위해 그림 2-25를 참조한다.

```
In [4]:   1  train = normal_train.union(anomaly_train)
          2  test = normal_test.union(anomaly_test)
```

그림 2-25 학습 및 테스트 세트를 scikit-learn에서 수행한 방식과 유사한 방식으로 생성하지만 PySpark의 기능을 사용한다.

나머지 파이프라인을 마치고 피처 벡터를 생성해본다.

```
pipeline = Pipeline(stages = stages)
pipelineModel = pipeline.fit(dfFeatures)
train = pipelineModel.transform(train)
test = pipelineModel.transform(test)
selectedCols = ['label', 'features'] + numericCols
train = train.select(selectedCols)
test = test.select(selectedCols)
print("Training Dataset Count: ", train.count())
print("Test Dataset Count: ", test.count())
```

출력은 보려면 그림 2-26을 참조한다.

```
In [7]:   1
          2  pipeline = Pipeline(stages = stages)
          3  pipelineModel = pipeline.fit(dfFeatures)
          4  train = pipelineModel.transform(train)
          5  test = pipelineModel.transform(test)
          6  selectedCols = ['label', 'features'] + numericCols
          7  train = train.select(selectedCols)
          8  test = test.select(selectedCols)
          9
         10  print("Training Dataset Count: ", train.count())
         11  print("Test Dataset Count: ", test.count())

Training Dataset Count:  114389
Test Dataset Count:  28459
```

그림 2-26 pipeline을 사용해 데이터프레임에서 피처 벡터를 생성한다. 이 피처 벡터는 로지스틱 회귀 모델이 학습할 대상이다.

▶▶ 모델 학습

모델을 정의하고 학습할 수 있다.

```
lr = LogisticRegressionPySpark(featuresCol = 'features',
labelCol = 'label', maxIter=10)
lrModel = lr.fit(train)
trainingSummary = lrModel.summary
pyspark_auc_score = trainingSummary.areaUnderROC
```

셀 내 위 코드를 보기 위해 그림 2-27을 참조한다.

```
In [19]:    1  lr = LogisticRegressionPySpark(featuresCol = 'features', labelCol = 'label', maxIter=10)
            2
            3  lrModel = lr.fit(train)
            4
            5  trainingSummary = lrModel.summary
            6  pyspark_auc_score = trainingSummary.areaUnderROC
            7
            8
```

그림 2-27 PySpark 로지스틱 회귀 분석 모델 정의, 학습 및 모델의 내장함수를 사용해 AUC 점수 찾기

▶▶ 모델 평가

일단 모델이 학습을 마치면 평가 코드를 실행한다.

```
predictions = lrModel.transform(test)
y_true = predictions.select(['label']).collect()
y_pred = predictions.select(['prediction']).collect()
evaluations = lrModel.evaluate(test)
accuracy = evaluations.accuracy
```

매트릭스를 보여주기 위해 당연히 다음 코드를 추가한다.

```
print(f"AUC Score: {roc_auc_score(y_pred, y_true):.3%}")
print(f"PySpark AUC Score: {pyspark_auc_score:.3%}")
print(f"Accuracy Score: {accuracy:.3%}")
```

출력을 보기 위해 그림 2-28을 참조한다.

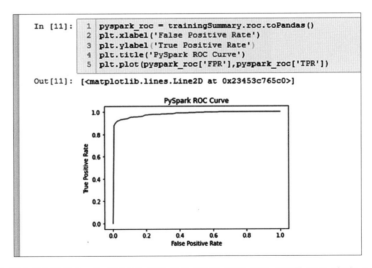

```
In [10]:  1  print(f"AUC Score: {roc_auc_score(y_pred, y_true):.3%}")
          2  print(f"PySpark AUC Score: {pyspark_auc_score:.3%}")
          3  print(f"Accuracy Score: {accuracy:.3%}")

AUC Score: 93.722%
PySpark AUC Score: 97.997%
Accuracy Score: 99.909%
```

그림 2-28 출력 메트릭. AUC 점수는 scikit-learn의 스코어링 알고리즘을 사용해 계산되며, PySpark AUC 점수 메트릭은 PySpark 모델의 학습 요약에서 가져온다. 마지막으로 정확도 점수도 출력된다.

AUC 점수와 정확도가 상당히 높은 것을 알 수 있으므로 그래프를 살펴본다.

먼저 ROC 커브를 살펴본다.

```
pyspark_roc = trainingSummary.roc.toPandas()
plt.xlabel('False Positive Rate')
plt.ylabel('True Positive Rate')
plt.title('PySpark ROC Curve')
plt.plot(pyspark_roc['FPR'],pyspark_roc['TPR'])
```

그래프를 보기 위해 그림 2-29를 참조한다.

```
In [11]:  1  pyspark_roc = trainingSummary.roc.toPandas()
          2  plt.xlabel('False Positive Rate')
          3  plt.ylabel('True Positive Rate')
          4  plt.title('PySpark ROC Curve')
          5  plt.plot(pyspark_roc['FPR'],pyspark_roc['TPR'])

Out[11]:  [<matplotlib.lines.Line2D at 0x23453c765c0>]
```

그림 2-29 방금 학습한 PySpark 로지스틱 회귀 분석 모델의 ROC 커브. 완벽한 ROC 커브는 1.0부터 시작해 1.0의 거짓 긍정(false positive)의 비율 값까지 이어지는 참 긍정(true positive)의 비율을 갖는다. 이 곡선은 PySpark에 의해 면적(AUC)이 약 0.97997이라고 부르는 것과 매우 유사하며, 따라서 완벽한 AUC 점수는 1.00이라는 점을 유념해야 한다.

곡선이 꽤 최적인 것 같다. 이제 혼동 매트릭스를 살펴보고 모델의 성능에 관해 자세히 알아보겠다.

```python
conf_matrix = confusion_matrix(y_true, y_pred)
ax = sns.heatmap(conf_matrix, annot=True,fmt='g')
ax.invert_xaxis()
ax.invert_yaxis()
plt.ylabel('Actual')
plt.xlabel('Predicted')
```

혼동 매트릭스 플롯을 보기 위해 그림 2-30을 참조한다.

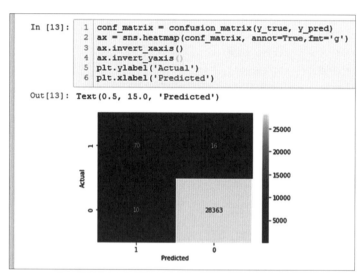

그림 2-30 방금 학습한 PySpark 로지스틱 회귀 분석 모델에 표시된 혼동 매트릭스다. 정상 데이터에 대해 라벨이 올바르게 지정된 포인트의 정확도는 매우 높고 비정상 데이터에 대해 적절하다.

이를 통해 모델이 어떻게 작동하는지 훨씬 더 자세히 확인할 수 있다. 이상 징후만 살펴보면 이상 징후 예측 정확도가 81.4%(70/(70+16))이다. 최대 성능을 달성하도록 하이퍼파라미터를 조정하진 않았지만 scikit-learn에서 학습한 모델보다 훌륭하다.

PySpark에는 데이터의 가중치를 매기는 옵션이 있지만 이는 샘플별로 수행된다. 즉, 각 클래스에 대해 가중치 딕셔너리을 전달하는 대신 데이터프레임에 각 이상 징후가 특정 양으로 가중되고 각 정상 포인트가 1로 가중되는 칼럼을 생성해야 한다. 기본적으로 모든 것이 1로 가중되므로, PySpark 모델이 scikit-learn 모델보다 더 큰 성능 잠재력을 가질 수 있다.

정상 포인트로 넘어가면 99.96%(28363/(28363+10))의 매우 우수한 정확도를 볼 수 있으므로 정상 포인트를 매우 잘 식별할 수 있다.

▶▶ 요약

데이터 분석을 통해 얻은 통찰력을 통해 scikit-learn 및 PySpark에서의 학습, 테스트 및 검증 세트로 데이터를 처리했다(PySpark에서 학습-테스트 분할만 수행했지만 학습 데이터를 사이킷런과 마찬가지로 학습 및 검증 세트로 분할할 수 있었다).

여기서는 각 프레임워크에서 로지스틱 회귀 분석 모델을 구성하고 이에 대해 학습하고 평가했다.

정확도와 AUC 점수를 지표로 보고 ROC 커브와 혼동 매트릭스를 검토해 모델의 성능을 더 잘 파악했다. scikit-learn 모델의 경우 k-겹 교차 검증을 수행해 하이퍼파라미터를 조정했다.

3장에서는 MLOps와 모델을 운영하는 방법에 대해 알아보면서 데이터 분석 및 모델 생성에 대해 알아보겠다.

Chapter 3

MLOps는 무엇인가?

3장에서는 'MLOps'라는 용어의 이면에 있는 개념을 살펴보고 그 의미, 유용성 이유 및 구현 방법을 살펴본다.

▶▶ 소개

다양한 문제에 대한 머신러닝 솔루션을 만드는 것은 상당히 힘든 일일 수 있다. 머신러닝의 문제를 해결하려는 팀의 입장이 돼 생각해본다. 1장을 읽으면 이 프로세스에 익숙하겠지만, 전체 프로세스를 다시 한 번 요약해 맥락을 파악할 것이다. 이 부분에 대해 이미 잘 알고 있다면 건너뛸 수 있다. 전체 프로세스는 다음과 같을 수 있다.

- **Raw data(원시 데이터) 수집 및 처리**: Raw data는 모델을 학습하기 쉬운 형식이 거의 아니다. 일반적으로 null 값 및 결함 있는 데이터 값과 같은 비정상적인 데이터를 제거하기 위한 전처리가 필요하다. 경우에 따라서는 모든 노이즈 데이터 중에서 필요한 정보만 추출하기 위해 원시 데이터를 가공 처리해야 할 수도 있다.

- **데이터 분석**: 이 단계에서는 데이터를 살펴보고 데이터의 특성을 이해한다.

  그것은 어떻게 구성돼 있나? 데이터의 분포는 어떻게 나타나는가? 데이터에 식별 가능한 추세 또는 편향이 있는가? 이 단계는 여러분이 그 문제에 어떻게 접근할지 지시하기 때문에 매우 중요하다.

  업데이트하려는 학습받은 모델이 이미 있는 경우 모델을 업데이트해 고려해야 할 데이터에 새로운 동향이 있는지도 알려준다. 출력에 실제로 영향을 미치지 않는 "쓸모없는 피처"를 식별한 경우, 이를 중단하고 새로운 모델을 학습해 성능을 향상할 수 있다

- **학습을 위한 데이터 처리**: 이 단계에서는 데이터를 더 적절한 범위로 스케일링하고 모델 성능에 방해가 될 수 있는 이상치 혹은 이상 징후를 제거할 수 있다. 또한 피처 엔지니어링을 적용해 기존 데이터에서 새로운 피처를 만들고 학습 중에 모델에 더 많은 또는 더 나은 컨텍스트를 제공할 수도 있다. 학습, 테스트 및 검증 데이터 세트를 만드는 것이 최적의 방법이지만 이러한 방법은 학습 및 테스트 데이터 세트를 생성하는 것이기도 한다.

- **모델 구축, 학습 및 테스트**: 이 단계에서는 모델을 생성하고 하이퍼파라미터를 설정하고, 모델을 학습한다. 딥러닝의 경우 학습 세트의 서브 섹션을 데이터 검증 세트로 선택할 수도 있다. 이 세트의 목적은 모든 에포크^{epoch}의 끝에서 모델을 평가하는 것이거나 데이터를 모델을 통해 완전히 전달하는 것이다. 학습 중 여러 번 관찰된 데이터와 전혀 관찰하지 못한 데이터(또는 가중치 조정에 영향을 미치지 않는 데이터)를 비교해 모델이 실제로 일반화되고 있는지 과적합되고 있는지 확인할 수 있다

- **과적합**^{Overfitting}이란 모델이 이전에 보지 못한 데이터에 비해 학습 세트에서 훨씬 더 나은 성능을 발휘하는 것을 의미한다. 방금 논의한 바와 같이 과적합을 조기에 나타내는 한 가지 방법은 학습 단계 중에 학습 세트의 일부를 검증 데이터로 저장하는 것이다. 이렇게 하면 학습 과정이 끝난 후 확인할 필요 없이 과적합을 조기에 표시할 수 있으며, 모델 깊이와 사용된 장비에 따라 몇 분에서 며칠까지 걸릴 수 있다. 따라서 테스트 데이터 또는 검증 데이터에서 모델을 평가할 때도

과적합을 관찰할 수 있으며, 이러한 세트와 학습 세트 간에 모델 성능의 불일치를 관찰할 수 있다.

- 이러한 과적합 현상은 모델이 예상되는 다양성을 반영하기 위해 학습 중에 충분한 데이터를 받지 못했기 때문에 부분적으로 발생할 수 있으므로, 더 많은 다양성을 도입하거나 데이터 수를 늘려 학습 세트를 수정하는 것이 도움이 될 수 있다. 추가적으로 모델 아키텍처에 대한 정규화 또는 드롭아웃(Dropout: 생략) 같은 방법을 포함하는 것은 딥러닝 모델의 경우 과적합을 방지하는 데 도움이 될 수 있다.

- 논의해야 할 중요한 사항은 테스트 및 검증 세트의 목적이다. 테스트 세트는 이전에는 볼 수 없었던 데이터에 대한 모델의 성능을 평가하는 데 사용된다.

- 검증 세트는 모델 선택, 모델 아키텍처 선택, 하이퍼파라미터 튜닝 또는 학습 프로세스 내 볼 수 없었던 데이터에 대한 모델 성능 지표 제공을 돕기 위한 용도로 사용된다.

- 검증의 예로는 k-겹 교차 검증을 들 수 있다. 여기서 k-겹 교차 검증은 검증 데이터로부터 k개의 테스트-학습 데이터의 랜덤 파티션을 생성하고 이 모든 데이터에 대한 모델을 학습/평가해 최고의 성능을 얻을 수 있는 아이디어를 획득할 수 있도록 다양한 하이퍼파라미터 설정을 얻을 수 있다. 물론 k-겹 교차 검증을 통해 검증에 도움이 되는 다른 기능을 수행할 수도 있다. 2장에서는 이상 징후의 가중치를 조정하는 데 도움이 되는 데 이 검증 방법을 사용한 예를 살펴봤다.

- 이 기법을 일련의 하이퍼파라미터가 있는 스크립트와 결합하면 적절한 하이퍼파라미터를 가진 최적의 모델이 될 수 있다. 여기서부터 최종 성능 벤치마크를 얻기 위해 테스트 세트에서 모델을 재학습하고 다시 평가할 수 있다.

- 그러나 이 작업을 수행하는 구체적인 순서는 다를 수 있다. 예를 들어 학습받은 모델도 먼저 평가한 다음 검증할 수 있다. 그 반대의 경우도 마찬가지다. 이는 평가 단계가 성과 불일치의 어떤 형태를 반영하거나 학습 과정 중 검증 데이터에 가능한 과적합이 발생하는 것으로 드러나는 경우, 학습 프로세스가 변경된 하이퍼파라미터로 반복될 가능성이 있기 때문이다.

어느 쪽이든 실제 상황에 따라 다르지만 모델을 가장 잘 조정하기 위해 최소한 테스트 및 검증 데이터를 모두 통합하는 것이 좋다.

- **모델 검증 및 조정**: 앞서 설명한 바와 같이 검증 세트는 모델이 이전에 본 적이 없는 또 다른 "테스팅" 세트가 될 수 있으며, 앞부분과 1장에서 설명한 여러 가지 방법 중 하나로 사용할 수 있다. 모델이 검증 세트에서 허용 가능한 성능 수준에 도달하고 재학습과 평가되면 모델 배포를 검토할 수 있다

- **모델 배포 및 모니터링**: 이 단계에서 모델은 마침내 머신러닝/데이터사이언스 팀의 손을 떠났다. 이제 이 모델을 애플리케이션에 통합하고 서비스를 제공하는 것이 엔지니어링 및 운영 팀의 일이다.

  운영 팀은 모델의 성능을 지속적으로 모니터링하는 업무를 담당하며, 새로운 추세를 파악하기 위해 모델을 업데이트하려면 전체 프로세스를 반복해야 할 수 있다. 또한 운영 팀은 버그와 예상치 못한 모델 예측을 데이터사이언스 팀에 보고해야 한다. 이 피드백은 모델을 수정해야 할 때 전체 사이클의 시작에 기여한다.

  바라건대 전체 프로세스가 얼마나 업무 집약적일 수 있는지는 분명하다.

  여러 번 반복해야 할 가능성이 높기 때문에 특히 그렇다.

새로운 데이터 패턴과 동향에 대한 모델만 업데이트하기 때문에 두 번째 업데이트는 더 쉬울 수 있지만, 다른 곳에서 더 많은 수작업 시간을 소비할 수 있는 문제는 여전히 있다.

결국 소프트웨어 개발 프로세스에서 애플리케이션의 유지 보수는 애플리케이션의 초기 구축 및 릴리스가 아니라 대개 대부분의 비용과 리소스가 투입된다. 이는 시스템 학습 모델에도 적용될 수 있으며, 배포된 시스템 학습 모델에 대한 비용이 모델의 서비스를 활용하는 소프트웨어 애플리케이션의 비용 외에 추가되기 때문에 전체 유지 보수 비용이 악화된다.

이 전체 프로세스를 자동화해 고성능 머신러닝 모델을 최대한 활용할 수 있다고 상상해본다. 바로 여기서 MLOps가 필요하다. 즉, 머신러닝과 데브옵스^{DevOps} 실천 사

이의 교차점이라고 할 수 있다. 데브옵스 또는 개발 운영이란 소프트웨어 개발자의 작업 프로세스와 운영 팀의 작업 프로세스를 결합해 두 역할의 하이브리드 역할을 하는 공통 작업 방식을 말한다.

그 결과 소프트웨어의 개발 주기가 빨라지고, 소프트웨어 제품의 지속적인 전달이 보장된다. 소프트웨어 애플리케이션 유지 보수의 워크플로우 효율성 향상으로 유지 보수 비용이 감소하기 때문에 총 비용도 절감된다.

데브옵스 워크플로우를 나타내는 그래프를 보려면 그림 3-1을 참조한다.

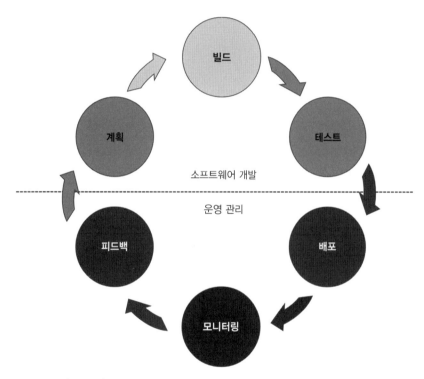

그림 3-1 데브옵스(DevOps) 환경 내 워크플로우를 보여주는 그래프
소프트웨어 개발 팀은 일반적으로 애자일 방법론을 채택하는데, 이는 계획, 구축 및 테스팅 단계를 통해 요약된다. 운영 팀은 버그와 사용자 피드백의 형태로 피드백을 배포, 유지 보수 및 수집하고 이 정보를 개발 팀에 전달하는 역할을 담당한다. 여기서부터 개발 팀은 애플리케이션의 유지 보수 단계로 들어가 애플리케이션의 다음 패치/업데이트를 계획, 구축, 테스트 및 푸시한다. 또한 테스트 및 배포 프로세스를 자동화하면 소프트웨어 제품을 지속적으로 통합하고 제공할 수 있다. 3장 뒷부분에서 자세히 살펴본다.

마찬가지로 MLOps는 데브옵스 원칙을 채택하고 이를 소프트웨어 대신 머신러닝 모델에 적용해 데이터 과학자 및 머신러닝 엔지니어와 운영 팀의 개발 주기를 통합해 고성능 머신러닝 모델의 지속적인 전달을 보장한다. 3장 후반부에서 자세히 살펴볼 실험 단계에서의 모델 개발 프로세스는 인상적인 성과로 이어질 수 있으며 매우 유망한 해결책으로 보일 수 있다 그러나 실제로는 대부분의 모델이 이러한 실험 단계를 절대 통과하지 못하는 것이 현실이다. 모델을 배포하는 것 자체가 엄청난 작업이기 때문이다. 안타깝게도 모델을 한 번 구축하면 새로운 업데이트를 할 때마다 애플리케이션에 다시 통합해야 하므로 리소스도 낭비된다. 이는 모델이 구축되더라도 모든 팀이 각자의 업무를 수행할 수 있다는 것을 의미한다. 이러한 이유로 대부분의 모델은 프로토타입 단계를 통과하지 못한다.

MLOps 원칙이 등장하기 전까지는 최신 머신러닝 기술을 사용해 만든 솔루션을 구축하는 것이 필요한 리소스의 양 때문에 비즈니스에 큰 도전으로 작용했다. 이것이 바로 MLOps가 중요한 이유이다. 이를 통해 대부분의 어려운 부분을 자동화해 개발 및 유지 보수 프로세스를 대폭 가속화함으로써 머신러닝 솔루션을 훨씬 쉽게 구현하고 유지 관리할 수 있다. 완전히 자동화된 설정을 통해 팀은 최신 머신러닝 기술을 따라잡고 새로운 모델을 신속하게 배포할 수 있다. 서비스는 높은 수준의 성능을 유지할 수 있으며, 팀이 더욱 새롭고 유망한 모델 아키텍처를 구축할 수 있기 때문에 이러한 측면에서도 개선될 수 있다.

이제 MLOps의 의미와 그 중요성에 대해 자세히 알아보겠다. 먼저 세부 정보를 살펴보고 이상적인 MLOps 구현이 어떻게 구축되는지 살펴보겠다.

▶▶ MLOps 구축

특정 MLOps 설정을 살펴보기 전에 먼저 수동 구현, 지속적인 모델 제공, 파이프라인의 지속적인 통합/지속적인 배포 등 다양한 자동화 단계를 나타내는 세 가지 설정을 구축한다.

수동 구현이란 MLOps 원칙이 적용되지 않고 모든 것이 수동으로 실행되는 설정을 말한다.

머신러닝 모델을 생성할 때 앞서 설명한 단계는 모두 수동으로 수행한다. 소프트웨어 엔지니어링 팀은 수동으로 모델을 애플리케이션에 통합해야 하며, 운영 팀은 모델의 데이터 및 성능 지표 수집과 함께 모든 기능이 유지되도록 지원해야 한다.

지속적인 모델 배포는 수동 구현과 자동화된 구현의 이 두 모델 사이의 중간 영역이다.

여기서는 프로세스의 머신러닝 측면을 자동화할 수 있는 파이프라인이 등장했다. 이 용어는 아래 절에서 자주 언급할 것이다. 파이프라인이 무엇인지 더 자세히 알아보려면 3장 아래쪽에 있는 '파이프라인 및 자동화' 절을 참조한다.

현재 파이프라인은 파이프라인을 통과하는 동안 정보를 조작하는 일련의 구성 요소를 포함하는 인프라스트럭처다.

파이프라인의 기능은 설정 내에서 약간 다를 수 있으므로 그래프와 설명을 참조해 예제에서 파이프라인이 작동하는 방식을 더 잘 이해한다.

이러한 유형의 설정의 주요 특징은 배포된 모델이 배포 후에도 새로운 데이터에 대해 지속적으로 학습할 수 있도록 파이프라인을 구축한다는 것이다. 실험 단계 또는 모델 개발 단계의 자동화도 후속 단계에서 추가적인 자동화를 위해 코드의 모듈화와 함께 나타낸다. 이 설정에서 지속적인 배포는 새로운 머신러닝 모델의 신속한 개발 및 배포를 의미한다. 자동화를 통해 신속한 배포에 대한 장벽(실험 단계에서 수동 작업의 번거로움)이 해소됨에 따라 이제 훨씬 더 빠른 속도로 모델을 생성하거나 업데이트할 수 있게 됐다.

파이프라인의 지속적인 통합/지속적인 배포는 실험 단계의 파이프라인이 모든 구성 요소가 의도한 대로 작동하는지 확인하기 위해 자동화된 프로세스에서 철저히 테스트되는 설정을 말한다.

여기에서 파이프라인은 패키징되고 배포되며, 배포 팀은 테스트 환경에 파이프라인을 배포하고, 호환성과 기능성을 모두 보장하기 위한 추가 테스트를 처리한 다음 운영 환경에 배포한다. 이 구축에서는 파이프라인을 빠른 속도로 만들고 배포할 수 있으므로 수동 테스트 및 통합과 관련된 리소스 장벽 없이 최신 머신러닝 아키텍처를 중심으로 구축된 새로운 파이프라인을 지속적으로 만들 수 있다.

▶▶ 수동 구현

지금까지 세 가지 유형의 설정을 진행했으므로 MLOps 원칙이 통합돼 있지 않은 머신러닝 모델의 세 가지 배포 설정 중 첫 번째 설정을 살펴본다.

이 경우 데이터 과학자와 머신러닝 엔지니어로 구성된 팀이 있으며, 이제 데이터 분석 및 모델 구축, 학습, 테스트 및 검증을 수동으로 수행한다. 모델이 완료되면 모델 클래스를 생성하고 코드 저장소로 푸시해야 한다. 소프트웨어 엔지니어는 이 모델 클래스를 추출해 기존 애플리케이션 또는 시스템에 통합하고, 운영 팀은 애플리케이션 모니터링, 기능 유지, 소프트웨어 및 모델 개발 팀 모두에 피드백 제공을 담당한다.

여기에서는 모든 것이 수작업이다. 즉, 데이터 내 새로운 트렌드로 인해 모델 개발 팀이 모델을 업데이트하고 전체 프로세스를 다시 반복해야 한다. 이러한 문제는 많은 수의 사용자가 이 모델과 매일 상호 작용한다는 점을 고려할 때 발생할 가능성이 매우 높다. 성능 지표 및 사용자 데이터 수집과 결합된 이 정보는 모델뿐만 아니라 모델이 서비스하는 사용자 기반에 대한 많은 측면을 보여준다. 새 데이터에 대한 성능을 유지하려면 업데이트해야 할 가능성이 높다. 이것은 그래프에 나타난 과정을 따라가는 동안 명심해야 할 사항이다.

구축 프로세스의 도식화된 표현은 그림 3-2를 참조한다.

이 과정을 차근차근 살펴본다. 흐름을 대략 두 부분으로 나눌 수 있다. 즉, 전체 워크 플로우의 머신러닝이 수반되는 실험 단계와 애플리케이션으로의 모델 통합 및 운영 유지 관리 작업을 처리하는 구축 단계이다.

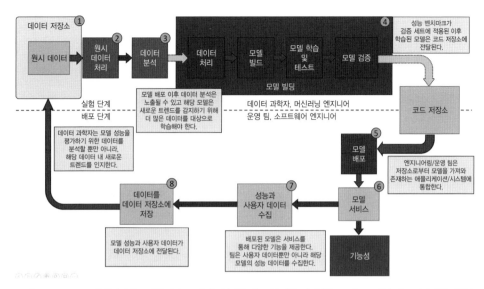

그림 3-2 MLOps 원칙이 없는 머신러닝 모델의 가능한 배포 설정을 나타내는 그래프. 점선 테두리가 있는 화살표는 현재 단계의 조건에 따라 다음 단계로 진행됨을 의미한다. 예를 들어 모델 검증 단계에서 머신러닝 엔지니어는 모델 클래스를 저장소로 푸시하기 전에 모델이 성능에서 최소 벤치마크에 부합하는지 확인해야 한다.

실험 단계

1. **데이터 저장소**: 데이터 저장소는 데이터 분석 및 모델 개발과 관련된 데이터가 저장되는 위치를 나타낸다. 일례로 여러 모델 개발 팀에서 사용할 수 있는 대용량 데이터를 저장하는 데 하둡을 사용할 수 있다.

   이 예제에서는 데이터 과학자가 이 데이터 저장소에서 원시 데이터를 가져와 실험을 수행하고 데이터 분석을 시작할 수 있다.

2. **원시 데이터 처리**: 앞서 언급한 바와 같이 관련 정보를 수집하기 위해서는 원시 데이터를 처리해야 한다. 또한 오류 및 손상된 데이터도 제거해야 한다. 기업이 매일 엄청난 양의 데이터를 수집할 때, 그중 일부는 결국 손상되거나 결함이 생기기 마련이며, 이러한 점은 데이터 분석 및 모델 개발 프로세스에 해를 끼칠 수 있으므로 이를 제거하는 것이 중요하다. 예를 들어 하나의 null 값 항목은 회귀(값 예측) 작업에 사용되는 신경망 네트워크의 학습 프로세스를 완전히 파괴할 수 있다.

3. **데이터 분석:** 이 단계에서는 데이터의 모든 측면을 분석한다. 그 일반적인 요지는 앞에서 논의됐지만, 모델 업데이트와 관련해 데이터 과학자들은 모델을 업데이트해야 한다고 생각하는 새로운 추세나 다양한 데이터가 있는지 확인하고자 한다. 초기 학습 과정은 실제 환경에 대한 작은 표현으로 간주될 수 있기 때문에, 초기 구축 후 곧 모델을 업데이트해야 할 상당한 가능성이 있다. 그러나 이는 원래 학습 세트가 캡처한 실제 사용자 기반의 특성 수에 따라 달라지지만, 시간이 지남에 따라 사용자 기반도 달라지고 모델도 변경된다. "사용자 기반"은 모델의 예측 서비스를 사용하는 실제 고객을 말한다.

4. **모델 구축 단계:** 이 단계는 우리가 앞서 논의한 것과 거의 같다. 두 번째로 모델을 업데이트할 때 모델 레이어를 약간 조정해야 할 수 있다. 최악의 경우, 현재 사용 중인 모델 아키텍처는 새로운 데이터나 아키텍처가 변경됐을 때 충분히 높은 성능을 달성할 수 없다. 완전히 새로운 모델을 구축, 학습 및 검증해야 할 수도 있다. 이러한 문제가 없는 경우 일부 성능 기준을 충족하는 대로 모델을 추가 학습, 테스트, 검증 및 코드 저장소로 푸시하기만 하면 된다.

   - 이 실험 단계에서 주목할 점은 주피터 노트북을 이용한 실험이 상당히 인기 있다는 점이다.
   모델 개발 팀이 목표 성과 수준에 도달하면 다른 코드로 호출할 수 있는 실행 가능한 모델을 구축해야 한다. 예를 들어 성능 지표를 더 쉽게 수집할 수 있도록 `load_weights`, `predict` 및 `evaluate`와 같은 기능을 제공하는 다양한 기능을 가진 모델 클래스를 만들면 된다. 실시간 세팅에서 실제 레이블을 알 수 없기 때문에 평가 지표 단순히 평균 제곱근 오류와 비슷할 수 있다.

배포 단계

5. **모델 배포:** 이 경우 소프트웨어 엔지니어가 개발 중인 시스템/애플리케이션에 모델을 수동으로 통합해야 한다. 모델 개발 팀이 실험을 마치고 실행 가능한 모델을 구축한 후 코드 저장소에 푸시할 때마다 엔지니어링 팀은 이를 다시 수동으로 통합해야 한다. 두 번째부터는 공정 상태가 나쁘지 않을 수 있지만, 새로운

모델에서 발생할 수 있는 잠재적인 버그를 수정하는 문제가 여전히 남아 있다. 또한 엔지니어링 팀은 모델에 대한 테스트를 애플리케이션에 통합한 후 뿐만 아니라 나머지 애플리케이션에 대한 테스트도 한다.

6. **모델 서비스**: 이 단계에서는 모델이 최종적으로 구축되고 사용자 기반과 실시간으로 상호 작용한다. 운영 팀이 소프트웨어의 기능을 유지하는 데 도움을 주는 곳이기도 한다. 예를 들어 모델 기능의 일부 측면에 문제가 있는 경우 운영 팀은 버그를 기록하고 모델 개발 팀에 전달해야 한다.

7. **데이터 수집**: 운영 팀은 원시 데이터 및 성능 지표도 수집할 수 있다. 이 데이터는 회사가 결정을 내리는 방식이기 때문에 운영에 있어 매우 중요하다. 예를 들어 회사는 사용자 기반에서 가장 인기 있는 서비스가 무엇인지, 또는 지금까지 머신러닝 모델이 얼마나 잘 수행되고 있는지 알고 싶어 할 수 있다. 이 작업은 애플리케이션에서도 수행할 수 있으며 애플리케이션과 관련된 일부 특정 데이터 저장소에 모든 관련 데이터를 저장할 수 있다.

8. **데이터 저장소로 전달된 데이터**: 이 단계에서는 운영 팀이 데이터 저장소에 데이터를 전송한다. 방대한 양의 데이터가 수집될 수 있으므로, 이 단계에서는 운영 팀을 대신해 어느 정도의 자동화를 가정하는 것이 좋다. 또한 애플리케이션 자체가 수집한 데이터를 관련 데이터 저장소에 전달하는 역할도 담당할 수 있다.

설정에 대한 회고

이러한 구현에서 발생할 수 있는 몇 가지 문제를 바로 확인할 수 있다. 가장 먼저 깨달아야 할 것은 실험 단계 전체가 수작업이라는 점인데, 이는 데이터 과학자와 머신러닝 엔지니어가 매번 이러한 단계를 반복해야 함을 의미한다. 모델이 원래 학습 세트에서 캡처되지 않을 가능성이 높은 새로운 데이터에 지속적으로 노출되는 경우, 모델은 항상 최신 사용자 데이터 트렌드에 맞게 최신 상태로 유지되도록 자주 재학습해야 한다. 안타깝게도 새로운 추세 분석, 학습, 테스트 및 데이터 검증의 전체 프로세스가 수작업인 경우 시간이 지남에 따라 상당한 리소스가 필요할 수 있으며, 이는 여분의 리소스가 없는 기업에게는 실현 불가능한 일이 될 수 있다. 또한 데이터 추세는 시간이 지남에 따라 변할 수 있다. 예를 들어 사이트에 로그인하는 사용자 수가 가장 많은 연령대는 20대 초반으로 구성될 수 있다. 1년이 지난 지금, 아마도 지배적인 연령층은 10대일 것이다. 그 당시 정상적이었던 것이 지금은 정상이 아니며, 이 경우 모델이 제공하는 서비스(대상 광고)라면 광고 수익의 손실을 초래할 수 있다.

또 다른 문제는 주피터 노트북과 같은 도구가 시제품 제작과 머신러닝 및 딥러닝 모델에 매우 인기가 있다는 것이다. 노트북에서 실험이 수행되지 않더라도 모델을 소스 리포트로 전송하기 위해 작업이 수행돼야 할 가능성이 높다.

예를 들어 load_weights, predict 및 evaluate와 같은 몇 가지 중요한 함수를 사용해 모델 클래스를 구성하는 것이 모델 클래스에 이상적이다. 일부 외부 코드는 load_weights()에 대해 다양한 학습 사례로부터 모델 가중치를 설정할 것을 요구할 수 있다(따라서 모델이 추가 학습되고 업데이트된 경우, 단순히 이 기능을 호출해 새 모델을 얻으면 된다). 그런 다음 함수 predict()을 호출해 일부 입력 데이터를 기반으로 예측하고 애플리케이션에 필요한 서비스를 제공할 것이며, evaluate() 함수는 성능 지표를 유지하는 데 유용하다.

실시간 데이터에는 참 레이블이 거의 표시되지 않으므로(사용자가 올바른 이미지를 선택하는 Google의 캡처와 같은 즉각적인 피드백을 제공하지 않는 한), 성능을 추적할 때 평균 제곱근 오류와 같은 점수 지표가 유용할 수 있다.

모델 클래스가 완료되고 푸시되면 소프트웨어 엔지니어링 팀은 모델 클래스를 전체 애플리케이션/시스템에 통합해야 한다.

처음에는 어려울 수 있지만 일단 통합이 완료되면 모델에 대한 업데이트는 새로운 가중치를 로드하는 것만큼 간단할 수 있다. 안타깝게도 모델 아키텍처는 변경될 가능성이 높으므로 소프트웨어 팀은 새로운 모델 클래스를 애플리케이션에 다시 통합해야 한다.

또한 딥러닝은 복잡하고 빠르게 진화하는 분야다. 몇 년 전만 해도 최첨단이었던 모델들이 현재의 최신 모델들을 훨씬 능가할 수 있기 때문에, 모델 아키텍처를 지속적으로 업데이트하고 새로운 개발 사항을 최대한 활용하는 것이 중요하다. 즉, 각 팀은 현장의 개발 상황을 따라잡기 위해 모델 제작 과정을 지속적으로 반복해야 한다.

애초에 모델을 만들고 배포하는 것뿐만 아니라 지속적으로 유지하며 수준까지 유지하기 위해 얼마나 많은 작업이 필요한지 이번 구현이 상당히 결함을 분명히 하기를 바란다.

좋다. 그럼 어떻게 개선해 나갈까? 이 MLOps는 어디에서 작동하나? 이러한 질문에 답변하기 위해 앞에서 정의한 세 가지 설정 가운데 두 번째 설정을 살펴보겠다.

▶▶ 지속적인 모델 전달

이 설정에는 배포 모델의 자동 학습 및 실험 프로세스 속도를 높이기 위한 파이프라인이 포함돼 있다. 이 설정의 그래픽 표현은 그림 3-3을 참조한다.

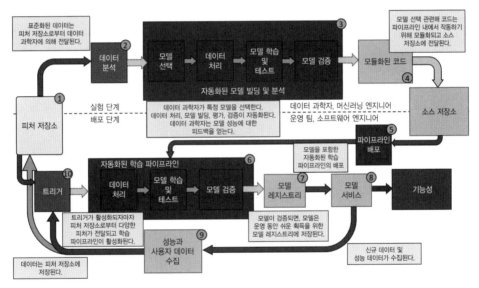

그림 3-3 파이프라인을 통한 자동화를 통한 머신러닝 모델의 가능한 구축 설정을 나타내는 그래프

한 번에 많이 가져가야 할 부분들이니까, 분류해서 그래프에 있는 숫자를 따라 따라 해본다.

1. **피처 저장소**: 이것은 이전 예제의 데이터 저장소를 대체하는 데이터 저장소 빈이다. 그 이유는 이제 모든 데이터를 이 인스턴스에서 모든 프로세스가 사용할 수 있는 공통 정의로 표준화할 수 있기 때문이다. 단적인 예로 모든 데이터가 동일한 정의로 유지되기 때문에 실험 단계의 프로세스는 배포된 학습 파이프라인과 동일한 입력 데이터를 사용한다.

   일반적인 정의는 모든 관련 Raw data(원시 데이터)에 적용되는 절차적 방법으로 Raw data를 정리 및 처리한다는 것이다. 처리된 이러한 피처는 피처 저장소에 보관된다.

   모든 파이프라인이 이 표준에 따라 처리되는 기능을 사용하도록 보장한다. 이렇게 하면 서로 다른 두 파이프라인 간의 추세 차이가 처리 절차의 이탈에 기인하지 않는다.

   국립공원에서 다양한 동물을 탐지하고 식별하는 장애물 탐지 서비스를 제공하려는 경우를 가정해보겠다. 트레일 카메라의 모든 비디오 피드(비디오는 일련의 프레임으로 간주할 수 있다)는 원시 데이터로 저장할 수 있지만, 트레일 카메라의 해상도가 다를 수 있다. 동일한 데이터 처리 절차를 반복하는 대신 동일한 절차(예: 프레임 표준화, 스케일링 및 배포)를 원시 비디오에 적용하고 모든 파이프라인이 사용할 기능을 저장할 수 있다.

2. **데이터 분석**: 이 단계에서도 데이터 분석은 수동 설정과 마찬가지로 데이터 과학자와 머신러닝 엔지니어에게 데이터의 모양, 배포 방식 등을 파악하기 위해 수행된다. 마찬가지로 이 단계에서는 새 모델의 구축을 진행할지 아니면 현재 모델을 업데이트할지 여부를 결정할 수 있다.

3. **모델 구축 및 분석 자동화**: 이 단계에서 데이터 과학자와 머신러닝 엔지니어는 모델을 선택하고 특정 하이퍼파라미터를 설정하며 파이프라인이 전체 프로세스를 자동화하도록 할 수 있다.

   파이프라인은 이 모델의 사양에 따라 데이터를 자동으로 처리하고 (피처가 $331 \times 331 \times 3$ 이미지이지만 이 특정 모델은 $224 \times 224 \times 3$ 이미지만 수락하는 경우), 모델을 구축, 학습, 평가 및 검증한다. 검증 중에 파이프라인이 자동으로 하이퍼파라미터를 조정하고 성능을 최적화할 수 있다. 경우에 따라 수동 개입이 필요할 수 있지만(예: 모델이 특히 크고 복잡하거나 모델이 새로운 아키텍처를 갖고 있는 경우), 그렇지 않으면 자동화로 최적의 모델을 만들어야 한다. 이 경우 모듈화된 코드가 자동으로 생성되므로 이 파이프라인을 쉽게 배포할 수 있다.

이 단계의 모든 것은 실험 단계가 매우 원활하게 진행되도록 설정되며 모델 제작만 필요하다. 구현된 자동화 수준에 따라 일부 하이퍼파라미터를 사용해 모델 아키텍처를 선택하기만 하면 된다. 그러면 자동화가 나머지를 책임진다.

어느 쪽이든 실험 단계의 개발 과정은 엄청나게 빨라진다. 이 단계가 더 빨리 진행됨에 따라 더 많은 실험을 수행할 수 있으며, 생산성이 향상되고 최적의 솔루션을 더 빨리 찾을 수 있게 됨으로써 전반적인 효율성이 향상될 수 있다.

4. **모듈화된 코드**: 실험 단계는 파이프라인과 그 구성 요소가 모듈화되도록 설정된다. 이러한 특정 컨텍스트 안에서 데이터 과학자/머신러닝 엔지니어는 일부 모델을 정의하고 구축한다. 그리고 데이터가 일부 정의에 따라 표준화된다. 기본적으로 파이프라인은 구축된 모델을 모두 수용할 수 있어야 하며 하드코딩 없이 일부 데이터가 주어진 해당 단계를 수행할 수 있어야 한다(즉, 특정 모델과 특정 데이터에만 적용되는 코드는 존재하지 않는다는 의미이다. 그 코드는 모델 및 데이터의 일반화된 사례에 적용된다).

이것은 모듈화인데, 그때 전체 시스템은 각각 고유한 기능을 가진 개별 부품으로 나뉘며 가변 입력에 따라 전환할 수 있다. 모듈화된 코드 덕분에 파이프라인이 배포될 때, 배포된 모델을 업데이트하는 데 필요한 모든 새로운 피처 데이터를 수용할 수 있다. 또한 이 구조를 통해 필요에 따라 모델을 스왑할 수 있으므로 모든 새로운 모델 아키텍처에 대해 전체 파이프라인을 구성할 필요가 없다.

파이프라인은 퍼즐 조각이며 모델 및 피처 데이터는 파이프라인에 모두 들어갈 수 있는 다양한 퍼즐 조각이다. 모두 자신만의 '이미지'가 있고 다른 면은 다양한 형태를 가질 수 있지만, 중요한 것은 파이프라인과 잘 맞고 다른 면과 쉽게 바꿀 수 있다는 것이다.

5. **파이프라인 배포**: 이 단계에서는 파이프라인이 수동으로 배포되고 소스 코드에서 검색된다. 이러한 모듈화 덕분에 파이프라인 설정은 독립적으로 운영될 수 있고 필요한 경우 배포된 모델을 모든 새로운 데이터에 대해 자동으로 학습할 수 있으며, 애플리케이션은 파이프라인의 코드 구조를 기반으로 구축되므로 모든 구성 요소가 이에 따라 서로 연동된다. 엔지니어링 팀은 처음부터 파이프라인 및 모듈화된 구성 요소를 중심으로 애플리케이션의 일부를 구축해야 하지만, 그 이후에는 구조가 동일하게 유지되는 한 파이프라인은 애플리케이션과 원활하게 작동해야 한다. 이전과는 달리 모델이 단순하게 바뀌었다.

   모델을 애플리케이션에 수동으로 통합해야 하는 경우, 이번에는 파이프라인이 애플리케이션에 통합돼야 하며, 모델은 간단히 교체된다.

   그러나 파이프라인 구조는 모델에 따라 달라질 수 있다는 점을 언급하는 것이 중요하다. 여기서 중요한 점은 파이프라인이 업데이트된 가중치만 로드하는 "스왑" 모델 이전의 설정과 비교해 재구성하기 전에 훨씬 더 많은 모델을 처리할 수 있어야 한다는 것이다. 이제 여러 아키텍처에 공통 학습, 테스팅 및 검증 코드가 있다면 모두 동일한 파이프라인에서 사용할 수 있다.

6. **자동화된 학습 파이프라인**: 이 파이프라인에는 서비스를 제공하는 모델이 포함돼 있으며 트리거 활성화 시 새 피처를 자동으로 가져오도록 설정돼 있다. 트리거 활성화 조건은 항목 10에서 설명한다. 파이프라인에서 학습받은 모델 업데이트를 마치면, 모델이 모델 레지스트리에 저장된다. 모델 레지스트리는 학습 받은 모델을 보관해 쉽게 액세스할 수 있도록 한다.

7. **모델 레지스트리**: 이것은 모델 클래스 및 가중치를 특별히 보관하는 저장 장치다. 예를 들어 애플리케이션에서 쉽게 검색할 수 있도록 학습된 모델을 보유하는 것이 이 장치의 목적이며, 자동화 설정에 추가할 수 있는 좋은 컴포넌트다.

   모델 레지스트리가 없으면 모델 클래스 및 가중치가 설정된 소스 코드 저장소에 저장되지만, 이러한 모델에 중앙 집중식 스토리지 영역을 제공해 프로세스를 간소화한다. 또한 모든 사람이 액세스할 수 있으므로 모델 개발 팀, 소프트웨어 개발 팀 및 운영 팀 간을 연결해주는 역할을 하며, 이는 궁극적으로 이상적인 자동화 설정에서 우리가 원하는 것이다.

자동화된 학습 파이프라인과 함께 이 레지스트리는 전체 실험 단계를 거치지 않고도 모델을 자주 업데이트하고 이 레지스트리로 푸시하고 배포할 수 있으므로 모델 서비스의 지속적인 제공을 보장한다.

8. **모델 서비스**: 여기서 애플리케이션은 모델 레지스트리에서 최신의 가장 성능이 뛰어난 모델을 가져와 예측 서비스를 활용한다. 그런 다음 이 작업은 애플리케이션에서 원하는 기능을 제공하기 위해 계속된다.

9. **성능 및 사용자 데이터 수집**: 모델과 관련된 성능 지표와 함께 새 데이터가 평소처럼 수집된다. 이 데이터는 새 데이터가 처리되는 피처 저장소로 이동한다.

실험 단계와 구축 단계 모두에서 사용할 수 있고 두 단계에서 사용된 데이터 간에 차이가 없도록 표준화됐다. 성능 데이터는 데이터 과학자가 모델이 배포된 후 어떻게 수행되는지 알 수 있도록 저장된다. 이 데이터를 기반으로 새로운 아키텍처로 새로운 모델을 구축할지 여부와 같은 중요한 결정을 내릴 수 있다.

10. **학습용 파이프라인 트리거**: 활성화 시 이 트리거는 배포된 모델에 대한 자동 학습 파이프라인을 시작하고 피처 저장소에서 파이프라인을 통해 피처를 검색할 수 있도록 한다. 트리거는 다음과 같은 조건을 가질 수 있지만 이에 국한되지는 않는다.

   - **수동 트리거**: 프로세스가 수동으로 시작되는 경우에만 모델을 학습할 수 있다. 예를 들어 데이터 사이언스 팀은 성능 및 데이터를 검토한 후 이 프로세스를 시작하도록 선택할 수 있고, 배포된 모델이 새로운 배치 데이터에 대한 학습이 필요함을 결론 내릴 수 있다.

   - **예정된 학습**: 아마도 모델은 특정 일정에 따라 학습하도록 설정돼 있을 것이다. 이 시간은 매월 주말의 특정 시간, 서비스 트래픽이 가장 적은 시간 등이 될 수 있다.

   - **성능 이슈**: 성능 데이터는 모델의 성능이 특정 벤치마크 아래로 떨어졌음을 나타낼 수 있다. 이것은 곧 학습 프로세스를 자동으로 활성화해 성능을 정

상 수준 이상으로 끌어올릴 수 있게 한다. 이것이 불가능하거나 너무 많은 리소스가 필요한 경우, 데이터 과학자와 머신러닝 엔지니어가 새로운 모델을 구축 및 배포하도록 선택할 수 있다.

- **데이터 패턴의 변화**: 피처 저장소에서 피처를 생성하는 동안 데이터 트렌드의 변화가 감지됐을 수 있다. 물론 데이터를 분석하고 데이터의 새로운 추세나 변화를 파악할 수 있는 곳이 피처 저장소 뿐만은 아니다. 트리거 활성화 여부를 결정할 수 있는 별도의 프로세스/프로그램이 이 태스크 전용으로 있을 수 있다.

데이터의 새로운 추세가 성능 저하로 이어질 가능성이 높기 때문에 이 또한 학습 프로세스를 시작하기 위한 좋은 조건이 될 수 있다. 성능 지표가 트리거를 활성화하기를 기다리는 대신 모델은 데이터의 그러한 변화를 충분히 감지하는 즉시 새 데이터에 대한 학습을 시작할 수 있으므로 회사는 이러한 시나리오에서 발생할 수 있는 모든 잠재적 손실을 최소화할 수 있다.

설정에 대한 회고

이 구현은 이전 설정의 많은 문제를 해결한다.

실험 단계에서의 파이프라인 통합으로 인해 전체 단계가 수동 프로세스로 구성되는 기존의 문제는 더 이상 문제가 되지 않는다. 파이프라인은 모델을 학습, 평가 및 검증하는 전체 프로세스를 자동화한다. 모델 개발 팀은 이제 모델을 구축하고 이 모델에 여전히 적용 가능한 일반적인 학습, 평가 및 검증 절차만 재사용하면 된다. 모델 개발 파이프라인이 끝나면 관련 모델 지표가 수집돼 운영자에게 표시된다. 이러한 지표는 모델 개발 팀이 여러 개의 파이프라인을 서로 다른 모델에서 실행하고 한 번에 비교할 수 있기 때문에 자동화 없이 프로토타입을 신속하게 제작하고 최적의 솔루션에 도달할 수 있도록 지원한다.

실험 단계의 자동화된 모델 생성 파이프라인을 통해 팀은 데이터의 중요한 변경이나 구현된 모델에서 해결해야 하는 문제에 더욱 신속하게 대응할 수 있다. 동일한 모델에 대한 업데이트된 가중치를 로드한 결과가 유일한 모델 스와핑이었던 이전과는 달리 이들 파이프라인은 모두 동일한 학습, 평가 및 검증 절차를 사용하는 한 서로 다른 아키텍처를 가진 다양한 모델을 허용하도록 구조화된다. 모듈화된 코드 덕분에 일단 배포되면 파이프라인은 모델 클래스와 각각의 가중치를 쉽게 교환할 수 있다. 모듈화를 통해 파이프라인을 더욱 쉽게 구축할 수 있으며 모델을 쉽게 교체해 구축 중에 모든 모델에 대한 추가 학습을 제공할 수 있다. 모델 개발 팀의 각별한 주의가 필요한 경우 팀에서 추가 학습을 받은 후 모델이 준비되면 다시 교환할 수 있다. 이제 이러한 방식으로 모델을 안팎으로 교환해 훨씬 더 신속하게 대응할 수 있다.

또한 파이프라인을 사용하면 소프트웨어 엔지니어링 팀과 운영 팀이 파이프라인과 모델을 배포하는 것이 훨씬 쉬워진다. 모든 것이 모듈화되므로 팀은 매번 애플리케이션에 새로운 모델 클래스를 통합하는 작업을 수행할 필요가 없다. 새로운 모델이 기존 파이프라인에서와 동일한 학습, 평가 및 검증 코드를 계속 사용한다면 모든 사람이 혜택을 누릴 수 있으며 모델 개발 팀도 새로운 아키텍처 구현에 주저할 필요가 없다.

이 설정을 통해 원래 설정을 괴롭혔던 대부분의 문제가 해결되지만 여전히 몇 가지 중요한 문제가 남아 있다. 우선 파이프라인을 테스트하고 디버깅할 수 있는 메커니즘이 없으므로 이 모든 것을 소스 저장소로 푸시하기 전에 수동으로 수행해야 한다. 이는 학습, 테스트 및 검증 방법을 달리하는 아키텍처로 여러 모델을 구축하는 경우와 같이 여러 번 반복해 파이프라인을 구축하려고 할 때 문제가 될 수 있다. 아마도 최신 모델은 이전 모델에 비해 크게 개선된 모습을 보이고 있을 것이다. 귀사의 팀은 이러한 새로운 솔루션을 가능한 한 빨리 구현하기를 원한다. 이러한 상황에서 팀은 배포를 위해 소스 코드로 푸시하기 전에 파이프라인을 디버깅하고 테스트해야 하는 경우가 많다. 이 경우 수동 작업을 피하기 위해 아직 몇 가지 자동화 작업이 남아 있다.

파이프라인도 수동으로 구축되므로 코드의 구조가 변경될 경우 엔지니어링 팀은 새로운 파이프라인 및 모듈화된 코드를 사용하기 위해 애플리케이션의 일부를 재구축해야 한다. 모듈화는 모든 구성 요소가 서로 기대하는 바를 알고 있을 때 원활하게 작동하지만 구성 요소 중 하나의 코드가 변경돼 더 이상 호환되지 않는 경우 애플리케이션을 재구성하거나 원래 파이프라인에서 작동하도록 다시 작성해야 한다. 안타깝게도 새로운 모델 아키텍처에서는 파이프라인 자체의 일부를 다시 작성해야 할 수 있으므로, 애플리케이션 자체를 새로운 파이프라인을 수용하기 위해 작업해야 할 가능성이 높다.

이 설치에서 자동화가 이룬 많은 개선 사항과 함께 해결해야 할 문제점도 확인하기 바란다. 자동화는 새로운 모델을 구축하고 생성하는 문제를 해결했지만, 여전히 새로운 파이프라인을 구축하고 생성하는 문제는 남아 있다.

이 문제에 대한 답을 찾기 위해 앞에서 정의한 세 가지 설정 중 마지막 설정을 살펴보도록 한다.

▶ 파이프라인의 지속적인 통합과 전달

이 설정에서는 파이프라인 구성 요소가 패키징돼 배포 준비가 되기 전에 철저히 테스트하는 시스템을 도입할 예정이다. 이를 통해 이전 설정이 누락됐던 자동화 프로세스의 핵심 요소인 파이프라인의 지속적인 전달과 함께 파이프라인 코드의 지속적인 통합을 보장할 수 있다. 이러한 설정의 그래픽 표현은 그림 3-4를 참조한다.

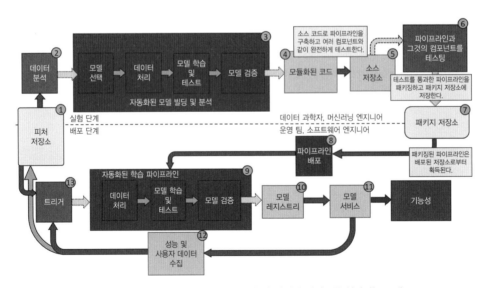

그림 3-4 그림 3-2의 자동화 설정에 추가된 테스트 시스템 및 패키지 저장소를 설명하는 그래프

이는 대부분 동일한 설정이지만, 새로 도입된 구성 요소에 중점을 두고 차근차근 다시 살펴보도록 한다.

1. **피처 저장소**: 피처 저장소에는 피처로 처리된 표준화된 데이터가 포함돼 있다. 오프라인 데이터 분석을 위해 데이터 과학자가 기능을 가져올 수 있다. 트리거가 활성화되면 기능을 자동화된 학습 파이프라인으로 전송해 배포된 모델을 추가로 학습할 수도 있다.

2. **데이터 분석**: 이 단계는 데이터 과학자에 의해 기능 저장소에서 가져온 기능에 대해 수행된다.

   분석 결과에 따라 새 모델을 구축할지 또는 기존 모델의 아키텍처를 조정할지 여부를 결정하고 모델을 재학습할 수 있다

3. **자동화된 모델 구축 및 분석**: 이 단계는 모델 개발 팀에서 수행한다.

   학습, 테스트 및 검증 코드와 호환된다고 가정할 때 팀에서 모델을 구축해 파이프라인으로 전달할 수 있으며, 전체 프로세스는 마지막에 생성된 모델 분석 보고서를 통해 자동으로 수행된다. 이 경우 팀은 최신 머신러닝 아키텍처를 구현하고자 할 때 모듈성을 유지하기 위해 파이프라인에 통합하는 것을 염두에 두고 처음부터 모델을 생성해야 한다. 파이프라인 코드의 일부도 변경해야 할 수 있다. 이때, 이 설정의 새 구성 요소가 이 문제를 자동으로 처리할 수 있기 때문에 허용된다.

4. **모듈화된 코드**: 모델이 검증 단계에서 최소 성능 수준에 도달하면 파이프라인, 파이프라인 구성 요소 및 모델을 모두 모듈화해 소스 저장소에 저장할 수 있다.

5. **소스 저장소**: 소스 저장소에는 서로 다른 파이프라인 및 모델에 대한 모든 패키지된 파이프라인 및 모델 코드가 들어 있다. 팀은 여러 용도로 한 번에 여러 개를 만들어 여기에 모두 저장할 수 있다. 이전 설정에서는 파이프라인과 모델을 여기에서 가져와 소프트웨어 엔지니어링 팀에 의해 수동으로 통합 및 배포됐다. 이 설정에서는 모듈화된 코드를 테스트해 모든 컴포넌트가 올바르게 작동하는지 확인해야 한다.

6. 테스팅: 이 단계는 지속적인 통합을 달성하거나 새로운 컴포넌트와 구성 요소가 새로운 환경에 지속적으로 설계, 구축 및 배포되는 자동화의 결과로 매우 중요한 단계다.

모델을 포함한 파이프라인과 파이프라인 구성 요소를 철저히 테스트해 모든 출력이 올바른지 확인해야 한다. 또한, 파이프라인 자체가 애플리케이션과 함께 작동하도록 그리고 파이프라인의 설계 방식을 보장하기 위해 테스트해야 한다. 예를 들어 파이프라인에 애플리케이션과의 호환성을 손상시키는 버그가 있어서는 안 된다. 애플리케이션은 파이프라인에서 특정 동작을 예상하도록 프로그래밍돼 있으며, 파이프라인은 그에 맞게 동작해야 한다.

소프트웨어 개발에 익숙한 경우 파이프라인 구성 요소 및 모델의 테스트는 개발자가 애플리케이션 기능의 다양한 부분을 확인하기 위해 작성하는 자동화된 테스트와 유사하다. 서버가 다양한 유형의 데이터를 성공적으로 수신하고 올바른 데이터베이스에 추가하기 위한 자동화 테스트의 간단한 예가 있다.

파이프라인 및 머신러닝 모델을 사용하는 테스팅의 몇 가지 예는 다음과 같다.

- 검증 테스트 절차를 통해 하이퍼파라미터의 정확한 튜닝이 이루어지는가?

- 각 파이프라인 구성 요소가 올바르게 작동하는가?

  기대되는 구성 요소가 출력되는가? 이를테면 모델 평가 후 검증 단계가 올바르게 시작되는가? (또는 모델 평가가 모델 검증을 거친 후 평가 단계가 올바르게 시작되는가?)

- 데이터 처리가 올바르게 수행되고 있는가? 데이터 후 처리에 모델 성능이 저하되는 문제가 있는가?

  데이터 처리 구성 요소를 수정해야 하는 리소스를 낭비할 수 있으므로 이러한 결과를 피하는 것이 최선이다. 비즈니스가 신속한 파이프라인 구축에 의존한다면 이러한 유형의 시나리오를 피하는 것이 더욱 중요하다.

- 데이터 프로세싱 컴포넌트가 데이터 확장을 올바르게 수행하는가? 피처 엔지니어링을 올바르게 수행하는가? 이미지를 올바르게 변환하는가?

- 모델 분석이 올바르게 작동하는가? 정확한 데이터를 기반으로 의사 결정을 내려야 한다. 모델의 성능이 우수하지만 모델 분석 구성 요소에 결함이 있는 경우 데이터 과학자 또는 머신러닝 엔지니어가 모델이 제대로 작동하지 않는다고 믿게 되면 파이프라인 구축 속도가 느려지는 문제가 발생할 수 있다. 마찬가지로 모형 분석이 잘못 표시되는 것을 원하지 않는다. 정확성에 대한 정밀도를 잘못 표시하는 경우에도 마찬가지다.

자동화된 테스트가 철저할수록 파이프라인이 이슈 없이 애플리케이션 내에서 작동할 것이라는 보장이 향상된다(이는 모델 아키텍처, 모델이 어떻게 개발되고 무엇을 할 수 있는지와 더 관련이 있기 때문에 모델 성능을 반드시 포함하지는 않는다).

모든 테스트를 통과하면 파이프라인이 자동으로 패키지돼 패키지 저장소로 전송된다.

팀이 모듈화되고 테스트된 파이프라인을 훨씬 더 신속하게 구축하고 배포 준비를 완료할 수 있기 때문에 파이프라인의 지속적인 통합이 가능하다.

7. **패키지 저장소**: 패키지 저장소는 다양한 패키지 파이프라인을 수용하는 저장 장치다. 선택 사항이지만 이 설정에는 모든 팀이 구축 준비가 된 패키지 파이프라인에 액세스할 수 있는 중앙 집중식 영역이 포함돼 있다. 모델 개발 팀이 이 패키지 저장소로 이동하면 소프트웨어 엔지니어 및 운영 팀이 패키지된 파이프라인을 검색해 배포할 수 있다. 이러한 방식으로 모델 레지스트리와 유사하며, 두 모델 모두 지속적인 전송을 지원한다. 그 모델 레지스트리가 모델 및 모델 서비스를 지속적으로 제공하는 것처럼 패키지 저장소를 통해 파이프라인을 지속적으로 배포할 수 있다. 자동화된 테스트를 통해 지속적으로 파이프라인을 통합하고 패키지 저장소를 통해 파이프라인을 지속적으로 배포하므로 운영 팀과 소프트웨어 엔지니어가 파이프라인을 신속하게 구축할 수도 있다. 이를 통해 기업은 머신러닝 아키텍처의 최신 동향과 발전 사항을 쉽게 파악할 수 있으므로 성능과 관련 서비스가 더욱 향상될 수 있다

8. **파이프라인 배포**: 파이프라인은 패키지 저장소에서 검색해 이 단계에서 배포할 수 있다.

소프트웨어 엔지니어링 및 운영 팀은 파이프라인이 문제없이 애플리케이션에 통합되도록 보장해야 한다. 그렇기 때문에 파이프라인의 적절한 통합을 보장하기 위해 소프트웨어 엔지니어링 팀 측에서 더 많은 테스트를 실시할 수 있다. 예를 들어 한 가지 테스트는 파이프라인의 종속성을 애플리케이션에서 고려하는 것이 될 수 있다(예를 들어 TensorFlow가 업데이트됐고 파이프라인이 현재 사용하는 새로운 기능을 포함하는 경우, 애플리케이션은 당연히 TensorFlow의 버전도 업데이트해야 한다).

팀은 일반적으로 파이프라인을 테스트 환경에 배포해 애플리케이션과의 완벽한 호환성을 보장하기 위해 추가적인 자동화된 테스트를 수행하려고 한다. 이 작업은 패키지 저장소에서 테스트 환경으로 파이프라인이 이동하는 경우 자동으로 수행되거나 팀이 테스트 환경에 파이프라인을 배포하기로 결정하는 경우 수동으로 수행될 수 있다. 모든 테스트를 통과한 파이프라인은 프로덕션 환경에 수동으로 배포하거나 자동으로 배포하도록 선택할 수 있다. 어느 쪽이든 지금은 특히 팀이 수동으로 파이프라인을 테스트할 필요가 없고 매번 파이프라인을 사용하기 위해 애플리케이션을 구축하거나 수정할 필요가 없기 때문에 파이프라인 생성 및 구축이 훨씬 더 빠르다.

9. **자동화된 학습 파이프라인**: 일단 배포되면, 트리거 작동 시 모델을 추가로 학습하기 위해 자동화된 학습 파이프라인이 존재한다. 이를 통해 모델의 새로운 데이터 트렌드를 최대한 최신 상태로 유지하고 고성능을 더 오래 유지할 수 있다. 모델의 유효성을 검사하면 모델이 서비스에 필요할 때까지 모델 레지스트리로 전송된다.

10. **모델 레지스트리**: 모델 레지스트리에는 서비스에 필요할 때까지 학습된 모델이 보관된다. 자동화된 학습 파이프라인이 모델 레지스트리에 다양한 서비스를 수행하는 데 사용할 고성능 머신러닝 모델을 지속적으로 제공하므로 모델 서비스의 지속적인 제공이 가능하다.

11. **모델 서비스**: 애플리케이션에 대한 다양한 서비스를 수행하기 위해 모델 레지스트리에서 최상의 모델을 가져온다.

12. **성능 및 사용자 데이터 수집**: 모델 성능 데이터와 사용자 데이터를 수집해 모델 개발 팀과 기능 저장소에 각각 전송한다. 팀은 모델 성과 지표와 데이터 분석 결과를 사용해 다음 작업 방향을 결정할 수 있다.

13. **학습 파이프라인 트리거**: 이 단계에서는 일부 조건을 충족(이전 설정, 지속적인 모델 전달 참조)해 전개된 파이프라인의 학습 프로세스를 시작하고 피처 저장소에서 가져온 새 피처 데이터를 공급한다.

▶▶ 구축에 대한 회고

이 설정을 통해 해결된 이전 설정의 주요 문제는 파이프라인 배포 문제다. 이전에는 파이프라인과 그 구성 요소가 작동하는지, 파이프라인과 그 구성 요소가 애플리케이션과 호환되는지 확인하기 위해 머신러닝 팀과 운영 팀에 의해 수동으로 파이프라인을 테스트해야 했다. 그러나 이 설정에서는 테스트가 자동화돼 이전보다 훨씬 더 쉽게 파이프라인을 구축하고 구현할 수 있다. 이 기능의 가장 큰 이점은 비즈니스가 다음을 수행할 수 있다는 것이다.

이제 새로운 모델과 새로운 파이프라인을 만들어야 하는 데이터의 큰 변화를 따라잡고 이전 설치에서 모델 서비스를 지속적으로 제공하는 신속한 파이프라인 생성 및 구축 덕분에 최신 머신러닝 동향과 아키텍처를 활용할 수 있다.

이 모든 예에서 이해해야 할 중요한 것은 자동화가 핵심이다. 머신러닝 기술은 지난 10년 동안만 해도 놀라울 정도로 발전했지만, 마지막으로 이러한 발전을 활용할 수 있는 인프라스트럭처가 따라잡고 있다. 가능한 세 가지 MLOps 설정을 확인한 후에는 MLOps와 MLOps 원칙의 구현 방식에 대해 더 잘 이해할 수 있기를 바란다. 구축 설명 전체에서 파이프라인이 자주 언급된다는 것을 알게 됐을 수 있다. "파이프라인이란 무엇이며 자동화가 중요한 이유는 무엇인가?"라고 궁금해할 수 있다.

이 질문에 대답하기 위해 "파이프라인"이 실제로 무엇인지 살펴본다.

▶ 파이프라인 및 자동화

파이프라인은 데브옵스 원칙을 사용하는 자동화 설정에서 중요한 부분이다. 파이프라인에 대해 생각하는 한 가지 방법은 파이프라인을 통과하는 정보의 흐름을 지시하는 특정하고 종종 순차적인 절차라는 것이다. 소프트웨어 개발 설정에서 테스트 파이프라인의 예를 보려면 그림 3-5를 참조한다.

그림 3-5 소프트웨어 개발 설정의 테스트 파이프라인. 위의 최적 설정에서 패키지 모델 파이프라인을 테스트하기 위한 파이프라인은 개별 구성 요소를 테스트해야 하고 그룹으로 테스트해야 하며 파이프라인이 운영 환경에 배포되기 전에 추가 테스트를 수행하는 테스트 환경에 먼저 배포돼야 한다는 점에서 유사하다.

위의 MLOps 설정에서는 구축된 모델 학습 프로세스를 자동화하고, 파이프라인 구축, 테스트 및 패킹을 수행하고, 프로덕션 환경에 구축하기 전에 패키지 파이프라인의 통합을 테스트하는 파이프라인을 확인했다.

그렇다면 이 모든 것이 실제로 무엇을 의미할까? 파이프라인에서 정확히 어떤 일이 일어나고 있는지 더 잘 알기 위해 실험 단계에서 파이프라인을 통한 데이터 흐름을 따라가 보겠다. 파이프라인의 작동 방식을 이해하더라도 이제 이 파이프라인에서 MLOps API를 사용하는 컨텍스트를 살펴보므로 이 예를 따르는 것이 좋다.

▶▶ 파이프라인 진행 여정

우리는 실험 단계에서 모델 개발 파이프라인을 살펴볼 것이다. 시작하기 전에 이 파이프라인에서 API 호출을 참조할 것임을 언급하는 것이 중요하다. 모델 개발의 요충지에서 스크립트를 실행하면서 일부 API를 호출하거나 주피터 셀을 호출할 수 있어 모델 학습, 모델 평가, 모델 검증 등에 관한 MLOps 모니터링 소프트웨어 정보를 얻을 수 있기 때문이다. 파이프라인이 끝날 때 MLOps 소프트웨어는 API에서 제공하는 기능을 통해 배포 모델을 준비한다.

이 API에 대한 자세한 내용은 다음 장인 4장에서 다루겠지만 현재로서는 예제를 따라가면서 API가 자동화를 처리한다고 가정할 수 있다.

▶▶ 모델 선택

그림 3-4에서 볼 수 있듯이 실험 파이프라인은 모델 선택부터 시작된다. 이제 모델을 선택하고 구축해야 하는 운영자에게 달려 있다. 일부 API는 나머지 프로세스가 진행되는 동안 모델을 MLOps 소프트웨어와 연결하는 기능을 호출한다. 그런 다음 이 소프트웨어는 모델 자체와 함께 모델 개발과 관련된 모든 관련 지표를 추적해 배포 프로세스를 시작한다.

이 경우 운영자는 로지스틱 회귀 분석을 사용하도록 선택했다. 그림 3-6을 참조한다.

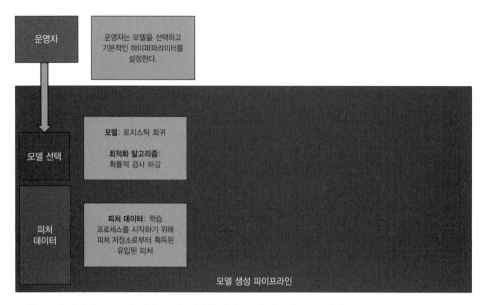

그림 3-6 운영자가 로지스틱 회귀 모형을 선택한 파이프라인의 그래픽 표현이다. 나머지 단계는 현재 숨겨져 있으며 점차 파이프라인을 통과하면서 나타날 것이다.

▶▶ 데이터 전처리

이제 모델을 선택하고 제작했으며 피처 저장소에서 제공하는 피처 데이터를 통해 프로세스는 파이프라인의 다음 단계인 데이터 전처리로 진행할 수 있다.

그림 3-7을 참조한다.

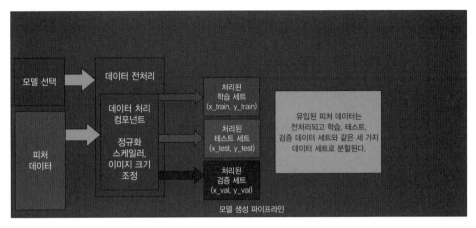

그림 3-7 운영자는 이미지 데이터를 정규화하고 크기를 조정하도록 선택했다. 이 프로세스는 학습 세트, 테스트 세트 및 검증 세트를 생성한다.

데이터 전처리는 수동 또는 자동으로 수행될 수 있다. 이 경우 데이터 전처리에는 이미지 피처 데이터의 정규화 및 크기 조정만 필요하므로 운영자는 이를 수동으로 구현할 수 있다. 또한 운영자는 자동화 수준에 따라 데이터를 수신하고 데이터 유형과 제공된 다른 파라미터에 따라 자동으로 처리하는 일부 함수를 호출할 수 있다.

어느 쪽이든 처리 단계가 종료되면 데이터가 부분 집합으로 분할된다. 이 예에서 운영자는 학습 세트, 테스트 세트 및 검증 세트를 작성하도록 선택했다. 이제 운영자가 학습 프로세스를 시작할 수 있다.

▶ 학습 프로세스

운영자는 사용 중인 프레임워크에 따라 학습 데이터를 학습 세트와 데이터 검증 세트로 분할해 학습 프로세스에 사용할 수 있다. 데이터 검증 세트는 모델이 학습 중에 보지 못하기 때문에 (그로부터 파생된 것이긴 하지만) 학습 세트와 완전히 별개다. 이 모델의 목적은 이전에는 보지 못했던 데이터 세트에서 모델의 성능을 주기적으로 평가하는 것이다. 그림 3-8을 참조한다.

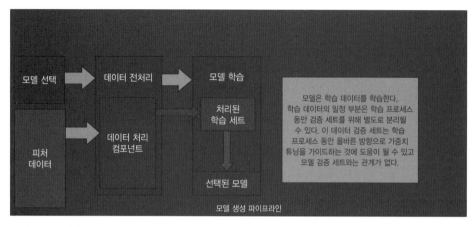

그림 3-8 모델 학습 프로세스가 시작된다.

예를 들어 딥러닝의 맥락에서 모델은 각 시대의 끝에 설정된 검증 세트를 평가할 수 있으며, 운영자가 볼 수 있는 몇 가지 지표 데이터를 생성할 수 있다. 이를 기반으로 운영자는 모델의 작동 방식과 과적합 여부를 판단하고 필요할 경우 하이퍼파라미터 또는 모델 구조를 조정할 수 있다.

API에 전체 파이프라인 프로세스를 시작하기 위해 실행할 스크립트를 지정할 수도 있다. 스크립트에는 학습, 평가 및 검증 코드가 동시에 포함돼 필요할 때 API가 전체 파이프라인을 실행할 수 있다.

학습 프로세스가 완료되면 평가 단계로 이동한다.

▶▶ 모델 평가

평가 단계에서 모델의 성능은 한 번도 보지 못한 테스트 데이터 세트에서 측정된다. 이 성과는 운영자에게 모델이 과적합인지 여부를 나타내며, 특히 학습에서는 매우 잘 수행됐지만 이 단계에서 이러한 결과를 재현하는 데 문제가 있는 경우 더욱 그러하다. 과적합의 초기 지표가 될 수 있기 때문에 학습 데이터를 분할해 일부 검증 데이터를 포함할 수 있다. 이는 모델을 실행하는 데 상당한 시간이 걸리는 경우에 특히 중요하다. 밤새도록 모델을 실행하고 다음날 아침에 평가를 받기보다는 학습을 받는 도중에 모델이 과적합 상태인지 여부를 미리 알아두는 것이 좋다. 그림 3-9를 참조한다.

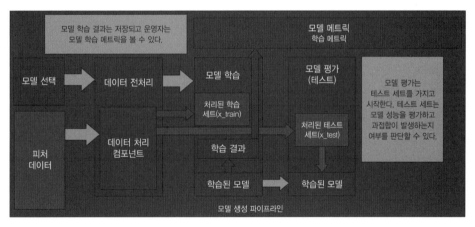

그림 3-9 현재 모델의 지표에 대한 공통 영역(예: API를 호출해 결과를 모니터링할 수 있음)에 학습 결과가 저장된다. 테스트 세트를 사용해 학습받은 모델에서 모델 평가가 시작된다.

또 다른 주목할 점은 검증 단계가 평가 단계보다 먼저 올 수 있지만 이 경우 학습받은 모델은 검증 단계가 시작되기 전에 먼저 테스트 데이터 세트에서 평가된다는 것이다. 이는 하이퍼파라미터 튜닝이 시작되기 전에 테스트 세트에서 모델이 수행하는 방식을 파악하기 위한 것이다. 물론 최종 모델 평가 전에 먼저 검증 단계를 통한 하이퍼파라미터 튜닝을 수행할 수 있다.

하지만 일부 프레임워크에서는 모델 평가가 우선이다. 예를 들어 scikit-learn의 교차 검증과 같은 검증 프로세스가 있다 물론 테스트 세트에서 튜닝된 모델을 다시 한 번 평가해 최종 성능 평가를 받을 수 있다.

평가가 완료되면 API 또는 팀이 구현한 다른 메커니즘에 의해 매트릭스가 저장되고 프로세스는 검증 단계로 넘어간다.

▶ 모델 검증

이 단계에서 모델은 최상의 하이퍼파라미터를 찾는 검증 프로세스를 시작한다. 스크립트를 사용해 다양한 하이퍼파라미터 값 구성을 반복하고 k-겹 교차 검증을 활용해 최적의 하이퍼파라미터를 결정할 수 있다. 그림 3-10을 참조한다.

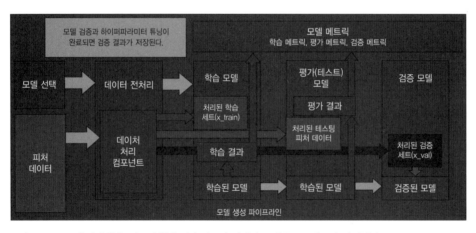

그림 3-10 API에 의해 학습 지표와 함께 평가 지표가 저장되고 검증 프로세스가 시작된다.

어떤 경우에도 검증 세트의 요점은 모델의 하이퍼파라미터를 조정하는 것이다. 팀은 심지어 동일한 유형의 많은 모델을 학습하는 경향이 있는 경우에도 이 프로세스를 완전히 자동화해 해당 모델 집합에 대한 검증 및 하이퍼파라미터 튜닝 프로세스를 자동화함으로써 장기적으로 시간과 리소스를 절약할 수 있다.

마지막으로 모델이 양호한 수준의 성능을 달성하고 검증 단계를 마치면 검증 결과가 저장되고 모든 관련 데이터가 운영자에게 요약으로 표시된다. 자동화 수준에 따라 검증 단계에서 발견된 최상의 하이퍼파라미터 설정에 따라 모델이 재학습되고 평가될 수 있다. API는 추적할 지표만 알려주면 자동으로 추적할 수 있다.

▷▷ 모델 요약

이때 운영자는 지표를 비교 기준으로 사용해 이 실험의 결과를 다른 모델의 결과와 비교할 수 있다. API는 서로 다른 모델 실행에 대한 관련 지표를 추적하고 동시에 모두 비교할 수 있다. 운영자가 이 특정 모델로 진행하기로 결정한 경우, API와 MLOps 소프트웨어를 사용해 버튼 한 번만 클릭하면 배포가 가능하다. 일반적으로 배포는 먼저 준비 환경으로 이동하며 여기서 운영 환경으로 직접 이동하기 전에 기능을 추가로 테스트할 수 있다. 모든 것을 구성할 수 있으며, API는 비즈니스 및 워크플로우의 요구에 맞출 수 있다. 개발자가 운영 환경에 바로 배포하기를 원한다면 물론 실패 사례를 고려할 때 현명하지 못할 수도 있다. 그림 3-11을 참조한다.

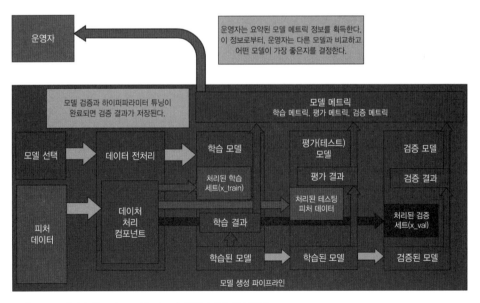

그림 3-11 검증이 완료되고 모든 지표가 운영자에게 표시된다.

모델이 스테이징 환경에서 테스트를 통과하면 프로덕션 환경에 배포돼 소프트웨어에서 모델을 추가로 모니터링할 수 있다. 이제 파이프라인에 대해 더 잘 이해했길 바란다. 모델 및 파이프라인 통합 테스트를 위한 파이프라인은 MLOps 소프트웨어와 Databricks 및 MLFlow와 같은 API의 지원을 받는다는 점을 제외하고는 유사하다. 이제 이러한 API와 소프트웨어를 사용해 MLOps를 구현하는 방법을 살펴본다.

▶▶ MLOps 구현 방법

MLOps는 좋게 들린다. 시스템 학습 모델을 신속하게 구현하고 구축 후 유지 보수할 수 있도록 지원한다. 하지만 지금 가장 큰 문제는 어떻게 그곳에 갈 것인가에 대한 문제인 것 같다. 설정에 설명된 자동화 수준은 이를 달성하기 위해 워크플로우의 "ML" 및 "Ops"측에서 상당한 작업을 수행해야 한다. 단기적으로는 전체 인프라를 설정하는 데 리소스를 투입하는 것보다 모델을 수동으로 구축하는 것이 더 나을 것으로 보이지만, 장기적으로는 지속 가능하지 않다.

또한 주피터는 실험을 하기에 아주 좋은데, 그들을 추적할 방법이 있을까? 이러한 기능은 모든 관련 지표에 걸쳐 새로운 모델을 구축된 모델 또는 현재 아키텍처와 비교할 수 있기 때문에 특히 팀이 고급 머신러닝 아키텍처를 처음부터 구현할 때 매우 유용하다. 이와 같은 작업은 노트북에서 수행하는 것이 더 편리하며, 모든 작업을 적절한 모델 파일로 변환해야 하는 것은 추가적인 작업일 뿐이다.

여기서 중요한 점은 이러한 요인 및 그 이상을 고려하려면 계획, 개발 및 테스트에 상당한 리소스가 필요하다는 것이다. 소규모 기업의 경우 이는 불가능할 수 있다. 그럼 어떻게 해야 할까?

좋은 소식은 앞서 파이프라인 예에서 살펴본 API와 같이 기본적으로 모든 자동화 기능을 구현하는 다양한 도구를 사용할 수 있다는 것이다. 이후 장에서 살펴볼 도구로는 MLFlow, Databricks, AWS SageMaker, Microsoft Azure, Google Cloud 및 Datarobots 등이 있다. 이러한 도구를 사용하면 워크플로우에 MLOps 원칙을 구현하는 것이 훨씬 쉬워진다.

MLFlow의 경우 코드에 통합하는 것이 매우 간단한다.

필요한 지표를 모두 추적하려면 두 줄의 코드만 작성하면 된다. 앞서 파이프라인 예에서 살펴본 API의 기능은 모두 MLFlow에서 제공한다. 또한 MLFlow는 모델을 저장하므로 모델 서비스 기능을 사용할 수 있다. 여기서 일부 데이터를 지정하면 모델은 예측값을 반환한다.

MLFlow는 Databricks, AWS SageMaker, Microsoft Azure에도 통합되며, Google Cloud에도 구현할 수 있다. 이 모든 도구는 MLOps 설정을 관리하는 데 도움이 되며 모델을 배포하는 플랫폼 역할을 한다. Cloud 플랫폼은 일부 MLOps 기능을 제공하지만 플랫폼마다 이 기능이 다르기 때문에 MLFlow를 사용하면 하나의 플랫폼에 대해 자유롭게 선택할 수 있다는 이점이 있다. 또한 로컬 및 오프라인에서 모든 실험을 수행할 수 있고 다양한 프레임워크의 모델을 지원할 수 있기 때문에 훨씬 더 자유롭게 사용할 수 있다. MLFlow는 명시적으로 지원되지 않는 다른 프레임워크로 만든 사용자 구축 모델 또는 모델을 모듈화할 수 있도록 지원하는 기능도 제공한다.

MLOps를 구현하는 방법에 대한 질문에 답하려면 MLFlow에 익숙해지고 각 도구를 살펴본다. 목표는 2장에서 구축한 모델을 배포하는 것이다.

▶▶ 요약

MLOps는 DevOps에서 채택되고 머신러닝에 적용되는 원칙 및 관행이다. 자동화 수준이 다양한 세 가지 유형의 MLOps 설정 즉, 수동 구현, 지속적인 모델 제공, 지속적인 통합/지속적인 파이프라인 제공에 관해 살펴봤다. 수동 구현 시 확장성 및 효율성 관련 문제가 산적해 있다는 것을 확인하고 지속적인 모델 제공을 보장하는 설정을 살펴봤다. 이 설정으로 수동 설정에서 발견된 많은 문제가 해결됐지만 여전히 해결해야 할 파이프라인 통합 테스트에는 몇 가지 문제가 있었다.

최종 설정에서는 이 문제도 해결됐으며, 파이프라인의 지속적인 통합과 전달을 보장해 전체 자동화 설정을 완료했다. 파이프라인이 실제로 무엇인지도 살펴봄으로써 파이프라인이 자동화 설정에 중요한 이유를 파악할 수 있다. 마지막으로 MLOps를 업무 공간에 구현해 모든 자동화를 처음부터 구현하는 문제를 방지할 수 있는 몇 가지 도구가 있다. 4장에서는 자신만의 MLOps 설정을 구현할 수 있고 여러 플랫폼 및 프레임워크와 호환되는 뛰어난 API인 MLFlow를 살펴본다.

Chapter 4

MLFlow 소개

4장에서는 MLFlow가 무엇인지, 어떤 기능이 있으며 기존 프로젝트에 MLOps 설정을 구현하는 방법을 살펴본다. 좀 더 구체적으로 MLFlow를 scikit-learn, TensorFlow 2.0+/Keras, PyTorch 및 PySpark와 통합하는 방법에 관해 알아본다. 실험 생성을 통해 지표, 파라미터 및 아티팩트 로깅, 모델 로깅, 로컬 서버에 모델을 배포하고 예측을 쿼리할 수 있는 방법을 살펴본다.

▶ 소개

3장에서는 최적의 MLOps 설정 방식을 살펴봤다. 그러나 제시된 자동화 수준은 프로젝트에 투입되는 엄청난 양의 자원을 필요로 할 것이다. 다행히 MLFlow와 같은 API가 있다. MLFlow는 기존 코드를 최소로 변경해 프로젝트에 MLOps 원칙을 통합할 수 있는 API이다. 코드 몇 줄만 있으면 원하는 프로젝트와 관련된 모든 세부 정보를 추적할 수 있다. 또한 나중에 배포에 사용할 수 있도록 모델을 저장할 수 있으며, 개별 모델 간의 모든 지표를 비교해 최적의 모델을 선택할 수 있다.

MLFlow의 장점은 모든 것을 추상화한다는 것이다. 모델을 배포하고 예측하려는 경우 특정 형식으로 입력 데이터를 전달하기만 하면 된다. 3장에서 파이프라인과 논의한 모든 모듈화는 MLFlow에 의해 처리된다. 모델 예측 코드가 달라야 할 경우 MLFlow를 통해 모델 주위에 래퍼wrapper도 생성할 수 있다. 5장에서는 모델을 Amazon SageMaker에 배포할 때 이 기능에 대해 자세히 알아본다. 사용자 지정 코드를 사용하더라도 MLFlow는 이를 모듈화하므로 일단 배포되고 예측 준비가 된 후에도 다른 모델과 동일하게 작동한다.

4장에서는 다음 사항을 자세히 살펴본다.

- **실험 생성**: MLFlow의 실험을 통해 모델 및 관련 지표를 그룹화할 수 있다. 예를 들어 TensorFlow와 PyTorch에서 구축한 모델을 비교하고 이 실험의 이름을 `pytorch_tensorflow`와 같은 것으로 지정할 수 있다. 이상 징후 감지와 관련해 `model_prototyping`이라는 실험을 생성하고 `model_prototyping`을 실험 이름으로 설정한 후 학습 파이프라인을 실행해 테스트할 모든 모델을 그룹화할 수 있다.

  잠시 후 보다시피 모델 학습 세션을 실험별로 그룹화하면 학습받은 모델의 맥락을 명확하게 파악할 수 있기 때문에 업무 공간을 구성하는 데 도움이 된다.

- **모델 및 지표 로깅**: MLFlow를 사용하면 모델을 모듈화된 형태로 저장하고 모델 실행과 관련된 모든 지표를 기록할 수 있다. 모델 실행은 3장의 모델 학습, 테스트 및 검증 파이프라인으로 간주할 수 있다. MLFlow에서 각 실행의 시작과 끝을 표시하고 저장할 지표를 결정할 수 있으며 그래프를 저장할 수 있으므로 혼동 매트릭스 및 ROC 곡선과 같은 플롯도 볼 수 있다. 모델 실행은 기본적으로 MLFlow가 명령한 코드를 실행하는 인스턴스이므로 모델을 학습하고 그대로 둘 수 있다.

  모델을 학습, 평가 및 검증해 전체 프로세스의 각 단계에 대한 모든 지표를 로깅할 수 있다. MLFlow는 모델 실행을 정의하는 방법에 있어 많은 유연성을 제공한다. 간단히 학습한 후에 실행을 종료하거나 학습 및 평가 후에 실행을 종료할 수 있다. 원하는 경우 전체 프로세스를 로깅하도록 전체 검증 스크립트를 설정할 수도 있으므로 MLFlow에서 서로 다른 하이퍼파라미터 설정을 한 번에 훨씬 쉽게 비교할 수 있다. 이제 2장의 scikit-learn 실험을 재방문할 때 MLFlow를 사용해 모델 검증을 수행하는 방법을 살펴볼 것이다.

- **모델 지표 비교**: MLFlow를 통해 여러 모델과 해당 지표를 한 번에 비교할 수도 있다. 따라서 검증을 수행해 모델의 하이퍼파라미터를 조정할 때 사용자 인터페이스를 사용해 MLFlow에서 선택한 모든 지표를 비교할 수 있다. 3장에서는 출력를 통해 스크립트가 하이퍼파라미터 설정과 관련이 있는 경우 셀 출력을 매우 크게 만들 수 있다.

- **모델 레지스트리**: MLFlow는 모델 레지스트리를 구현할 수 있는 기능도 추가해 특정 모델이 어떤 단계에 있는지 정의할 수 있다. Databricks는 MLFlow와 매우 잘 통합돼 내장 모델 레지스트리 기능을 제공한다. MLFlow Model Registry를 사용하는 방법은 부록의 Databricks를 참조한다.

- **로컬 배포**: MLFlow를 사용하면 로컬 서버에 배포해 모델 추론을 테스트할 수도 있다. 모델 추론은 기본적으로 모델의 예측 프로세스다. 데이터는 여러 표준화된 형식 중 하나로 모델에 전송되며 MLFlow는 모델에 의해 예측된 내용을 반환한다.

  이러한 설정은 호스트 서버에서 작업하도록 쉽게 변환할 수 있다. 다음 몇 장에서 보듯이 MLFlow는 Amazon SageMaker, Microsoft Azure, Google Cloud 및 Databricks와 같은 인기 있는 Cloud 서비스에도 모델을 배포할 수 있도록 지원한다. 핵심 프로세스는 로컬 모델 서비스를 수행하는 방식과 비슷하다. 모델을 호스팅하는 위치와 모델을 쿼리하는 특정 프로세스만 다를 수 있다.

그렇다면 먼저 scikit-learn 로지스틱 회귀 분석 모델을 다시 살펴보고 MLFlow를 통합해본다.

▶▶ 사이킷런을 활용한 MLFlow

시작하기 전에 Python의 버전과 사용된 패키지는 다음과 같다.

- Python: 3.6.5

- numpy: 1.18.5

- scikit-learn: 0.22.2.post1

- pandas: 1.1.0

- Matplotlib: 3.2.1

- Seaborn: 0.10.1

- MLFlow: 1.10.0

당사에서 사용한 패키지의 정확한 버전은 필요하지 않다. 하지만 일부 기능이 제거되거나 이름이 변경되거나 최신 버전에서 코드가 변경돼 오류가 발생하는 경우 코드를 실행할 수 있는 정확한 버전의 모듈을 갖고 있어야 한다.

특히 MLFlow는 매우 자주 업데이트되므로 사용자가 더 많이 업데이트할 수 있다.

numpy와 같은 패키지에 비해 MLFlow와 같은 코드를 실행하는 문제에 직면할 수 있다.

지금까지 이야기한 바와 같이, 첫 번째 예에 관해 자세히 살펴본다. 이 경우 3장의 scikit-learn 코드를 다시 살펴보고 MLFlow 통합을 추가해본다.

▶▶ 데이터 처리

먼저 모든 import와 같이 시작한다.

```
import numpy as np
import pandas as pd
```

```
import matplotlib #
import matplotlib.pyplot as plt
import seaborn as sns
import sklearn #
from sklearn.linear_model import LogisticRegression
from sklearn.model_selection import train_test_split
from sklearn.preprocessing import StandardScaler
from sklearn.metrics import roc_auc_score, plot_roc_curve,
confusion_matrix
from sklearn.model_selection import KFold

import mlflow
import mlflow.sklearn

print("Numpy: {}".format(np.__version__))
print("Pandas: {}".format(pd.__version__))
print("matplotlib: {}".format(matplotlib.__version__))
print("seaborn: {}".format(sns.__version__))
print("scikit-learn: {}".format(sklearn.__version__))
print("MLFlow: {}".format(mlflow.__version__))
```

출력은 그림 4-1과 같이 보여야 한다.

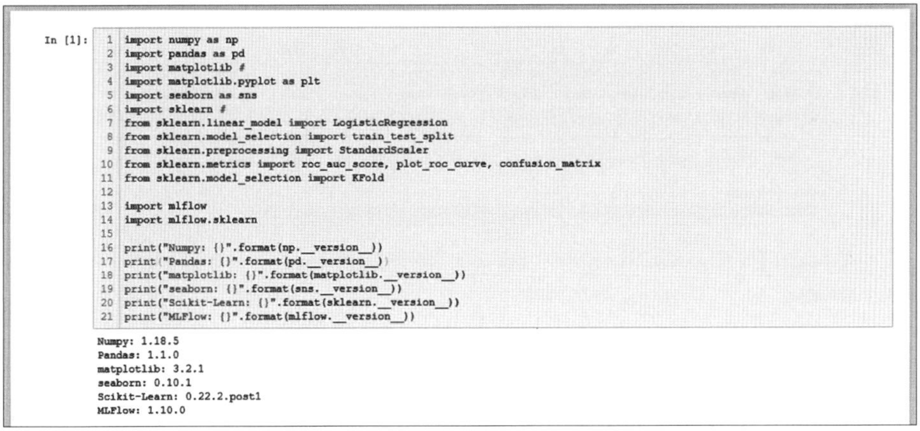

그림 4-1 필요한 모듈을 import하고 해당 버전을 출력

이제는 데이터 적재를 진행할 수 있다.

```
data_path = "data/creditcard.csv"
df = pd.read_csv(data_path)
df = df.drop("Time", axis=1)
```

셀 내 코드를 보기 위해 그림 4-2를 참조한다.

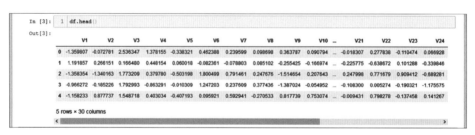

그림 4-2 데이터 세트를 적재하고 이름이 Time인 칼럼을 삭제하면 궁극적으로 Class 칼럼과 큰 상관관계가 없는 매우 큰 데이터 값이 추가된다. 관련 없는 정보를 삭제하기만 하면 모델 성능이 약간 향상된다.

Time 칼럼을 다시 한 번 삭제한다.

이제 데이터가 정확하게 적재됐는지 확인할 수 있다.

```
df.head()
```

head() 함수를 보기 위해 그림 4-3을 참조한다.

In [3]:	1 df.head()

	V1	V2	V3	V4	V5	V6	V7	V8	V9	V10	...	V21	V22	V23	V24
0	-1.359807	-0.072781	2.536347	1.378155	-0.338321	0.462388	0.239599	0.098698	0.363787	0.090794	...	-0.018307	0.277838	-0.110474	0.066928
1	1.191857	0.266151	0.166480	0.448154	0.060018	-0.082361	-0.078803	0.085102	-0.255425	-0.166974	...	-0.225775	-0.638672	0.101288	-0.339846
2	-1.358354	-1.340163	1.773209	0.379780	-0.503198	1.800499	0.791461	0.247676	-1.514654	0.207643	...	0.247998	0.771679	0.909412	-0.689281
3	-0.966272	-0.185226	1.792993	-0.863291	-0.010309	1.247203	0.237609	0.377436	-1.387024	-0.054952	...	-0.108300	0.005274	-0.190321	-1.175575
4	-1.158233	0.877737	1.548718	0.403034	-0.407193	0.095921	0.592941	-0.270533	0.817739	0.753074	...	-0.009431	0.798278	-0.137458	0.141267

5 rows × 30 columns

그림 4-3 head() 함수를 사용함으로 데이터가 정확하게 적재됐는지를 확인한다. 보다시피 칼럼과 데이터가 정확하게 적재됐다.

이번에도 데이터프레임에서 Time 칼럼을 삭제한다. 이는 이 칼럼이 이상 징후를 찾는데 그다지 유용하지 않고 데이터의 복잡성만 가중시키는 것으로 확인됐기 때문이다.

딥러닝 모델의 경우, 결국 모델은 Time 데이터가 Class 레이블과 잘 연관되지 않고 해당 데이터를 처리하는 노드의 중요성이 떨어진다는 것을 알게 될 수 있다. 결국

Time 데이터가 무시될 수도 있다. 그러나 학습 세트에서 이러한 유형의 기능을 오려 내면 학습 속도를 높일 수 있다. 이는 이러한 문제를 해결하는 데 필요한 시간과 리소스를 절약하기 때문이다.

계속 진행해 다음과 같이 정상 지점과 이상 징후가 분할된다.

```
normal = df[df.Class == 0].sample(frac=0.5,
random_state=2020).reset_index(drop=True)
anoma+ly = df[df.Class == 1]
```

각각의 형태를 출력해본다.

```
print(f"Normal: {normal.shape}")
print(f"Anomaly: {anomaly.shape}")
```

그들의 출력과 같이 주피터에서 위 두 개의 셀을 보기 위해 그림 4-4를 참조한다.

```
In [5]:   1  normal = df[df.Class == 0].sample(frac=0.5, random_state=2020).reset_index(drop=True)
          2  anomaly = df[df.Class == 1]

In [6]:   1  print(f"Normal: {normal.shape}")
          2  print(f"Anomaly: {anomaly.shape}")

          Normal: (142158, 30)
          Anomaly: (492, 30)
```

그림 4-4 데이터프레임에 있는 모든 일반 데이터 지점의 50%를 무작위로 샘플링하고 데이터프레임에서 모든 이상 징후를 별도의 데이터프레임으로 선택한다. 그런 다음 두 데이터 세트의 모양을 출력한다. 보다시피 정상 지점이 이상 지점보다 훨씬 많다.

정상 및 이상 집합을 학습-테스트-검증 데이터 세트로 분할한다. 다음 두 개의 코드 블록을 실행한다.

```
normal_train, normal_test = train_test_split(normal,
test_size = 0.2, random_state = 2020)
anomaly_train, anomaly_test = train_test_split
(anomaly, test_size = 0.2, random_state = 2020)
normal_train, normal_validate = train_test_split(normal_train,
test_size = 0.25, random_state = 2020)
```

```
anomaly_train, anomaly_validate = train_test_split
(anomaly_train, test_size = 0.25, random_state = 2020)
```

그들의 각 셀 내 양 코드 블록을 보기 위해 그림 4-5을 참조한다.

```
In [7]:    1  normal_train, normal_test = train_test_split(normal, test_size = 0.2, random_state = 2020)
           2  anomaly_train, anomaly_test = train_test_split(anomaly, test_size = 0.2, random_state = 2020)

In [8]:    1  normal_train, normal_validate = train_test_split(normal_train, test_size = 0.25, random_state = 2020)
           2  anomaly_train, anomaly_validate = train_test_split(anomaly_train, test_size = 0.25, random_state = 2020)
```

그림 4-5 정상 및 이상 데이터프레임을 별도로 학습, 테스트 및 검증으로 분할한다. 처음에는 정상 지점과 이상 지점의 20%가 테스트 분할로 사용된다. 나머지 80%가 데이터에서, 학습 분할의 25%가 검증 분할로 사용된다. 즉, 검증 분할은 원래 데이터의 20%이다. 이로 인해 최종 학습이 원래 데이터의 60%로 분할된다. 결국 학습-테스트-검증 분할은 각각 60-20-20의 비율을 갖는다.

이제 이러한 집합을 처리하고 x-y 분할을 생성할 수 있다.

```
x_train = pd.concat((normal_train, anomaly_train))
x_test = pd.concat((normal_test, anomaly_test))
x_validate = pd.concat((normal_validate, anomaly_validate))
y_train = np.array(x_train["Class"])
y_test = np.array(x_test["Class"])
y_validate = np.array(x_validate["Class"])
x_train = x_train.drop("Class", axis=1)
x_test = x_test.drop("Class", axis=1)
x_validate = x_validate.drop("Class", axis=1)
```

하나의 셀 내 위 코드 블록을 보기 위해 그림 4-6을 참조한다.

```
In [9]:    1  x_train = pd.concat((normal_train, anomaly_train))
           2  x_test = pd.concat((normal_test, anomaly_test))
           3  x_validate = pd.concat((normal_validate, anomaly_validate))
           4
           5  y_train = np.array(x_train["Class"])
           6  y_test = np.array(x_test["Class"])
           7  y_validate = np.array(x_validate["Class"])
           8
           9  x_train = x_train.drop("Class", axis=1)
          10  x_test = x_test.drop("Class", axis=1)
          11  x_validate = x_validate.drop("Class", axis=1)
```

그림 4-6 각각의 정상 및 이상 징후 세트를 연결해 학습, 테스트 및 유효성 검사 세트의 각 x 및 y 분할 생성 X-set에서 Class를 삭제하면 레이블을 직접 부여하는 부정 행위일 수 있다. x-data의 Class(클래스) 칼럼을 읽는 방법을 배우지 않고 x-data를 읽음으로써 모델이 라벨을 학습하도록 하려고 한다.

이러한 데이터 세트의 형태를 출력할 수 있다.

```
print("Training sets:\nx_train: {} \ny_train:
{}".format(x_train.shape, y_train.shape))
print("\nTesting sets:\nx_test: {} \ny_test:
{}".format(x_test.shape, y_test.shape))
print("\nValidation sets:\nx_validate: {} \ny_validate: {}".
format(x_validate.shape, y_validate.shape))
```

출력 형태를 보기 위해 그림 4-7을 참조한다.

```
In [11]:  1  print("Training sets:\nx_train: {} \ny_train: {}".format(x_train.shape, y_train.shape))
          2  print("\nTesting sets:\nx_test: {} \ny_test: {}".format(x_test.shape, y_test.shape))
          3  print("\nValidation sets:\nx_validate: {} \ny_validate: {}".format(x_validate.shape, y_validate.shape))

Training sets:
x_train: (85588, 29)
y_train: (85588,)

Testing sets:
x_test: (28531, 29)
y_test: (28531,)

Validation sets:
x_validate: (28531, 29)
y_validate: (28531,)
```

그림 4-7 학습, 테스트 및 검증 세트의 모양 출력

마지막으로, scikit-learn의 표준 스케일러를 사용해 데이터를 확장한다.

```
scaler = StandardScaler()
scaler.fit(pd.concat((normal, anomaly)).drop("Class", axis=1))
x_train = scaler.transform(x_train)
x_test = scaler.transform(x_test)
x_validate = scaler.transform(x_validate)
```

그림 4-8을 참조한다.

```
In [12]:  1  scaler = StandardScaler()
          2  scaler.fit(pd.concat((normal, anomaly)).drop("Class", axis=1))
          3
          4  x_train = scaler.transform(x_train)
          5  x_test = scaler.transform(x_test)
          6  x_validate = scaler.transform(x_validate)
```

그림 4-8 x-세트를 확장하기 위해 클래스를 삭제 후 정상 및 이상 징후 포인트의 상위 집합에 스케일러 맞춤

▶▶ MLFlow를 통한 학습 및 평가

이제 모델을 학습하고 평가하기만 하면 된다. 잠시 후 MLFlow 기능으로 검증을 보여주겠지만, 먼저 코드를 구성하기 위한 학습 및 테스트 기능을 정의한다. 여기서부터 MLFlow를 코드에 통합할 수 있다. 학습함수는 다음과 같다.

```python
def train(sk_model, x_train, y_train):
    sk_model = sk_model.fit(x_train, y_train)
    train_acc = sk_model.score(x_train, y_train)
    mlflow.log_metric("train_acc", train_acc)
    print(f"Train Accuracy: {train_acc:.3%}")
```

셀 안에 이 코드를 보기 위해 그림 4-9를 참조한다.

```
In [11]:    1  def train(sk_model, x_train, y_train):
            2      sk_model = sk_model.fit(x_train, y_train)
            3
            4      train_acc = sk_model.score(x_train, y_train)
            5      mlflow.log_metric("train_acc", train_acc)
            6
            7      print(f"Train Accuracy: {train_acc:.3%}")
            8
```

그림 4-9 코드를 더 잘 구성하기 위한 학습 기능 정의

추가로 MLFlow에서 기록할 학습 정확도 지표를 정의하고 있다.

이 라인으로 첫 번째 새 코드를 인지할 수도 있다.

```python
mlflow.log_metric("train_acc", train_acc)
```

이 지표를 추적할 수 있도록 학습 정확도를 위해 여기에 새 지표를 생성한다. 또한 MLFlow가 이 지표를 로깅하도록 지시해 MLFlow가 각 실행에서 이 값을 추적하도록 한다.

여러 번의 실행을 로깅할 때 각 실행에서 이 지표를 비교해, 예를 들어 AUC 점수가 가장 높은 모델을 선택할 수 있다.

평가함수로 진행해보도록 한다.

```python
def evaluate(sk_model, x_test, y_test):
    eval_acc = sk_model.score(x_test, y_test)
    preds = sk_model.predict(x_test)
    auc_score = roc_auc_score(y_test, preds)
    mlflow.log_metric("eval_acc", eval_acc)
    mlflow.log_metric("auc_score", auc_score)
    print(f"Auc Score: {auc_score:.3%}")
    print(f"Eval Accuracy: {eval_acc:.3%}")
    roc_plot = plot_roc_curve(sk_model, x_test, y_test,
    name='scikit-learn ROC Curve')
    plt.savefig("sklearn_roc_plot.png")
    plt.show()
    plt.clf()
    conf_matrix = confusion_matrix(y_test, preds)
    ax = sns.heatmap(conf_matrix, annot=True,fmt='g')
    ax.invert_xaxis()
    ax.invert_yaxis()
    plt.ylabel('Actual')
    plt.xlabel('Predicted')
    plt.title("Confusion Matrix")
    plt.savefig("sklearn_conf_matrix.png")
    mlflow.log_artifact("sklearn_roc_plot.png")
    mlflow.log_artifact("sklearn_conf_matrix.png")
```

셀 내 위 코드를 보기 위해 그림 4-10을 참조한다.

```
In [12]:    1  def evaluate(sk_model, x_test, y_test):
            2
            3      eval_acc = sk_model.score(x_test, y_test)
            4
            5      preds = sk_model.predict(x_test)
            6      auc_score = roc_auc_score(preds, y_test)
            7
            8      mlflow.log_metric("eval_acc", eval_acc)
            9      mlflow.log_metric("auc_score", auc_score)
           10
           11      print(f"Auc Score: {auc_score:.3%}")
           12      print(f"Eval Accuracy: {eval_acc:.3%}")
           13
           14      roc_plot = plot_roc_curve(sk_model, x_test, y_test, name='Scikit-learn ROC Curve')
           15      plt.savefig("sklearn_roc_plot.png")
           16      plt.show()
           17      plt.clf()
           18
           19      conf_matrix = confusion_matrix(y_test, preds)
           20      ax = sns.heatmap(conf_matrix, annot=True,fmt='g')
           21      ax.invert_xaxis()
           22      ax.invert_yaxis()
           23      plt.ylabel('Actual')
           24      plt.xlabel('Predicted')
           25      plt.title("Confusion Matrix")
           26      plt.savefig("sklearn_conf_matrix.png")
           27
           28      mlflow.log_artifact("sklearn_roc_plot.png")
           29      mlflow.log_artifact("sklearn_conf_matrix.png")
```

그림 4-10 AUC 점수와 정확도에 대한 평가 지표를 계산하는 함수. 혼동 매트릭스와 ROC 곡선에 대한 그림이 생성되고 지표와 그래프가 모두 MLFlow에 로깅된다.

다시 한 번 MLFlow에게 AUC 점수와 테스트 세트의 정확도라는 두 가지 지표를 더 로깅하도록 지시한다. 코드 라인은 다음과 같다.

```
mlflow.log_metric("eval_acc", eval_acc)
mlflow.log_metric("auc_score", auc_score)
```

또한 MLFlow에 matplotlib 및 seaborn에 의해 생성된 플롯을 저장하도록 지시할 수도 있다. 이를 통해 각 학습 실행에 대한 그래프를 보고 매우 체계적인 방식으로 그래프를 작성할 수 있다. 먼저 이러한 그림을 같은 디렉터리에 저장해야 한다. 그런 다음 MLFlow에 아티팩트를 가져와 다음과 같이 기록하도록 지시해야 한다.

```
mlflow.log_artifact("sklearn_roc_plot.png")
mlflow.log_artifact("sklearn_conf_matrix.png")
```

저장한 그래프와 이름이 동일한지 확인한다.

▶▶ MLFlow 실행 로깅 및 확인

마지막으로 실제로 실험 이름을 설정하고 MLFlow 실행을 시작하고 이 모든 코드를 실행하는 코드를 실행한다.

```python
sk_model = LogisticRegression(random_state=None,
max_iter=400, solver='newton-cg')
mlflow.set_experiment("scikit_learn_experiment")
with mlflow.start_run():
    train(sk_model, x_train, y_train)
    evaluate(sk_model, x_test, y_test)
    mlflow.sklearn.log_model(sk_model, "log_reg_model")
    print("Model run: ", mlflow.active_run().info.run_uuid)
mlflow.end_run()
```

MLFlow 코드의 새 라인을 확인한다. 이제 그것들을 하나씩 살펴볼 것이다. 먼저 실험 이름을 설정하는 것으로 시작한다.

```python
mlflow.set_experiment("scikit_learn_experiment")
```

이렇게 하면 파라미터로 전달된 실험 이름 아래에 실행을 배치할 수 있다. 해당 이름이 없는 경우 MLFlow는 해당 이름으로 새 이름을 생성하고 해당 이름으로 실행된다.

```python
with mlflow.start_run():
    ...
    ...
```

이 코드 라인을 사용하면 하나의 MLFlow 실행 컨텍스트에서 모든 코드를 묶을 수 있다. 따라서 지표가 기록되는 위치 간에 차이가 없고 동일한 실행에 대해 모든 것을 기록할 때 두 번의 다른 실행이 생성되지 않는다.

```python
mlflow.sklearn.log_model(sk_model, "log_reg_model")
```

이 코드 라인은 모델을 로깅할 때 사용하는 일반적인 규칙이다. 파라미터는 저장 중인 모델과 저장 시 설정 중인 모델 이름을 순서대로 나타낸다. 이 경우 이 실행에서는 log_reg_model이라는 이름으로 로지스틱 회귀 모형을 저장한다.

나중에 알게 되겠지만 다른 대부분의 프레임워크는 모델을 저장할 때 동일한 스타일을 따른다. 몇 가지 예외가 있지만 때가 되면 이 문제를 다루도록 한다. 이 경우 mlflow.sklearn을 호출하지만 PySpark 모델을 로깅하려면 mlflow.spark를 실행하면 된다.

기본적으로 모델이 내장된 프레임워크는 모델을 로깅할 때 MLFlow의 프레임워크 모듈과 일치해야 한다. MLFlow에서 사용자 정의 "모델"을 생성하고 이 또한 설명서에서 다루는 대로 기록할 수 있다. 이 사용자 정의 모델을 사용해 예측 기능의 작동 방식을 지정할 수 있다. 예를 들어 예측하기 전에 데이터를 좀 더 처리하려는 경우 MLFlow를 사용하면 MLFlow PyFunc 모듈을 사용해 이 추가 기능을 지정할 수 있다. 여기에서 찾을 수 있는 문서를 참조한다.

```
www.mlflow.org/docs/latest/models.html#model-customization

print("Model run: ", mlflow.active_run().info.run_uuid)
```

이 코드 라인은 본질적으로 모델과 지표가 로깅되는 현재 실행을 가져오고 출력한다. 이렇게 하면 UI로 이동하는 대신 노트북 자체에서 직접 실행을 불러오려는 경우 편리하게 사용할 수 있다.

```
mlflow.end_run()
```

마지막으로 MLFlow가 현재 실행을 종료하도록 한다. MLFlow 시작 실행 코드 블록에 오류가 있고 실행이 종료되지 않는 경우, 현재 실행을 강제로 종료하려면 이 작업을 수행한다. 기본적으로 현재 실행과 관련된 모든 코드를 실행한 후 MLFlow가 실행을 중지하는지 확인한다.

계속 진행하려면 그림 4-11을 참조해 코드의 전체 출력을 확인한다.

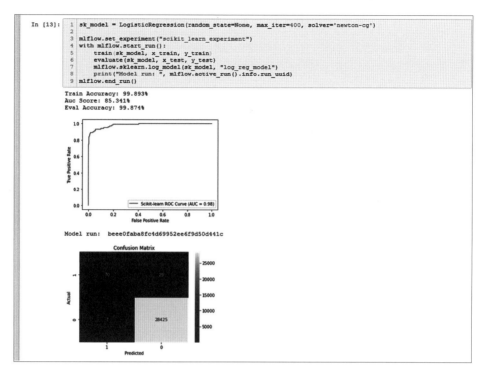

그림 4-11 MLFlow 실험 실행의 출력. MLFlow 실행 컨텍스트에서 모델을 학습하고 평가 기능에서 그래프를 출력하고 모델을 포함한 모든 지표를 이 실행에 로깅한다.

MLFlow에서 새 실험이 없는 경우 새 실험을 자동으로 생성하므로 코드에서 직접 새 실험을 생성할 수 있다. 또한 지정한 대로 현재 MLFlow 실행의 실행 ID도 출력하지 않는 한 코드의 나머지 부분은 기본적으로 평소와 같이 출력되는 것을 볼 수 있다. 나중에 서비스하려는 특정 모델을 선택할 때 이 옵션을 사용한다. 다음에는 모든 실험과 모델을 실제로 볼 수 있는 UI MLFlow를 오픈한다.

최종적으로 모델 자체를 MLFlow가 있는 아티팩트로 로깅한다.

MLFlow는 다양한 MLOps 원칙의 구현을 지원하기 위해 MLFlow에서 제공하는 코드와 함께 작동하도록 이 코드를 모듈화한다.

다음은 Windows 10에서 수행됐지만 MacOS 또는 Linux에서도 동일해야 한다.

먼저 /powershell/terminal을 오픈한다.

그럼 이 노트북 파일들이 포함된 디렉터리로 가야 한다. 디렉터리의 내용을 나열하면 (또는 파일 탐색기/주피터 자체에서 보기) **mlruns**라는 이름의 새 디렉터리가 나타난다.

모든 패키지를 Conda에 설치한 경우, Conda 환경을 활성화했는지 확인한 후 실행한다.

이제 명령 프롬프트, 파워셸 또는 터미널이 **mlruns**가 포함된 동일한 디렉터리에 있는지 확인해야 한다.

```
mlflow ui -p 1234
```

mlflow ui 명령은 기본 포트인 5000에서 MLFlow UI를 로컬로 호스팅한다. 그러나 옵션 **-p 1234**는 포트 1234에서만 호스팅할 것임을 알려준다.

모든 작업이 잘 진행되고 몇 초가 걸릴 수 있다면, 그림 4-12와 같은 화면이 나타낸다.

```
(p36) C:\Users\Shumpu\work\Books\2020 MLOps\Chapter 4>ls
 1                         'MLFlow PySpark.ipynb'   'MLFlow TensorFlow.ipynb'   sklearn_conf_matrix.png
'MLFlow Keras.ipynb'       'MLFlow PyTorch.ipynb'    data                       sklearn_roc_plot.png
'MLFlow Local Serving.ipynb' 'MLFlow Sklearn.ipynb'   mlruns

(p36) C:\Users\Shumpu\work\Books\2020 MLOps\Chapter 4>mlflow ui -p 1234
c:\users\shumpu\anaconda2\envs\p36\lib\site-packages\waitress\adjustments.py:445: DeprecationWarning: In future versions
 of Waitress clear_untrusted_proxy_headers will be set to True by default. You may opt-out by setting this value to Fals
e, or opt-in explicitly by setting this to True.
  DeprecationWarning,
Serving on http://kubernetes.docker.internal:1234
```

그림 4-12 현재 디렉터리에 mlruns 폴더가 포함돼 있는지 확인하고 UI를 시작하는 명령을 호출한다. 성공하면 "Serving on http:// …:1234"라고 명시한다. 시스템에 도커가 있으므로 쿠버네티스 대신 로컬 호스트라고 말할 수 있다.

이제 브라우저를 열고 주소란에 http://localhost:1234 또는 http://127.0.0.1:1234을 입력한다. 둘 다 동일한 MLFlow UI로 인도한다. 다른 포트를 사용한 경우 일반적으로 다음과 같이 표시된다.

http://localhost:PORT_NUMBER 또는 http://127.0.0.1:PORT_NUMBER, 여기서 PORT_NUMBER를 사용한 포트로 대체한다. 포트 파라미터를 지정하지 않은 경우 MLFlow에서 사용하는 기본 포트는 5000이다.

여하튼 제대로 작동한다는 가정하에 해당 URL을 방문하면 그림 4-13과 같은 화면을 볼 수 있다.

그림 4-13 MLFlow UI는 다음과 같아야 한다.

왼쪽은 실험이다. 기본 실험과 방금 만든 scikit_learn_experiment라는 제목의 실험이 있다.

클릭하면 그림 4-14와 같은 항목이 표시된다.

방금 완료된 실행과 기록한 지표를 볼 수 있다. 탐색할 수 있도록 클릭한다. 방금 완료된 실행은 모든 작업이 잘 완료됐을 때 타임스탬프 옆에 녹색 확인 표시가 있어야 한다. 그림 4-14에서 볼 수 있다.

그림 4-14 scikit_learn_experiment를 클릭하면 이와 같은 결과가 나타난다. 여기에 방금 생성된 실행이 하나 있다.

그림 4-15와 같은 것을 볼 수 있다.

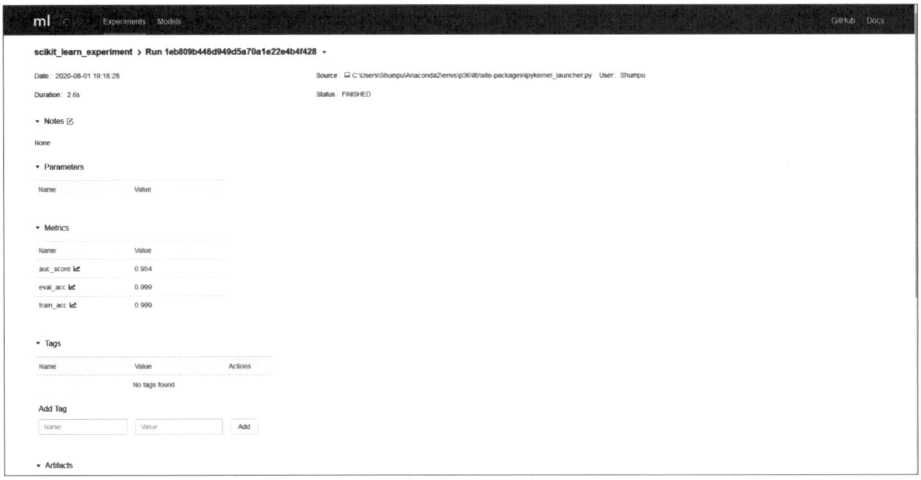

그림 4-15 방금 완료된 실행 내용이다. 기록된 지표가 여기에 표시된다.

이제 이 실행에 대한 세부 정보를 더욱 명확하게 볼 수 있다. 여기서는 기록된 모든 파라미터와 지표를 볼 수 있다. 계속 아래로 스크롤하면 기록된 모든 아티팩트가 표시된다.

그림 4-16을 참조한다.

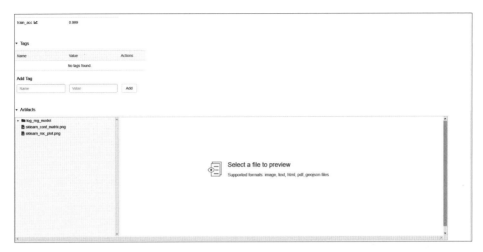

그림 4-16 이 실행의 기록된 아티팩트다. 그래프는 모델 자체와 함께 로깅된 것으로 나타나며, 코드에 기록할 때 log_reg_model로 이름이 지정됐다.

여기서 로깅된 모델과 함께 아티팩트로 기록한 두 그래프를 볼 수 있다. 그래프를 클릭하면 그림 4-17과 같은 내용이 표시된다.

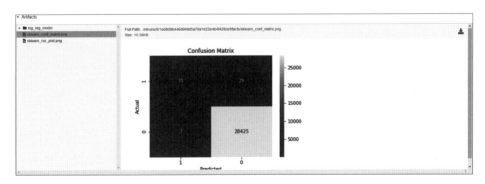

그림 4-17 저장한 혼동 매트릭스의 그래프를 검사. ROC 플롯의 다른 그래프도 얼마든지 클릭한다.

놀랍지 않은가? 모두 매우 체계적이어서 모든 것에 대해 여러 개의 폴더를 만들고 정리된 상태를 유지하는 것에 대해 걱정할 필요가 없다. MLFlow에게 수행할 작업을 지시하기만 하면 이 실행과 관련된 모든 정보가 기록된다. Adam optimizer용

beta1 및 beta2와 같이 학습률^{learning rate}, 에포크^{epoch} 수, 특정 옵티마이저 파라미터 등에 대한 딥러닝 모델의 하이퍼파라미터를 기록할 수 있다.

그림 4-17에서 볼 수 있듯이, 모델 자체와 함께 그래프도 기록할 수 있다. MLFlow 를 사용하면 클라우드 서비스에 배포 기능이 필요하지 않더라도 실험의 체계성을 유 지할 수 있다.

이제 몇 가지 실행을 더 기록한다. 그림 4-11의 셀을 두 번 다시 실행해 완료하고 MLFlow UI로 돌아간다.

scikit_learn_experiment라는 실험을 선택했는지 확인한다. 그림 4-18과 같은 것을 볼 수 있다.

그림 4-18 일부 실행을 로깅한 후 실험을 다시 시작한다.

실행은 타임스탬프별로 오름차순으로 로깅되므로, 최근 실행이 맨 꼭대기에 표시된다.

이러한 실행에 대해 기록한 지표를 비교해본다. 두 개 이상의 실행을 선택하고 UI가 그림 4-19와 어느 정도 비슷한지 확인한다. 우리는 3회 실행을 선택한다.

그림 4-19 몇 번의 실행을 선택한 후 UI는 다음과 같다. 비교할 항목이 있도록 두 개 이상을 선택해야 한다. Compare(비교)라는 버튼이 계속 켜져 있는지 확인한다.

Compare(비교)를 클릭하면 그림 4-20과 같은 항목이 표시된다.

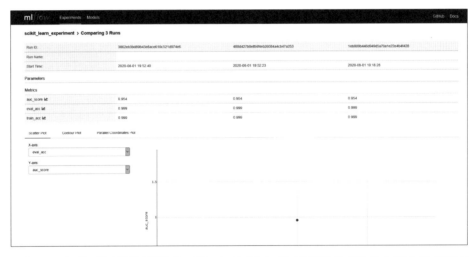

그림 4-20 비교할 3회 실행을 선택한 후 UI의 모습. 보다시피 모든 메트릭을 한 번에 볼 수 있다. 각 실행에서 모든 값이 동일하므로 적절한 그래프를 볼 수 없지만, 이러한 값을 그래프 형태로 비교할 수 있는 그래프 도구도 있다.

여기서는 선택한 실행 간에 관련 파라미터와 메트릭을 직접 비교할 수 있다. 산점도, 등고선도 또는 병렬 좌표도를 볼 수 있다. 메트릭과 플롯을 자유롭게 활용한다. 원한다면 이러한 플롯을 저장할 수도 있다.

이러한 실행은 지표가 정확히 동일하므로 하나의 점만 도표로 표시된다.

▶▶ 로깅된 모델 적재

다음으로 MLFlow로 기록한 모델을 적재하는 방법을 간략히 살펴본다.

실험으로 돌아가서 실행을 클릭한다. 상단에 있는 실행 ID(Run ID)를 기록하고 복사한다. 그런 다음 노트북으로 돌아가서 다음을 실행한다. 실행 ID(Run ID)에 대한 자리 표시자가 있다.

```
loaded_model = mlflow.sklearn.load_model
("runs:/YOUR_RUNID_HERE/log_reg_model")
```

이 경로가 무엇인지 더 잘 이해하기 위해 세 개로 나눠본다.

섹션: 포맷(runs:/), 실행 ID(YOUR_RUNID_HERE), 기록할 때 사용한 모델 이름(log_reg_model).

우리의 경우, 실행 ID(Run ID)는 3862eb3bd89b43e8ace610c521d974e6이었다.

그래서 우리 셀은 그림 4-21과 같이 보인다. 코드가 그림 4-21과 어느 정도 유사하도록 한다. 다만 다른 점은 선택한 실행 ID(Run ID)이다. 실행 ID는 다르다.

```
In [21]:   1  loaded_model = mlflow.sklearn.load_model("runs:/3862eb3bd89b43e8ace610c521d974e6/log_reg_model")
```

그림 4-21 특정 실행 ID를 사용해 기록한 모델을 적재하기 위한 코드이다. 기록할 때 사용한 모델 이름과 함께 로깅한다.

이 모델은 MLFlow가 처음 로깅할 때와 동일한 모델이다. 이를 통해 .score()와 같이 호출하고 학습 과정과 동일한 내용을 확인할 수 있다.

```
loaded_model.score(x_test, y_test)
```

이렇게 하면 테스트 세트에서 모델을 평가할 때 정확도가 출력된다. 이것이 정말로 동일한 모델이라면 정확도는 모델 실행의 평가 부분에서 앞서 출력된 것과 일치해야 한다.

그림 4-22를 참조해 출력을 확인한다.

```
In [22]:   1  loaded_model.score(x_test, y_test)
Out[22]:   0.9987382145736217
```

그림 4-22 테스트 세트에 대한 평가 후 적재된 모델의 평가 정확도다. 이 값을 그림 4-11과 비교하면 반올림은 무시하고 어느 정도 일치하는 것을 알 수 있다.

보다시피 이 값은 그림 4-11의 평가 정확도와 일치한다.

이제 특정 MLFlow 실행에서 모델을 적재하는 방법을 배운다.

이를 통해 MLFlow가 제공하는 몇 가지 기능과 더불어 프로토타이핑 실험을 훨씬 더 체계적으로 수행하는 데 어떤 도움이 될 수 있는지 살펴본다. 잠시 후 방금 살펴본 전체 파이프라인은 이전에 살펴본 파이프라인을 재현하고 테스트하고 검증하는 데 필요한 거의 모든 것이다. 이제 MLFlow를 다른 프레임워크와 함께 사용하는 방법을 살펴보기 전에 MLFlow 기능을 사용해 모델 검증 프로세스를 크게 개선할 수 있는 방법을 살펴본다.

▶▶ MLFlow를 사용한 모델 검증(파라미터 튜닝)

파라미터 튜닝 - 광범위한 검색

2장에서와 마찬가지로 하이퍼파라미터 튜닝에 관한 모델 검증에 도움이 되는 스크립트를 사용한다. MLFlow 코드가 추가된 몇 가지 수정 사항을 제외하면 튜닝 스크립트는 대부분 동일하게 유지된다.

다음 코드를 실행해 이상 가중치의 범위를 설정하고 겹 수를 설정한다.

```
anomaly_weights = [1, 5, 10, 15]
num_folds = 5
kfold = KFold(n_splits=num_folds, shuffle=True,
random_state=2020)
```

코드는 그림 4-23과 같아야 한다.

그림 4-23 검증을 수행할 이상 가중치의 목록을 결정하고, 겹 수를 결정하며, 겹 수에 따라 K-겹 발생기를 초기화하는 코드

이제 다음 항목을 붙여넣는다. 전체 기능의 전반부는 다음과 같다.

```
mlflow.set_experiment("sklearn_creditcard_broad_search")
logs = []
for f in range(len(anomaly_weights)):
    fold = 1
    accuracies = []
    auc_scores= []
    for train, test in kfold.split(x_validate, y_validate):
        with mlflow.start_run():
            weight = anomaly_weights[f]
            mlflow.log_param("anomaly_weight", weight)
            class_weights= {
                0: 1,
                1: weight
            }
            sk_model = LogisticRegression(random_state=None,
                                max_iter=400,
                                solver='newton-cg',
                                class_weight=class_weights).fit
                                (x_validate[train], y_validate[train])
            for h in range(40): print('-', end="")
            print(f"\nfold {fold}\nAnomaly Weight: {weight}")
            train_acc = sk_model.score(x_validate[train], y_validate[train])
            mlflow.log_metric("train_acc", train_acc)
```

144

```
        eval_acc = sk_model.score(x_validate[test], y_validate[test])
        preds = sk_model.predict(x_validate[test])
        mlflow.log_metric("eval_acc", eval_acc)
```

여기 몇 가지 코드가 더 있다. 이 모든 것이 위의 코드와 일치하는지 확인한다.

```
        try:
            auc_score = roc_auc_score(y_validate[test], preds)
        except:
            auc_score = -1
        mlflow.log_metric("auc_score", auc_score)
        print("AUC: {}\neval_acc: {}".format(auc_score, eval_acc))
        accuracies.append(eval_acc)
        auc_scores.append(auc_score)
        log = [sk_model, x_validate[test], y_validate[test], preds]
        logs.append(log)
        mlflow.sklearn.log_model(sk_model,
        f"anom_weight_{weight}_fold_{fold}")
        fold = fold + 1
        mlflow.end_run()
print("\nAverages: ")
print("Accuracy: ", np.mean(accuracies))
print("AUC: ", np.mean(auc_scores))
print("Best: ")
print("Accuracy: ", np.max(accuracies))
print("AUC: ", np.max(auc_scores))
```

우선 셀 안에 있는 거대한 코드 덩어리가 어떻게 생겼는지 살펴본다. 코드와 정렬이 그림 4-24와 일치하는지 확인한다.

```
In [28]:   1
           2   mlflow.set_experiment("sklearn_creditcard_broad_search")
           3
           4   logs = []
           5   for f in range(len(anomaly_weights)):
           6       fold = 1
           7       accuracies = []
           8       auc_scores= []
           9       for train, test in kfold.split(x_validate, y_validate):
          10           with mlflow.start_run():
          11               weight = anomaly_weights[f]
          12               mlflow.log_param("anomaly_weight", weight)
          13
          14               class_weights= {
          15                   0: 1,
          16                   1: weight
          17               }
          18
          19
          20               sk_model = LogisticRegression(random_state=None,
          21                                             max_iter=400,
          22                                             solver='newton-cg',
          23                                             class_weight=class_weights).fit(x_validate[train], y_validate[train])
          24
          25               for h in range(40): print('-', end="")
          26               print(f"\nfold {fold}\nAnomaly Weight: {weight}")
          27
          28               train_acc = sk_model.score(x_validate[train], y_validate[train])
          29               mlflow.log_metric("train_acc", train_acc)
          30
          31               eval_acc = sk_model.score(x_validate[test], y_validate[test])
          32               preds = sk_model.predict(x_validate[test])
          33
          34               mlflow.log_metric("eval_acc", eval_acc)
          35
          36               try:
          37                   auc_score = roc_auc_score(y_validate[test], preds)
          38               except:
          39                   auc_score = -1
          40
          41               mlflow.log_metric("auc_score", auc_score)
          42
          43               print("AUC: {}\neval_acc: {}".format(auc_score, eval_acc))
          44
          45               accuracies.append(eval_acc)
          46               auc_scores.append(auc_score)
          47
          48               log = [sk_model, x_validate[test], y_validate[test], preds]
          49               logs.append(log)
          50               mlflow.sklearn.log_model(sk_model, f"anom_weight_{weight}_fold_{fold}")
          51
          52               fold = fold + 1
          53               mlflow.end_run()
          54
          55       print("\nAverages: ")
          56       print("Accuracy: ", np.mean(accuracies))
          57       print("AUC: ", np.mean(auc_scores))
          58
          59       print("Best: ")
          60       print("Accuracy: ", np.max(accuracies))
          61       print("AUC: ", np.max(auc_scores))
```

그림 4-24 검증 프로세스 중에 모든 것을 기록하기 위한 일부 MLFlow 코드 추가와 함께 2장의 전체 검증 스크립트

이제 스크립트를 실행해본다. 생성된 모든 폴더에 대해 이상 징후 가중치와 사용자가 지정한 모든 지표에 대한 파라미터를 기록해야 한다. 스크립트가 완료되면 MLFlow UI로 이동한 후 sklearn_creditcard_broad_search로 실험을 전환해 방금 기록한 모든 실행을 확인한다.

그림 4-25와 같은 것을 볼 수 있다.

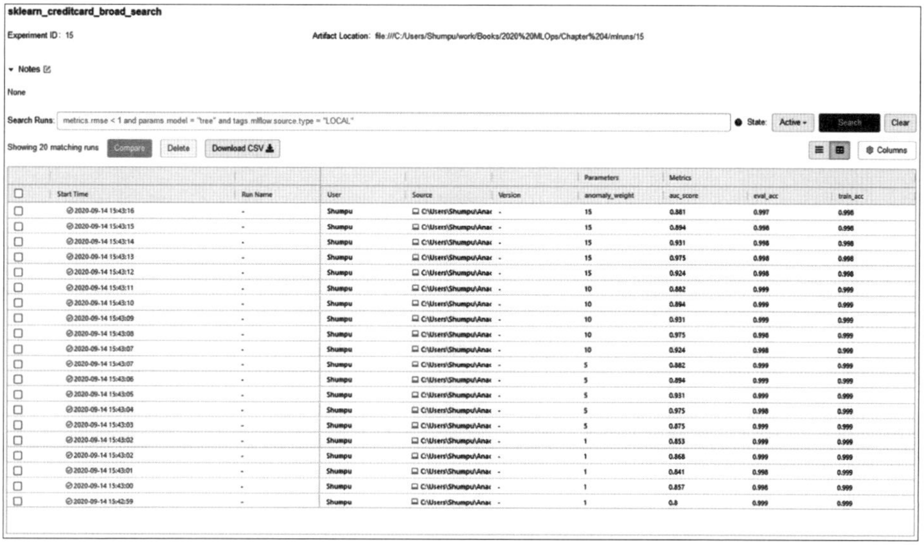

그림 4-25 검증 실험이 완료된 후 표시되는 출력이다. sklearn_creditcard_broad_search라는 제목의 실험을 선택해야 한다.

AUC 점수로 이 항목을 정렬해 AUC에 가장 적합한 파라미터를 찾아본다. `metrics` 열에서 `auc_score`를 클릭한다. 이 작업으로 인해 그림 4-26과 같은 결과가 나타나야 한다.

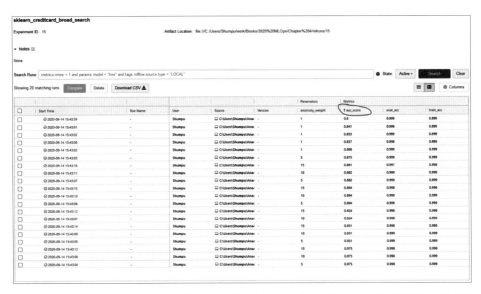

그림 4-26 값은 모두 auc_score별로 내림차순으로 정렬된다. 이 수치와 그림 4-25의 차이점을 좀 더 쉽게 찾을 수 있도록 이 칼럼을 강조 표시했다. 보다시피 AUC 점수는 오름차순이다. 최상의 AUC 점수를 보려면 내림차순으로 정렬해야 한다.

칼럼을 내림차순으로 정렬하려면 해당 칼럼을 다시 클릭해 그림 4-27과 같은 항목을 확인한다.

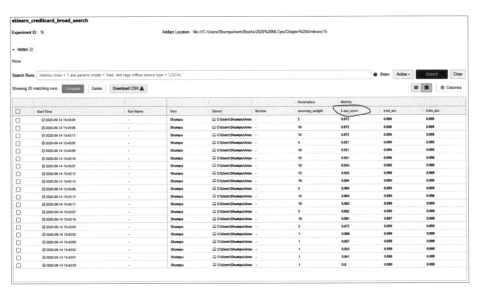

그림 4-27 이제 값은 AUC 점수에 따라 내림차순으로 정렬된다. 이제 해당 실행에서 가졌던 특정 이상 가중치와 함께 최고의 AUC 점수를 얻은 실행이 표시된다.

아마도 당신은 절대 최고 점수 외에는 아무것도 신경 쓰지 않을 것이다. 최소 0.90의
AUC 점수를 목표로 한다고 가정해본다. 모든 것을 필터링하려면 어떻게 해야 할까?
UI는 SQL WHERE 절을 기반으로 검색을 수행하는 검색 버튼을 제공한다. 출력을
필터링하려면 다음을 입력하고 검색을 클릭한다.

```
metrics."auc_score" >= 0.90
```

그림 4-28과 같은 것을 볼 수 있다. 코드 라인을 복사해 붙여넣은 경우 코드 라인을
삭제하고 따옴표와 관련해 오류가 발생하면 따옴표를 다시 넣는다.

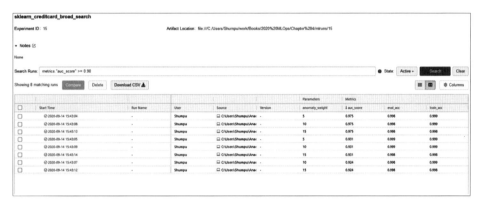

그림 4-28 모든 AUC 점수를 0.90 이상으로 필터링한 결과, AUC 점수는 0.90점 이상이다.

"auc_score"를 따옴표로 묶었다. 이는 기록한 지표 이름에 대시와 같은 문자가 포함
된 경우에 해당하며, 이렇게 입력하면 이름을 인식하지 못할 수 있다.

```
metrics.auc-score
```

"auc-score"로 기록된 지표의 적절한 규칙은 다음과 같이 필터링하는 것이다.

```
metrics."auc-score" >= 0.90
```

이 점수 중에서 이상 가중치에 대한 점수 5만 보려고 한다. 이상 가중치가 1인 결과는 없는 것 같으므로 5로 시작한다. 이를 위해 다음을 입력하고 검색해본다.

```
metrics."auc_score" >= 0.90 AND parameters.anomaly_weight = "5"
```

그림 4-29와 같이 볼 수 있어야 한다.

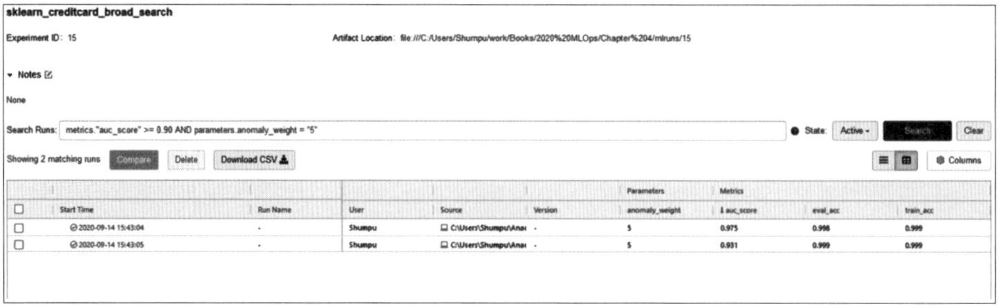

그림 4-29 이상 가중치를 5로 설정된 상태에서 AUC 점수가 0.90을 초과하도록 실행을 필터링

파라미터는 문자열 값으로 기록되지만 지표는 부동으로 기록되므로 5는 따옴표로 묶는다.

이 결과, 이상 가중치가 5로 설정된 5개의 겹 중 AUC 점수가 0.90을 초과하는 것은 단 2개에 불과한 것으로 보인다. 다른 파라미터에 대해서도 빠르게 검색해 AUC 점수가 0.90을 초과하는 겹이 몇 개나 있는지 확인해본다.

이상 가중치를 10만큼 필터링하려면 그림 4-30을 참조한다.

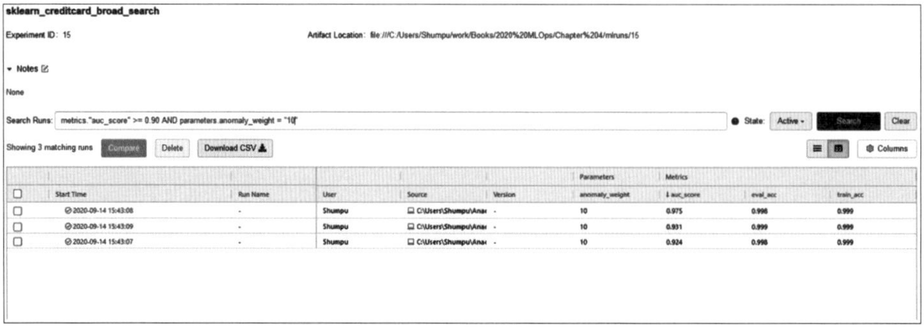

그림 4-30 이상 가중치가 10인 경우 3회 실행도 최소 AUC 점수에 대한 기준을 충족했다.

따라서 이상 가중치가 10으로 설정된 다섯 겹 중 세 겹은 0.90 이상의 AUC 점수를 받았다.

이제 15번을 확인해본다. 그림 4-31을 참조한다.

그림 4-31 이상 가중치가 15인 경우 AUC 점수가 0.95를 넘는 두 개의 겹이 있는 것으로 보인다.

유사한 결과가 15로 표시된다.

AUC 점수 요건을 최소 0.95로 강화하면 어떨까? 최소 AUC 0.95와 이상 가중치 5에 대한 실행을 확인한다. 그림 4-32를 참조한다.

그림 4-32 이번에는 이상 가중치를 5로 설정된 실행의 겹 중 하나의 AUC 점수만 0.95를 초과하는 것을 볼 수 있다.

따라서 이상 가중치가 5였을 때 0.95를 넘는 AUC 점수는 단 한 겹으로 처리된 것으로 보인다.

이상 가중치가 10인 경우 결과는 어떻게 나타나는가?

그림 4-33을 참조한다.

그림 4-33 이상 가중치가 10인 경우, AUC 점수가 0.95를 초과하는 실행을 1회만 기록한다.

이상 가중치가 15인 실행 상태를 점검해본다.

그림 4-34를 참조한다.

그림 4-34 이상 가중치가 15일 때 0.95 이상의 AUC 점수는 1회만 달성한다. 이러한 결과에서는 어떤 가중치 설정이 가장 적합한지 실제로 추론할 수 없으므로 하이퍼파라미터 검색 범위를 좁혀야 한다. 가장 좋은 설정을 놓쳤을 수도 있고 5~10시, 10~15시 사이일 수도 있다.

이상 가중치 15의 경우 1회만 AUC 점수가 0.95를 넘긴 것으로 보인다. 나머지 AUC 점수를 확인하지 않고는 범위를 좁힐 수 없는 것 같다.

AUC 최고 점수가 5~15점 사이인 것으로 보인다.

그렇다면 높은 이상 가중치가 AUC 점수에 더 일관성이 있고, 가장 높은 AUC 점수에 도달하는 작은 이상 가중치가 단지 플럭스였다면 어땠을까?

각 이상 징후 가중치 설정이 어떻게 수행됐는지 보려면 먼저 쿼리문을 제거하고 검색을 다시 클릭한다. 다음으로 AUC 점수가 내림차순인지 확인한다. 완료되면 그림

4-35를 참조해 출력이 유사한지 확인한다.

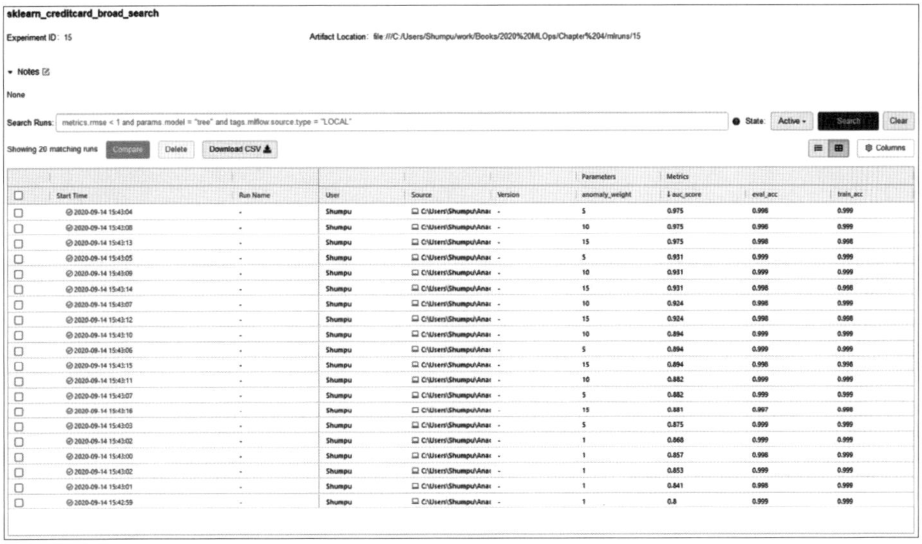

그림 4-35 AUC 점수를 내림차순으로 실행 순서 설정

다음 코드를 사용해 이상 가중치의 모든 값을 필터링하고 1을 5, 10, 15로 대체해 AUC 점수가 어떻게 표시되는지 확인해본다.

```
parameters.anomaly_weight = "1"
```

그림 4-36을 참조해 이상 가중치 1을 기준으로 필터링 결과를 확인한다.

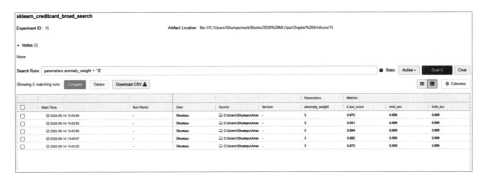

그림 4-36 이상 가중치가 1인 실행의 AUC 점수를 내림차순으로 살펴본다.

점수가 0.9를 넘지 않았으므로 이 이상 가중치 설정을 자동으로 제외할 수 있다. 스크립트로 돌아가보면 평균 AUC가 약 0.8437이었음을 알 수 있다.

이상 가중치가 5인 실행에 대해 살펴본다. 그림 4-37을 참조한다.

sklearn_creditcard_broad_search

Experiment ID: 15   Artifact Location: file:///C:/Users/Shumpu/work/Books/2020%20MLOps/Chapter%204/mlruns/15

▾ Notes ✐

None

Search Runs: parameters.anomaly_weight = "1"   ● State: Active ▾   Search   Clear

Showing 5 matching runs   Compare   Delete   Download CSV ⬇   ☰ ▦ ⊕ Columns

	Start Time	Run Name	User	Source	Version	anomaly_weight	auc_score	eval_acc	train_acc
						Parameters	**Metrics**		
☐	⊘ 2020-09-14 15:43:02	-	Shumpu	🖵 C:\Users\Shumpu\Ana...	-	1	0.868	0.999	0.999
☐	⊘ 2020-09-14 15:43:00	-	Shumpu	🖵 C:\Users\Shumpu\Ana...	-	1	0.857	0.998	0.999
☐	⊘ 2020-09-14 15:43:02	-	Shumpu	🖵 C:\Users\Shumpu\Ana...	-	1	0.853	0.999	0.999
☐	⊘ 2020-09-14 15:43:01	-	Shumpu	🖵 C:\Users\Shumpu\Ana...	-	1	0.841	0.998	0.999
☐	⊘ 2020-09-14 15:42:59	-	Shumpu	🖵 C:\Users\Shumpu\Ana...	-	1	0.8	0.999	0.999

그림 4-37 이상 가중치 5인 실행의 AUC 점수를 내림차순으로 살펴본다. 평균 AUC 점수는 이상 가중치 1에 비해 눈에 띄게 상승했음을 알 수 있다.

점수가 눈에 띄게 향상됐다. 원래 스크립트의 출력으로 돌아가면 평균 AUC 점수가 0.9116이 된다.

나머지 이상 가중치는 모두 0.975점으로 가장 높은 AUC 점수를 달성했으며, 따라서 평균 AUC는 범위를 좁히는 데 도움이 되는 더 나은 지표다.

이제 이상 가중치가 10인 실행에 대해 살펴본다.

그림 4-38을 참조한다.

sklearn_creditcard_broad_search

Experiment ID: 15   Artifact Location: file:///C:/Users/Shumpu/work/Books/2020%20MLOps/Chapter%204/mlruns/15

▾ Notes ✐

None

Search Runs: parameters.anomaly_weight = "10"   ● State: Active ▾   Search   Clear

Showing 5 matching runs   Compare   Delete   Download CSV ⬇   ☰ ▦ ⊕ Columns

	Start Time	Run Name	User	Source	Version	anomaly_weight	auc_score	eval_acc	train_acc
						Parameters	**Metrics**		
☐	⊘ 2020-09-14 15:43:08	-	Shumpu	🖵 C:\Users\Shumpu\Ana...	-	10	0.975	0.998	0.999
☐	⊘ 2020-09-14 15:43:09	-	Shumpu	🖵 C:\Users\Shumpu\Ana...	-	10	0.931	0.999	0.999
☐	⊘ 2020-09-14 15:43:07	-	Shumpu	🖵 C:\Users\Shumpu\Ana...	-	10	0.924	0.998	0.999
☐	⊘ 2020-09-14 15:43:10	-	Shumpu	🖵 C:\Users\Shumpu\Ana...	-	10	0.894	0.999	0.999
☐	⊘ 2020-09-14 15:43:11	-	Shumpu	🖵 C:\Users\Shumpu\Ana...	-	10	0.882	0.999	0.999

그림 4-38 이상 가중치가 10인 실행의 AUC 점수를 내림차순으로 살펴본다. 이 점수들은 훨씬 더 좋아 보인다.

이 점수들은 이상 가중치 5보다 훨씬 더 좋아 보인다. 이번에 평균 AUC 점수는 약 0.9215이다.

마지막으로, 15의 이상 가중치에 대한 점수를 살펴본다. 그림 4-39를 참조해 이상 가중치를 15로 필터링한 결과를 확인한다.

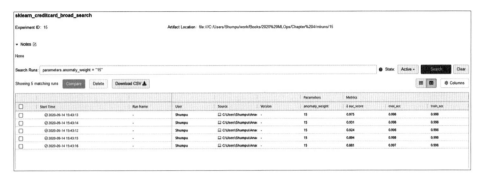

그림 4-39 이상 가중치가 15인 실행의 AUC 점수를 내림차순으로 살펴본다. 점수는 매우 비슷하지만, 평균은 항상 아주 약간 더 나빠서 진짜 범위는 10에서 15 사이인 것 같다.

점수는 서로 매우 비슷하며 평균 AUC 점수는 현재 0.9212이다.

이러한 결과를 보면 5에서 10으로 증가했지만 10에서 15로 약간 감소했음을 알 수 있다. 이 데이터에서 이상적인 범위는 10에서 15 사이인 것처럼 보이지만 평균 AUC의 감소는 본질적으로 무시할 수 있다. 15개를 넘을 가능성이 있는 경우 잘못된 검색 범위로 시작했다면 어떻게 해야 할까?

이 검증 실험의 결과를 보면 집중할 수 있는 확실한 범위의 값을 찾지 못한 것 같다. 따라서 이상 가중치를 늘려서 더 나은 결과를 얻을 수 있는지 보기 위해 범위를 더 확장해야 한다.

데이터의 분포와 이상 징후보다 정상 지점이 얼마나 많은지를 살펴보면, 직관적으로 하이퍼파라미터 검색을 안내하고 범위를 훨씬 더 확장할 수 있다.

이제 범위를 좀 더 확장해보자.

▶▶ 파라미터 튜닝 - Guided Search

전체적으로는 이상 가중치가 10과 15로 가장 높았지만 이상 가중치가 증가할수록 상승 추세인 것 같다.

이제 더 광범위한 이상 가중치를 사용해 검증을 다시 실행해본다.

그림 4-23의 셀로 돌아가(또는 새 셀에 복사 붙여넣기) 이상 징후 가중치를 다음과 같이 보이도록 변경한다.

```
anomaly_weights = [10, 50, 100, 150, 200]
```

그림 4-40과 같은 것을 볼 수 있다.

```
In [29]:  1  anomaly_weights = [10, 50, 100, 150, 200]
          2  num_folds = 5
          3  kfold = KFold(n_splits=num_folds, shuffle=True, random_state=2020)
```

그림 4-40 두 번째 검증 실행 중 검색할 값의 좁은 범위 설정

검증 스크립트 자체는 동일해야 하므로 원래 셀에서 이상 징후 가중치를 교체한 경우에는 아직 검증 스크립트를 실행하지 않는다. 이러한 새로운 실행으로 원래 튜닝 실험을 방해하지 않도록 새 실험을 생성해본다.

이전 검증 스크립트에서 다음 라인을 mlflow.set_experiment("sklearn_creditcard_broad_search")에서 mlflow.set_experiment("sklearn_creditcard_guided_search")로 수정한다.

그림 4-41과 같은 것을 볼 수 있다.

```
In [31]:   1
           2  mlflow.set_experiment("sklearn_creditcard_guided_search")
           3
           4  logs = []
           5  for f in range(len(anomaly_weights)):
           6      fold = 1
           7      accuracies = []
           8      auc_scores= []
           9      for train, test in kfold.split(x_validate, y_validate):
          10          with mlflow.start_run():
          11              weight = anomaly_weights[f]
          12              mlflow.log_param("anomaly_weight", weight)
          13
```

그림 4-41 sklearn_creditcard_guided_search라는 새 실험 설정을 통해 이 두 번째 검증 실험의 결과가 별도로 저장되도록 한다.

156

이제 이 코드를 실행할 수 있다. 완료되면 UI로 돌아가서 새로고침한 다음 `sklearn_creditcard_guide_search`라는 새 실험을 선택한다. 그림 4-42와 같은 것을 볼 수 있다.

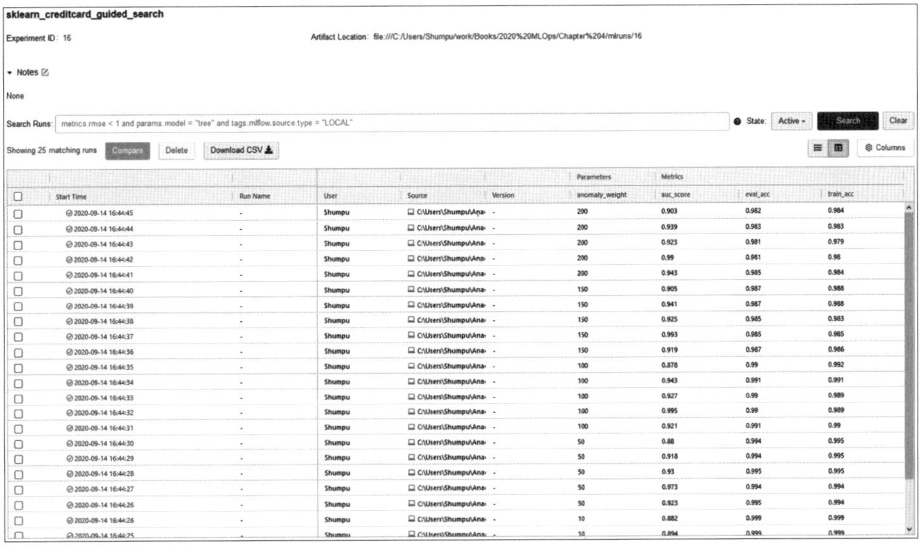

						Parameters	Metrics		
☐	Start Time	Run Name	User	Source	Version	anomaly_weight	auc_score	eval_acc	train_acc
☐	2020-09-14 16:44:45	-	Shumpu	C:\Users\Shumpu\Ana	-	200	0.903	0.982	0.984
☐	2020-09-14 16:44:44	-	Shumpu	C:\Users\Shumpu\Ana	-	200	0.939	0.983	0.983
☐	2020-09-14 16:44:43	-	Shumpu	C:\Users\Shumpu\Ana	-	200	0.923	0.981	0.979
☐	2020-09-14 16:44:42	-	Shumpu	C:\Users\Shumpu\Ana	-	200	0.99	0.981	0.98
☐	2020-09-14 16:44:41	-	Shumpu	C:\Users\Shumpu\Ana	-	200	0.943	0.985	0.984
☐	2020-09-14 16:44:40	-	Shumpu	C:\Users\Shumpu\Ana	-	150	0.905	0.987	0.988
☐	2020-09-14 16:44:39	-	Shumpu	C:\Users\Shumpu\Ana	-	150	0.941	0.987	0.988
☐	2020-09-14 16:44:38	-	Shumpu	C:\Users\Shumpu\Ana	-	150	0.925	0.985	0.983
☐	2020-09-14 16:44:37	-	Shumpu	C:\Users\Shumpu\Ana	-	150	0.993	0.985	0.985
☐	2020-09-14 16:44:36	-	Shumpu	C:\Users\Shumpu\Ana	-	150	0.919	0.987	0.986
☐	2020-09-14 16:44:35	-	Shumpu	C:\Users\Shumpu\Ana	-	100	0.878	0.99	0.992
☐	2020-09-14 16:44:34	-	Shumpu	C:\Users\Shumpu\Ana	-	100	0.943	0.991	0.991
☐	2020-09-14 16:44:33	-	Shumpu	C:\Users\Shumpu\Ana	-	100	0.927	0.99	0.989
☐	2020-09-14 16:44:32	-	Shumpu	C:\Users\Shumpu\Ana	-	100	0.995	0.99	0.989
☐	2020-09-14 16:44:31	-	Shumpu	C:\Users\Shumpu\Ana	-	100	0.921	0.991	0.99
☐	2020-09-14 16:44:30	-	Shumpu	C:\Users\Shumpu\Ana	-	50	0.88	0.994	0.995
☐	2020-09-14 16:44:29	-	Shumpu	C:\Users\Shumpu\Ana	-	50	0.918	0.994	0.995
☐	2020-09-14 16:44:28	-	Shumpu	C:\Users\Shumpu\Ana	-	50	0.93	0.995	0.995
☐	2020-09-14 16:44:27	-	Shumpu	C:\Users\Shumpu\Ana	-	50	0.973	0.994	0.994
☐	2020-09-14 16:44:26	-	Shumpu	C:\Users\Shumpu\Ana	-	50	0.923	0.995	0.994
☐	2020-09-14 16:44:26	-	Shumpu	C:\Users\Shumpu\Ana	-	10	0.882	0.999	0.999
☐	2020-09-14 16:44:25	-	Shumpu	C:\Users\Shumpu\Ana	-	10	0.894	0.999	0.999

그림 4-42 두 번째 검증 실험의 결과

튜닝 실험을 수행하는 이상 징후 가중치의 범위를 넓히는 전체 요점은 최상의 하이퍼파라미터 범위가 어디에 있는지 이해하는 것이다. 처음에는 이 사실을 몰랐기 때문에 너무 작은 범위를 선택해 최적의 값을 찾을 수 있었다. 이제 검색 범위가 상당히 확장됐다.

이 실험의 결과를 통해 범위를 훨씬 더 좁히고 크게 줄어든 범위로 실험을 반복하면 올바른 하이퍼파라미터 설정에 도달할 수 있을 것이다.

이제 각 고유한 이상 징후 가중치(10, 50, 100, 150 및 200)를 기준으로 각 값을 필터링해 해당 설정으로 실행되는 방법을 알아본다.

AUC 점수를 내림차순으로 정렬하고 다음 쿼리를 입력한 다음 검색한다.

```
parameters.anomaly_weight = "10"
```

그림 4-43과 같은 것을 볼 수 있다.

그림 4-43 이상 가중치를 10으로 필터링하고 AUC 점수를 내림차순으로 표시되도록 설정

검증 스크립트에 표시되는 평균 AUC 점수는 약 0.9215이다. 물론 이전과 같은 결과이다.

50의 이상 가중치가 어떻게 나오는지 확인해본다. 그림 4-44를 참조한다.

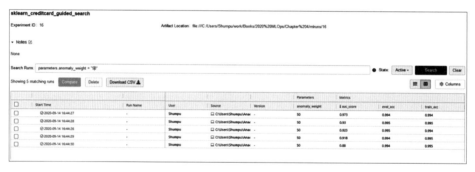

그림 4-44 이상 가중치를 50으로 필터링하고 내림차순으로 표시할 AUC 점수를 설정한다. 값(values)에서 약간의 차이가 있는 것 같다.

AUC 점수의 범위에는 이미 미세한 차이가 있는 것으로 보인다. 스크립트를 보면 평균 AUC가 약 0.9248이므로 AUC 점수가 소폭 상승하는 것으로 보인다.

계속해서 100의 이상 가중치에 대한 결과를 확인해본다.

그림 4-45를 참조한다.

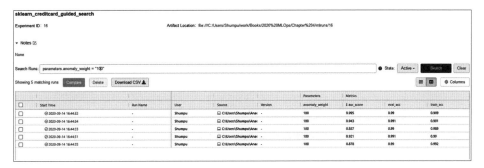

그림 4-45 이상 가중치를 100으로 필터링하고 내림차순으로 표시할 AUC 점수 설정

평균 시간은 0.9327로 나타낸다. 엄청난 가중치 증가에도 평균 AUC 점수는 그렇게 많이 오르지 않았다.

하지만 AUC 점수 0.995의 첫 결과가 나왔다. 이상 가중치가 50이 될 때까지 최고 AUC 점수는 0.975였지만, 이 이상 가중치의 설정은 그 이후로는 깨졌다.

150으로 설정한 이상 가중치가 증가하는지 계속 확인해본다. 그림 4-46A를 참조한다.

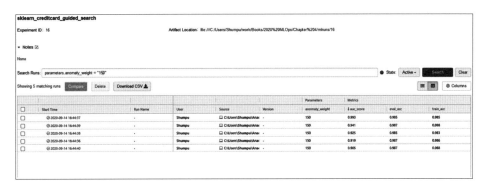

그림 4-46A 150의 이상 가중치를 기준으로 실행 필터링 및 내림차순으로 표시할 AUC 점수 설정

전반적으로 AUC 점수가 조금 더 높은 것 같다. 실제로 AUC 평균 점수는 0.9365점이어서 상승폭이 커졌다. 마지막으로 AUC 점수에서 이상 가중치가 200으로 설정됐는지 확인해본다. 그림 4-46B를 참조한다.

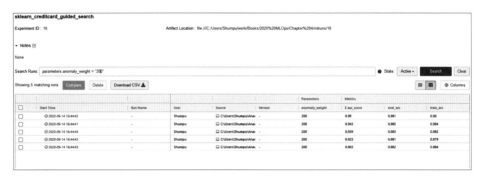

그림 4-46B 이상 가중치를 200으로 필터링하고 내림차순으로 표시할 AUC 점수 설정

현재 새로운 평균 AUC는 0.9396이므로 이 이상 가중치 설정은 훨씬 더 나은 것으로 보인다.

사실 AUC 점수가 이상 가중치를 높게 설정할수록 계속 증가하기 때문에 최적 범위에 대한 결론을 내릴 수 없었다.

최상의 하이퍼파라미터 설정은 200 이상이다.

200에서 시작해 약간 다른 영역에 걸쳐 검색하면 좋은 검색 범위를 찾으면 결국 이상 가중치가 증가할수록 AUC 점수가 낮아지기에 초점을 좁히고 검색을 다시 시작할 수 있다.

파라미터 값의 정밀도가 어느 정도 높아지면 추가 작업을 통해 성능이 미미하게 향상되는 수익률이 감소하기 시작하지만, 소수점 값이 깊어지기 시작하면 이러한 현상이 발생할 수 있다.

이제 MLFlow를 scikit-Learn을 사용해 모델 학습, 테스트 및 검증 파이프라인에 통합하는 방법에 관해 자세히 이해했기를 바란다.

또한 기본 비교를 위해 UI를 사용하는 방법과 MLFlow를 사용해 하이퍼파라미터 튜닝을 좀 더 쉽게 수행하는 방법도 살펴봤다. 여러 메트릭 또는 파라미터에 대해 더 복잡한 검색을 수행하려는 경우 MLFlow는 API를 통해 코드 내의 SQL 검색을 통해 여러 열로 정렬할 수 있는 기능을 제공한다.

MLFlow는 메트릭 파라미터, 아티팩트 및 심지어 문서 내 다른 프레임워크에 대한 모델 로깅도 지원한다.

이제 MLFlow를 TensorFlow 2.0+/Keras, PyTorch 및 PySpark와 통합하는 방법을 살펴본다.

▶▶ MLFlow 및 기타 프레임워크 TensorFlow 2.0을 사용한 MLFlow(Keras)

MLFlow는 TensorFlow 2.0+(TensorFlow 2.0 이상의 모든 버전)와 쉽게 통합된다. 방법을 보려면 MNIST 데이터셋에서 손으로 쓴 숫자 분류기 모델의 매우 기본적인 예를 살펴본다. 우리는 시연을 위해 단순성을 유지하기 위해 내장 Keras 모듈을 사용할 것이다. MLFlow는 최소한 TensorFlow 1.12를 지원하므로 TensorFlow 1.12 이상이 있는 한 이 코드를 실행해야 한다.

우리는 TensorFlow 2에 대한 기본적인 수준의 익숙함을 가정해 함수, 모델 계층, 최적화기 및 손실함수가 무엇을 의미하는지 깊이 살펴보지 않을 것이다.

시작하기 전에 사용한 TensorFlow, CUDA 및 CuDNN 버전이 있다. GPU 버전의 TensorFlow(패키지 이름은 Tensorflow-gpu)를 사용해 실행했지만, GPU 없이도 실행할 수 있다.

- TensorFlow(GPU version) - 2.3.0

- CUDA - 10.1

- CuDNN - v7.6.5.32 for CUDA 10.1

- Sklearn - 0.22.2.post1

- MLFlow - 1.10.0

▶▶ 데이터 처리

다음은 필요한 모듈을 가져오고 해당 버전을 출력하는 코드다.

```python
import tensorflow as tf
from tensorflow.keras.models import Sequential
from tensorflow.keras.layers import Dense, Conv2D, Flatten
from tensorflow.keras.datasets import mnist
import numpy as np
import matplotlib
import matplotlib.pyplot as plt
import sklearn
from sklearn.metrics import roc_auc_score
import mlflow
import mlflow.tensorflow
print("TensorFlow: {}".format(tf.__version__))
print("scikit-learn: {}".format(sklearn.__version__))
print("Numpy: {}".format(np.__version__))
print("MLFlow: {}".format(mlflow.__version__))
print("Matplotlib: {}".format(matplotlib.__version__))
```

그림 4-47과 같은 것을 볼 수 있다.

```
In [13]:  1  import tensorflow as tf
          2  from tensorflow.keras.models import Sequential
          3  from tensorflow.keras.layers import Dense, Conv2D, Flatten
          4  from tensorflow.keras.datasets import mnist
          5
          6  import numpy as np
          7
          8  import matplotlib
          9  import matplotlib.pyplot as plt
         10
         11  import sklearn
         12  from sklearn.metrics import roc_auc_score
         13
         14  import mlflow
         15  import mlflow.tensorflow
         16
         17  print("TensorFlow: {}".format(tf.__version__))
         18  print("Scikit-Learn: {}".format(sklearn.__version__))
         19  print("Numpy: {}".format(np.__version__))
         20  print("MLFlow: {}".format(mlflow.__version__))
         21  print("Matplotlib: {}".format(matplotlib.__version__))
         22

TensorFlow: 2.3.0
Scikit-Learn: 0.22.2.post1
Numpy: 1.18.5
MLFlow: 1.10.0
Matplotlib: 3.2.1
```

그림 4-47 필요한 모듈 import 및 버전 출력

이제 데이터를 적재한다.

```
(x_train, y_train), (x_test, y_test) = mnist.load_data()
```

Keras와 확장자 TensorFlow는 여러분을 위해 MNIST 손글씨 숫자 데이터 세트를 제공하므로, 데이터를 적재하기 위해 필요한 것은 그림 4-48과 같이 함수만 호출하면 된다. 셀의 코드를 보려면 그림 4-48을 참조한다.

```
In [6]:    1  (x_train, y_train), (x_test, y_test) = mnist.load_data()
```

그림 4-48 x_train, y_train, x_test 및 y_test 정의

여러분은 심지어 이 이미지 중 하나가 어떻게 생겼는지도 볼 수 있다.

다음을 실행한다.

```
plt.imshow(x_train[0], cmap='gray'), print("Class: ", y_train[0])
```

그림 4-49와 같은 것을 볼 수 있다.

그림 4-49 데이터 샘플 중 하나가 matplotlib을 사용해 어떻게 생겼는지 살펴본다. 이 샘플과 관련된 클래스 라벨 5도 출력했다.

또한 이 특정 이미지와 관련된 클래스 라벨을 출력했다. 라벨은 모두 0에서 9 사이의 정수이며, 각각 0에서 9 사이의 손으로 쓴 숫자를 보여주는 이미지와 연결된다.

TensorFlow/Keras에서 2D 컨볼루션 레이어는 4개를 예상하기 때문에 (m, h, w, c) 형식의 치수에서는 m이 데이터 세트의 샘플 수를 나타내고 h와 w는 각각 높이와 너비를 나타내며 c는 채널 수를 나타내므로 이러한 사양을 준수하도록 데이터를 재구성해야 한다. 이미지는 모두 흑백이므로 기술적으로 채널은 하나다. 따라서 다음과 같이 다시 구성해야 한다.

```
x_train = x_train.reshape(x_train.shape[0], x_train.shape[1],
x_train.shape[2], 1)
x_test = x_test.reshape(x_test.shape[0], x_test.shape[1],
x_test.shape[2], 1)

y_train = tf.keras.utils.to_categorical(y_train)
y_test = tf.keras.utils.to_categorical(y_test)
```

셀의 코드를 보려면 그림 4-50을 참조한다.

```
In [8]:  1  x_train = x_train.reshape(x_train.shape[0], x_train.shape[1], x_train.shape[2], 1)
         2  x_test = x_test.reshape(x_test.shape[0], x_test.shape[1], x_test.shape[2], 1)
         3
         4  y_train = tf.keras.utils.to_categorical(y_train)
         5  y_test = tf.keras.utils.to_categorical(y_test)
```

그림 4-50 데이터를 한 채널을 포함하도록 재구성해 컨볼루션 계층의 사양을 준수한다. 또한 이러한 y 세트는 원-핫 인코딩 형식으로 변환된다.

to_categorical()이라는 함수를 호출해 변환했다. 그러면 각 샘플이 x 샘플로 표시되는 숫자에 해당하는 2 또는 4의 정수 값에서 원-핫 인코딩one-hot-encoding 벡터로 변환된다.

이 형식의 샘플은 이제 숫자 수가 num_class인 0 벡터가 된다. 즉, 이러한 벡터는 모두 총 클래스 수와 길이가 일치한다. 라벨이 어떤 값이었는지는 이제 값 1의 색인이다. 따라서 라벨이 1이면 이 벡터에서 지수 1의 값은 1이고 나머지 값은 모두 0이다.

이것은 약간 혼란스러울 수 있으므로 그림 4-51을 참조해 5를 나타내는 숫자에 대해 원-핫 인코딩된 라벨이 어떻게 표시되는지 확인한다.

```
In [9]:    1  y_train[0]
Out[9]: array([0., 0., 0., 0., 0., 1., 0., 0., 0., 0.], dtype=float32)
```

그림 4-51 5의 값을 나타내는 원-핫 인코딩 라벨의 새 출력이다. 인덱스 5의 값은 이제 1이다.

보는 것처럼 1의 지수는 5로 앞서 살펴본 첫 번째 x_train 값인 숫자 5에 해당한다. 이제 형태를 출력해본다.

```
print("Shapes")
print("x_train: {}\ny_train: {}".format(x_train.shape, y_train.shape))
print("x_test: {}\ny_test: {}".format(x_test.shape, y_test.shape))
```

이제 그림 4-52와 같은 화면이 표시된다.

```
In [10]:    1  print("Shapes")
            2  print("x_train: {}\ny_train: {}".format(x_train.shape, y_train.shape))
            3  print("x_test: {}\ny_test: {}".format(x_test.shape, y_test.shape))
            4

Shapes
x_train: (60000, 28, 28, 1)
y_train: (60000, 10)
x_test: (10000, 28, 28, 1)
y_test: (10000, 10)
```

그림 4-52 처리된 데이터의 출력 모양

▶▶ MLFlow 실행 - 학습 및 평가

이제 모델 생성으로 넘어간다. 순차적 모델 생성 방법을 사용하게 된다. 이 모델은 매우 간단하며, 세 개의 고밀도 레이어로 공급되는 두 개의 2D 컨볼루션 레이어로 구성된다. 다음을 실행한다.

```
model = Sequential()
model.add(Conv2D(filters=16, kernel_size=3, strides=2,
padding='same', input_shape=(28, 28, 1), activation="relu"))
```

```
model.add(Conv2D(filters=8, kernel_size=3, strides=2,
padding='same', input_shape=(28, 28, 1), activation="relu"))
model.add(Flatten())
model.add(Dense(30, activation="relu"))
model.add(Dense(20, activation="relu"))
model.add(Dense(10, activation="softmax"))
model.summary()
```

그림 4-53과 같은 것을 볼 수 있다.

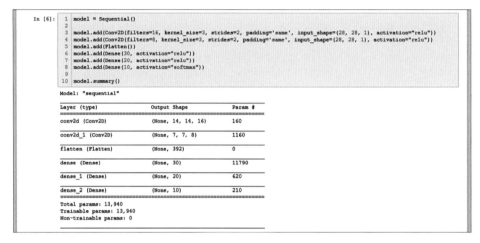

그림 4-53 모델 생성 및 모델 아키텍처 요약 출력

이제 Adam 옵티마이저 도구와 범주형 교차 엔트로피를 사용해 모델을 컴파일해본다. 지표의 경우 정확성만 사용하게 된다. 다음을 실행한다.

```
model.compile(optimizer="Adam",
loss="categorical_crossentropy", metrics=["accuracy"])
```

그림 4-54와 같은 것을 볼 수 있다.

```
In [15]:  1  model.compile(optimizer="Adam", loss="categorical_crossentropy", metrics=["accuracy"])
          2
```

그림 4-54 모델을 컴파일하고 옵티마이저를 Adam optimizer로 설정하고, 손실을 범주형 교차 엔트로피로 설정하고, 지표를 정확하게 설정한다.

이제 MLFlow에서 이 실행을 기록하도록 지시하는 부분으로 이동한다. 모든 지표가 동일한 실행에 기록되도록 하려면 동일한 실행 컨텍스트에서 코드 블록을 실행하도록 MLFlow에 구체적으로 지시해야 한다.

이렇게 하려면 다음 줄을 사용해 코드를 다시 차단해야 한다.

```
with mlflow.start_run():
```

이를 통해 다음을 실행해 실험 이름을 설정하고, 모델을 학습하고, 필요한 평가 지표를 가져오고, 이를 모두 MLFlow에 기록한다.

```
mlflow.set_experiment("TF_Keras_MNIST")
with mlflow.start_run():
    mlflow.tensorflow.autolog()
    model.fit(x=x_train, y=y_train, batch_size=256, epochs=10)
    preds = model.predict(x_test)
    preds = np.round(preds)
    eval_acc = model.evaluate(x_test, y_test)[1]
    auc_score = roc_auc_score(y_test, preds)
    print("eval_acc: ", eval_acc)
    print("auc_score: ", auc_score)
    mlflow.tensorflow.mlflow.log_metric("eval_acc", eval_acc)
    mlflow.tensorflow.mlflow.log_metric("auc_score", auc_score)
mlflow.end_run()
```

그림 4-55를 참조해 출력을 확인한다. 경고 메시지를 무시한다. 경고 메시지는 학습 과정이나 모델의 성능에 지장을 주지 않는다.

```
In [9]:   1  mlflow.set_experiment("TF_Keras_MNIST")
          2
          3  with mlflow.start_run():
          4
          5      mlflow.tensorflow.autolog()
          6
          7      model.fit(x=x_train, y=y_train, batch_size=256, epochs=10)
          8      preds = model.predict(x_test)
          9      preds = np.round(preds)
         10
         11      eval_acc = model.evaluate(x_test, y_test)[1]
         12      auc_score = roc_auc_score(y_test, preds)
         13
         14      print("eval_acc: ", eval_acc)
         15      print("auc_score: ", auc_score)
         16
         17      mlflow.tensorflow.mlflow.log_metric("eval_acc", eval_acc)
         18      mlflow.tensorflow.mlflow.log_metric("auc_score", auc_score)
         19
         20  mlflow.end_run()
```

```
INFO: 'TF_Keras_MNIST' does not exist. Creating a new experiment
Epoch 1/10
   1/235 [..............................] - ETA: 0s - loss: 9.2293 - accuracy: 0.0859WARNING:tensorflow:From
C:\Users\Shumpu\Anaconda2\envs\p36\lib\site-packages\tensorflow\python\ops\summary_ops_v2.py:1277: stop (from
tensorflow.python.eager.profiler) is deprecated and will be removed after 2020-07-01.
Instructions for updating:
use `tf.profiler.experimental.stop` instead.
   2/235 [..............................] - ETA: 34s - loss: 8.2826 - accuracy: 0.0996WARNING:tensorflow:Callba
cks method `on_train_batch_begin` is slow compared to the batch time (batch time: 0.0050s vs `on_train_batch_b
egin` time: 0.0430s). Check your callbacks.
WARNING:tensorflow:Callbacks method `on_train_batch_end` is slow compared to the batch time (batch time: 0.005
0s vs `on_train_batch_end` time: 0.2410s). Check your callbacks.
235/235 [==============================] - 2s 8ms/step - loss: 1.1566 - accuracy: 0.6513
Epoch 2/10
235/235 [==============================] - 1s 6ms/step - loss: 0.2496 - accuracy: 0.9252
Epoch 3/10
235/235 [==============================] - 1s 6ms/step - loss: 0.1542 - accuracy: 0.9544
Epoch 4/10
235/235 [==============================] - 1s 6ms/step - loss: 0.1139 - accuracy: 0.9664
Epoch 5/10
235/235 [==============================] - 1s 6ms/step - loss: 0.0903 - accuracy: 0.9730
Epoch 6/10
235/235 [==============================] - 1s 6ms/step - loss: 0.0756 - accuracy: 0.9771
Epoch 7/10
235/235 [==============================] - 1s 6ms/step - loss: 0.0649 - accuracy: 0.9803
Epoch 8/10
235/235 [==============================] - 1s 6ms/step - loss: 0.0575 - accuracy: 0.9826
Epoch 9/10
235/235 [==============================] - 1s 6ms/step - loss: 0.0504 - accuracy: 0.9839
Epoch 10/10
235/235 [==============================] - 1s 6ms/step - loss: 0.0444 - accuracy: 0.9860
313/313 [==============================] - 1s 4ms/step - loss: 0.0789 - accuracy: 0.9767
eval_acc:  0.9767000079154968
auc_score:  0.986283036190461
```

그림 4-55 MLFlow 실행 및 학습 프로세스의 출력. 계산한 지표가 업데이트됐는지도 확인할 수 있다.

또 다른 새로운 코드 라인은 다음과 같다.

```
mlflow.keras.autolog()
```

이는 기본적으로 MLFlow에 특정 TensorFlow/Keras 모델과 관련된 모든 파라미터
와 지표를 기록하도록 지시한다. 잠시 후 MLFlow는 학습을 마치면 하이퍼파라미터,
compile() 함수에 나열된 모델 지표 심지어 학습이 끝난 모델 자체도 기록한다.

MLFlow UI - 실행 체크

이제 MLFlow UI를 열고 MLFlow에서 실행 상태를 확인해본다.

터미널 또는 명령 프롬프트가 **mlrun**이 저장되는 디렉터리에 있는지 확인한다. 일반적으로 MLFlow는 이러한 모든 실행을 주피터 노트북의 동일한 디렉터리에 저장한다.

UI를 열었으니 그림 4-56과 같은 화면이 보일 것이다.

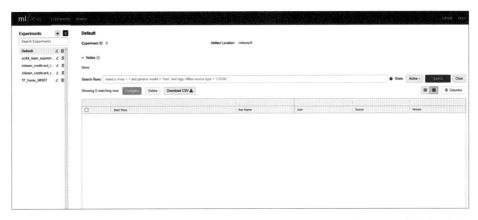

그림 4-56 TensorFlow 실험을 실행한 후 MLFlow UI. TF_Keras_MNIST라는 새로운 실험이 있음을 인지한다.

방금 기록한 실험 결과를 보려면 TF_Keras_MNIST 탭을 클릭한다. 그림 4-57과 같은 것을 볼 수 있다.

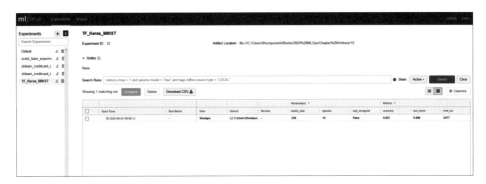

그림 4-57 TF_Keras_MNIST라는 제목의 실험 오픈. 실행이 성공적으로 기록됐음을 알 수 있다.

방금 실행이 성공적으로 기록됐다. 그런 다음 이 아이콘을 클릭해 MLFlow가 기록한 모든 파라미터, 지표 및 아티팩트를 탐색한다.

그림 4-58과 같은 것을 볼 수 있다.

그림 4-58 실험에 기록된 특정 실행을 살펴본다.

보다시피 지정한 파라미터와 지표까지 모두 기록됐다. 또한 실행 기간과 상태가 표시되므로 모델을 학습하는 데 걸린 시간과 완료 여부를 알 수 있다.

MLFlow는 모델을 생성할 때 사용한 모든 하이퍼파라미터를 저장했다. 이 기능은 여러 하이퍼파라미터를 한 번에 튜닝하려는 검증 집합에서 하이퍼파라미터를 튜닝할 때 매우 유용할 수 있다. 예를 들어 batch_size, epochs 또는 opt_learning_rate, opt_beta_1 또는 opt_beta_2와 같은 Adam 옵티마이저와 관련된 항목을 조정할 수 있다.

그림 4-58에서 볼 수 있듯이 MLFlow는 학습 과정 동안 계산된 정확도와 손실을 위한 모델 지표를 저장했다. 또한 MLFlow는 사용자가 정의한 지표도 저장한다.

아래로 스크롤해 아티팩트로 이동하고 모델을 클릭한 다음 데이터를 클릭한다. 그림 4-59와 같은 것을 볼 수 있다.

그림 4-59 아티팩트를 자세히 검사한 결과 MLFlow가 모델 자체도 기록한 것으로 보인다.

학습 과정이 끝난 후 MLFlow가 모델을 저장했다는 것을 알 수 있다. 이 모델을 적재하는 방법에 대해 간략하게 살펴본다. 이 작업을 수행하기 전에 맨 위로 이동해 실행 ID를 복사한다.

▶▶ MLFlow 모델 적재

실행 ID를 복사한 상태에서 노트북으로 이동해 새 셀을 만든다. 다음 코드를 실행하되 실행 ID를 변경한다.

```
loaded_model =
mlflow.keras.load_model("runs:/YOUR_RUN_ID/model")
```

코드는 그림 4-60과 비슷하다. 우리의 실행 ID는 ba423a8f28d24b67b8f703ca6b43fc2 이므로 YOUR_RUN_ID를 대체했다.

```
In [16]:    1 loaded_model = mlflow.keras.load_model("runs:/ba423a8f28d24b67b8f703ca6be43fc2/model")
```

그림 4-60 특정 실행을 사용해 기록된 모델을 적재한다. 우리가 mlflow.keras를 하는 것을 인지한다. 이는 모델이 기술적으로 Keras 모델이기 때문이다.

mlflow.tensorflow 대신 mlflow.keras를 했다는 것을 알게 될 것이다.

이는 이 모델이 기술적으로 Keras 모델이어서 mlflow.keras의 특정 load_model() 코드를 준수하기 때문이다. 다음 코드를 실행해 이전에 기록한 것과 동일한 평가 지표를 신속하게 계산한다.

```
eval_loss, eval_acc = loaded_model.evaluate(x_test, y_test)
preds = loaded_model.predict(x_test)
preds = np.round(preds)
eval_auc = roc_auc_score(y_test, preds)
print("Eval Loss:", eval_loss)
print("Eval Acc:", eval_acc)
print("Eval AUC:", eval_auc)
```

따라서 모델이 동일할 뿐만 아니라 모델을 사용해 예측을 수행할 수 있음을 보여준다. 그림 4-61을 참조해 출력을 확인한다.

```
In [21]:    1  eval_loss, eval_acc = loaded_model.evaluate(x_test, y_test)
            2
            3  preds = loaded_model.predict(x_test)
            4  preds = np.round(preds)
            5
            6  eval_auc = roc_auc_score(y_test, preds)
            7
            8  print("Eval Loss:", eval_loss)
            9  print("Eval Acc:", eval_acc)
           10  print("Eval AUC:", eval_auc)

           313/313 [==============================] - 1s 4ms/step - loss: 0.0789 - accuracy: 0.9767
           Eval Loss: 0.07890588045120239
           Eval Acc: 0.9767000079154968
           Eval AUC: 0.986283036190461
```

그림 4-61 테스트 세트에서 모델을 평가했을 때 코드 블록의 출력은 손실, 정확도 및 AUC 점수를 출력한다. 이 세 값은 이전 실행의 출력에 해당하는 값과 일치한다.

이 출력은 이전 실행 출력의 값과 일치한다. 또한 이 모델은 기능적이며 예측할 수 있다.

이제 TensorFlow 2.0+ 실험에 MLFlow를 통합하는 방법을 알게 됐다. 다시 MLFlow는 TensorFlow 1.12+를 지원하며, TensorFlow 1.12+에는 Keras 하위 모듈도 포함돼 있다. 즉, TensorFlow 1.12+가 있는 한 tf.keras 모듈 코드를 기록하기 위해 동일한 규칙을 따를 수 있다.

실제로 모델을 빌드 및 컴파일하는 기능, 모델을 학습하는 기능, 모델을 평가하고 검증하는 기능 등이 있을 수 있다. 블록에 있는 모든 항목을 `mlflow.start_run()`으로 호출해 MLFlow가 동일한 실행 내에서 이 모든 작업이 수행됨을 알 수 있도록 한다.

다음으로 MLFlow를 PyTorch와 통합하는 방법을 살펴본다.

▶▶ PyTorch를 사용한 MLFlow

MLFlow는 또한 PyTorch와의 통합을 제공한다. 프로세스는 Keras나 TensorFlow 만큼 쉽지는 않지만 기존 PyTorch 코드에 MLFlow를 통합하는 것은 매우 간단하다. 이를 위한 방법을 알아보기 위해 MNIST 데이터 세트에 적용된 간단한 컨볼루션 신경망을 다시 한 번 살펴볼 것이다.

시작하기 전에 CUDA 및 CuDNN을 포함해 사용 중인 모듈의 버전은 다음과 같다.

- Torch - 1.6.0

- Torchvision - 0.7.0

- CUDA - 10.1

- CuDNN - v7.6.5.32 for CUDA 10.1

- Sklearn - 0.22.2.post1

- MLFlow - 1.10.0

- numpy - 1.18.5

▶▶ 데이터 처리

시작해보자. 다음은 필요한 모듈을 import하고, 버전을 출력하고, PyTorch에서 사용할 장치를 설정하는 코드다.

```
import torch
import torch.nn as nn
from torch.utils import data
import torchvision
import torchvision.datasets
import sklearn
from sklearn.metrics import roc_auc_score, accuracy_score
import numpy as np
import mlflow
import mlflow.pytorch

device = torch.device("cuda:0" if torch.cuda.is_available() else "cpu")
print("PyTorch: {}".format(torch.__version__))
print("torchvision: {}".format(torchvision.__version__))
print("sklearn: {}".format(sklearn.__version__))
print("MLFlow: {}".format(mlflow.__version__))
print("Numpy: {}".format(np.__version__))
print("Device: ", device)
```

출력을 보기 위해 그림 4-62를 참조한다.

```
In [1]:  1  import torch
         2  import torch.nn as nn
         3  from torch.utils import data
         4
         5  import torchvision
         6  import torchvision.datasets
         7
         8  import sklearn
         9  from sklearn.metrics import roc_auc_score, accuracy_score
        10
        11  import numpy as np
        12
        13  import mlflow
        14  import mlflow.pytorch
        15
        16  device = torch.device("cuda:0" if torch.cuda.is_available() else "cpu")
        17
        18  print("PyTorch: {}".format(torch.__version__))
        19  print("torchvision: {}".format(torchvision.__version__))
        20  print("sklearn: {}".format(sklearn.__version__))
        21  print("MLFlow: {}".format(mlflow.__version__))
        22  print("Numpy: {}".format(np.__version__))
        23
        24  print("Device: ", device)

PyTorch: 1.6.0
torchvision: 0.7.0
sklearn: 0.22.2.post1
MLFlow: 1.10.0
Numpy: 1.18.5
Device:  cuda:0
```

그림 4-62 필요한 모듈 import 및 모듈 버전 출력

```
device = torch.device("cuda:0" if torch.cuda.is_available() else "cpu")
```

위 코드라인은 어떤 장치에서 코드를 실행할지 PyTorch에게 알려준다. CUDA가 연결할 수 있는 GPU가 있으면 대신 이 GPU를 사용한다. 그렇지 않으면 CPU에서 모든 것을 실행한다. 이 경우 GPU로 CUDA를 설정했으므로, Torch는 그림 4-62와 같이 "cuda:0"를 표시한다.

그런 다음 몇 가지 기본 하이퍼파라미터를 정의한다.

```
batch_size = 256
num_classes = 10
learning_rate = 0.001
```

그림 4-63을 참조해 셀을 확인한다.

```
In [2]:    1  batch_size = 256
           2  num_classes = 10
           3  learning_rate = 0.001
```

그림 4-63 모델 학습과 관련된 하이퍼파라미터 설정

그런 다음 MNIST 데이터 세트를 적재한다. Keras 및 TensorFlow와 마찬가지로 PyTorch도 예제 데이터 세트를 제공한다. 이 경우 MNIST를 적재한다.

```
train_set = torchvision.datasets.MNIST(root='./data',
train=True, download=True, transform=None)
test_set = torchvision.datasets.MNIST(root='./data',
train=False, download=True, transform=None)
```

셀에서 이 코드를 보려면 그림 4-64를 참조한다.

```
In [3]:    1  train_set = torchvision.datasets.MNIST(root='./data', train=True, download=True, transform=None)
           2  test_set = torchvision.datasets.MNIST(root='./data', train=False, download=True, transform=None)
```

그림 4-64 PyTorch에서 데이터를 적재해 학습 및 테스트 세트 정의

x_train, y_train, x_test와 y_test 데이터셋을 정의할 것이다.

```
x_train, y_train = train_set.data, train_set.targets
x_test, y_test = test_set.data, test_set.targets
```

그림 4-65를 참조한다.

```
In [65]:    1  x_train, y_train = train_set.data, train_set.targets
            2  x_test, y_test = test_set.data, test_set.targets
```

그림 4-65 학습 및 테스트 데이터 세트로부터 x_train, y_train, x_test, and y_test 데이터 세트를 생성

PyTorch에서는 먼저 데이터가 채널이 되도록 할 수 있다.

즉, 데이터 형식은 (m, c, h, w)여야 한다. 여기서 m은 샘플 수를 나타내고, c는 채널 수를 나타내며, h는 샘플의 높이를 나타내며, w는 샘플의 폭을 나타낸다.

이 형식은 기본적으로 Keras와 TensorFlow가 수행하는 "opposite" 형식이며 채널 마지막 형식이다. Keras 및 TensorFlow에서는 채널을 먼저 수행할 수도 있지만, 이렇게 하도록 지정해야 한다.

x-set을 다시 만들어본다.

```
x_train, y_train = train_set.data, train_set.targets
x_test, y_test = test_set.data, test_set.targets
```

셀의 이 코드를 보려면 그림 4-66을 참조한다.

```
In [5]:    1  x_train = x_train.reshape(x_train.shape[0], 1, x_train.shape[1], x_train.shape[2])
           2  x_test = x_test.reshape(x_test.shape[0], 1, x_test.shape[1], x_test.shape[2])
           3
```

그림 4-66 데이터가 채널 우선 형식으로 인코딩되도록 x-세트 재구성

모든 도형을 출력하기 전에 y-세트가 원-핫 인코딩 형식이 아니라는 점에 유의한다. 다음을 실행한다.

```
y_train[0]
```

그림 4-67을 참조한다.

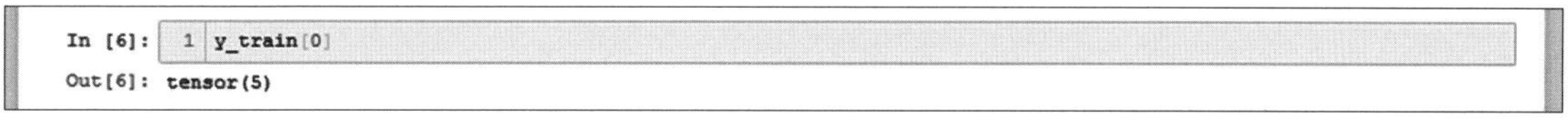

```
In [6]:    1  y_train[0]
Out[6]: tensor(5)
```

그림 4-67 y_train 세트의 첫 번째 샘플 출력. 숫자는 원-핫 인코딩 형식이 아니다.

그러면 벡터가 아니라 숫자가 출력된다. y-세트를 원-핫 인코딩된 단일 형식으로 변환해야 한다. 그러나 keras.utils.to_categorical() 와 같은 편리한 기능은 호출만 할 수 없으므로, 다음 중 하나를 정의한다.

```python
def to_one_hot(num_classes, labels):
    one_hot = torch.zeros(([labels.shape[0], num_classes]))
    for f in range(len(labels)):
        one_hot[f][labels[f]] = 1
    return one_hot
```

그렇긴 하지만, 당신은 언제든지 keras.utils.to_categorical()을 호출할 수 있다. 결과 출력을 PyTorch tensor로 타입 변환한다.

셀에서 이것을 보려면 그림 4-68을 참조한다.

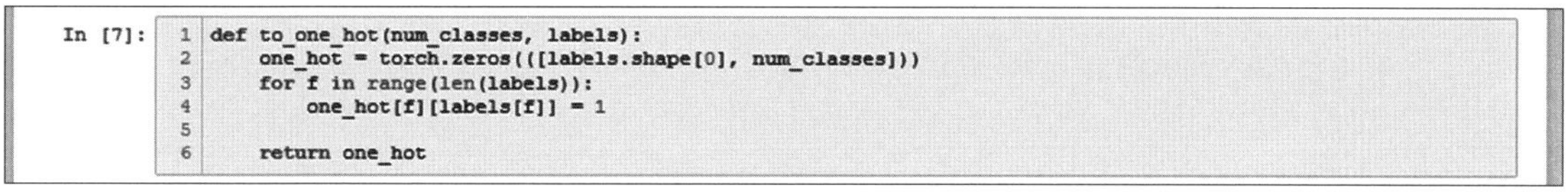

```
In [7]:    1  def to_one_hot(num_classes, labels):
           2      one_hot = torch.zeros(([labels.shape[0], num_classes]))
           3      for f in range(len(labels)):
           4          one_hot[f][labels[f]] = 1
           5
           6      return one_hot
```

그림 4-68 클래스 수에 따라 "abels"이라는 입력을 원-핫 인코딩된 형식으로 변환해 반환하는 사용자 지정 함수

이제 y-세트를 원-핫 인코딩 형식으로 변환한다.

```python
y_train = to_one_hot(num_classes, y_train)
y_test = to_one_hot(num_classes, y_test)
```

셀에서 이 코드를 보려면 그림 4-69를 참조한다.

```
In [8]:  1  y_train = to_one_hot(num_classes, y_train)
         2  y_test = to_one_hot(num_classes, y_test)
```

그림 4-69 사용자 지정 기능을 사용해 y-세트를 원-핫 인코딩된 형식으로 변환

이제 y_train이 어떤 모습인지 확인해본다.

```
y_train[0]
```

그림 4-70을 참조한다.

```
In [70]:  1  y_train[0]
Out[70]: tensor([0., 0., 0., 0., 0., 1., 0., 0., 0., 0.])
```

그림 4-70 y_train의 첫 번째 샘플 출력을 확인하면 tensor가 원-핫 인코딩 형식으로 변환됐음을 알 수 있다.

지금은 원-핫 인코딩된 형식이다. 이제 데이터 세트의 모양을 확인할 수 있다.

```
print("Shapes")
print("x_train: {}\ny_train: {}".format(x_train.shape,
y_train.shape))
print("x_test: {}\ny_test: {}".format(x_test.shape,
y_test.shape))
```

그림 4-71과 같은 것을 볼 수 있다.

```
In [71]:  1  print("Shapes")
          2  print("x_train: {}\ny_train: {}".format(x_train.shape, y_train.shape))
          3  print("x_test: {}\ny_test: {}".format(x_test.shape, y_test.shape))
          4

Shapes
x_train: torch.Size([60000, 1, 28, 28])
y_train: torch.Size([60000, 10])
x_test: torch.Size([10000, 1, 28, 28])
y_test: torch.Size([10000, 10])
```

그림 4-71 학습 및 테스트 세트의 모양을 출력한다. 지금은 x-세트는 채널 우선 형식이며 y-세트는 원-핫 인코딩 형식이다.

▶▶ MLFlow 실행 - 학습 및 평가

이제 모델을 정의한다. 학습 중에 GPU를 훨씬 더 쉽게 사용할 수 있기 때문에 PyTorch에서 널리 사용되는 규칙은 모델을 클래스로 정의하는 것이다. 모든 계층을 GPU에 전달하는 대신 모델 개체를 직접 전송할 수 있다.

모델을 정의하려면 다음 코드를 실행한다.

```python
class model(nn.Module):
    def __init__(self):
        super(model, self).__init__()
        # IN 1x28x28 OUT 16x14x14
        self.conv1 = nn.Conv2d(in_channels=1, out_channels=16,
        kernel_size=3, stride=2, padding=1, dilation=1)
        # IN 16x14x14 OUT 32x6x6
        self.conv2 = nn.Conv2d(in_channels=16, out_channels=32,
        kernel_size=3, stride=2, padding=0, dilation=1)
        # IN 32x6x6 OUT 64x2x2
        self.conv3 = nn.Conv2d(in_channels=32, out_channels=64,
        kernel_size=3, stride=2, padding=0, dilation=1)
        # IN 64x2x2 OUT 256
        self.flat1 = nn.Flatten()
        self.dense1 = nn.Linear(in_features=256, out_features=128)
        self.dense2 = nn.Linear(in_features=128, out_features=64)
        self.dense3 = nn.Linear(in_features=64, out_features=10)
    def forward(self, x):
        x = self.conv1(x)
        x = nn.ReLU()(x)
        x = self.conv2(x)
        x = nn.ReLU()(x)
        x = self.conv3(x)
        x = nn.ReLU()(x)
        x = self.flat1(x)
        x = self.dense1(x)
        x = nn.ReLU()(x)
        x = self.dense2(x)
        x = nn.ReLU()(x)
        x = self.dense3(x)
        x = nn.Softmax()(x)
        return x
```

그림 4-72 를 참조한다.

```
In [12]:   1  class model(nn.Module):
           2      def __init__(self):
           3          super(model, self).__init__()
           4
           5          # IN 1x28x28 OUT 16x14x14
           6          self.conv1 = nn.Conv2d(in_channels=1, out_channels=16, kernel_size=3, stride=2, padding=1, dilation=1
           7          # IN 16x14x14 OUT 32x6x6
           8          self.conv2 = nn.Conv2d(in_channels=16, out_channels=32, kernel_size=3, stride=2, padding=0, dilation=
           9          # IN 32x6x6 OUT 64x2x2
          10          self.conv3 = nn.Conv2d(in_channels=32, out_channels=64, kernel_size=3, stride=2, padding=0, dilation=
          11          # IN 64x2x2 OUT 256
          12          self.flat1 = nn.Flatten()
          13          self.dense1 = nn.Linear(in_features=256, out_features=128)
          14          self.dense2 = nn.Linear(in_features=128, out_features=64)
          15          self.dense3 = nn.Linear(in_features=64, out_features=10)
          16
          17      def forward(self, x):
          18          x = self.conv1(x)
          19          x = nn.ReLU()(x)
          20          x = self.conv2(x)
          21          x = nn.ReLU()(x)
          22          x = self.conv3(x)
          23          x = nn.ReLU()(x)
          24          x = self.flat1(x)
          25          x = self.dense1(x)
          26          x = nn.ReLU()(x)
          27          x = self.dense2(x)
          28          x = nn.ReLU()(x)
          29          x = self.dense3(x)
          30          x = nn.Softmax()(x)
          31          return x
          32
```

그림 4-72 모델의 아키텍처를 클래스로 정의

다음으로, 모델을 장치로 보내고 앞에서 설정한 학습 속도로 Adam optimizer의 인스턴스를 정의 및 초기화하고 손실함수를 설정한다.

```
model = model().to(device)
optimizer = torch.optim.Adam(model.parameters(),
lr=learning_rate)
criterion = nn.BCELoss()
```

그림 4-73을 참조한다.

```
In [13]:   1  model = model().to(device)
           2  optimizer = torch.optim.Adam(model.parameters(), lr=learning_rate)
           3  criterion = nn.BCELoss()
```

그림 4-73 모델 개체를 장치로 전송, 옵티마이저를 정의하고 손실함수(loss function) 초기화

그런 다음 데이터 세트를 배치 처리하기 위해 PyTorch에서 제공하는 기능을 사용해 데이터 적재기를 정의한다.

```
dataset = data.TensorDataset(x_train,y_train)
train_loader = data.DataLoader(dataset, batch_size=batch_size)
```

그림 4-74를 참조한다.

```
In [14]:    1  dataset = data.TensorDataset(x_train,y_train)
            2  train_loader = data.DataLoader(dataset, batch_size=batch_size)
```

그림 4-74 데이터 세트에서 데이터 적재 개체 생성. 이 기능을 사용하면 PyTorch에서 데이터 세트를 배치해 학습 루프에서 한 번에 미니배치를 통과시킬 수 있다. 이것이 본질적으로 TensorFlow 2/Keras.fit() 함수가 하는 것이지만, 모두 추상화된다.

데이터를 직접 배치하고 전달하기 위해 복잡한 루프를 만드는 것보다 훨씬 간단하다.

마침내 다음과 같이 학습 루프를 정의한다.

```
num_epochs = 5
for f in range(num_epochs):
    for batch_num, minibatch in enumerate(train_loader):
        minibatch_x, minibatch_y = minibatch[0], minibatch[1]
        output = model.forward(torch.Tensor
        (minibatch_x.float()).cuda())
        loss = criterion(output, torch.Tensor
        (minibatch_y.float()).cuda())
        optimizer.zero_grad()
        loss.backward()
        optimizer.step()
        print(f"Epoch {f} Batch_Num {batch_num} Loss {loss}")
```

이 작업은 GPU에 따라 몇 분 이상 걸릴 수 있으며, CPU를 사용하는 경우에는 훨씬 더 오래 걸릴 수 있다. 총 학습 시간을 줄이기 위해 에포크^{epoch} 수를 다양하게 조절한다.

그림 4-75와 같은 출력이 표시된다.

```
In [15]:  1  num_epochs = 5
          2  for f in range(num_epochs):
          3      for batch_num, minibatch in enumerate(train_loader):
          4          minibatch_x, minibatch_y = minibatch[0], minibatch[1]
          5
          6          output = model.forward(torch.Tensor(minibatch_x.float()).cuda())
          7          loss = criterion(output, torch.Tensor(minibatch_y.float()).cuda())
          8
          9          optimizer.zero_grad()
         10          loss.backward()
         11          optimizer.step()
         12
         13          print(f"Epoch {f} Batch_Num {batch_num} Loss {loss}")
         14
```

```
C:\Users\Shumpu\Anaconda2\envs\p36\lib\site-packages\ipykernel_launcher.py:30: UserWarning: Implicit dimensi
on choice for softmax has been deprecated. Change the call to include dim=X as an argument.
Epoch 0 Batch_Num 0 Loss 0.3498508632183075
Epoch 0 Batch_Num 1 Loss 0.31203240156173706
Epoch 0 Batch_Num 2 Loss 0.29286548495292664
Epoch 0 Batch_Num 3 Loss 0.27238163352012634
Epoch 0 Batch_Num 4 Loss 0.2558632493019104
Epoch 0 Batch_Num 5 Loss 0.2219994068145752
Epoch 0 Batch_Num 6 Loss 0.18256120383739471
Epoch 0 Batch_Num 7 Loss 0.16779246926307678
Epoch 0 Batch_Num 8 Loss 0.13274620473384857
Epoch 0 Batch_Num 9 Loss 0.12093491852283478
Epoch 0 Batch_Num 10 Loss 0.14325319230556488
Epoch 0 Batch_Num 11 Loss 0.11599089950323105
Epoch 0 Batch_Num 12 Loss 0.10768351703882217
Epoch 0 Batch_Num 13 Loss 0.11333362013101578
Epoch 0 Batch_Num 14 Loss 0.09171700477600098
Epoch 0 Batch_Num 15 Loss 0.08479410409927368
Epoch 0 Batch Num 16 Loss 0.10116841644048691
```

그림 4-75 학습 루프의 출력. 학습 시간을 절약할 수 있는 에포크 수의 감소는 얼마든지 가능하지만, 이로 인해 모델 성능이 저하될 수 있다.

이제 MLFlow 실행을 시작해 원하는 지표를 계산하고 모든 것을 로깅한다.

```python
mlflow.set_experiment("PyTorch_MNIST")
with mlflow.start_run():
    preds = model.forward(torch.Tensor(x_test.float()).cuda())
    preds = np.round(preds.detach().cpu().numpy())
    eval_acc = accuracy_score(y_test, preds)
    auc_score = roc_auc_score(y_test, preds)
    mlflow.log_param("batch_size", batch_size)
    mlflow.log_param("num_epochs", num_epochs)
    mlflow.log_param("learning_rate", learning_rate)
    mlflow.log_metric("eval_acc", eval_acc)
    mlflow.log_metric("auc_score", auc_score)
    print("eval_acc: ", eval_acc)
    print("auc_score: ", auc_score)
    mlflow.pytorch.log_model(model, "PyTorch_MNIST")
mlflow.end_run()
```

MLFlow 통합은 PyTorch에서 여전히 매우 쉽다.

그림 4-76을 참조해 출력을 확인한다.

```
In [16]:  1  mlflow.set_experiment("PyTorch_MNIST")
          2
          3  with mlflow.start_run():
          4
          5      preds = model.forward(torch.Tensor(x_test.float()).cuda())
          6      preds = np.round(preds.detach().cpu().numpy())
          7
          8      eval_acc = accuracy_score(y_test, preds)
          9      auc_score = roc_auc_score(y_test, preds)
         10
         11      mlflow.log_param("batch_size", batch_size)
         12      mlflow.log_param("num_epochs", num_epochs)
         13      mlflow.log_param("learning_rate", learning_rate)
         14
         15      mlflow.log_metric("eval_acc", eval_acc)
         16      mlflow.log_metric("auc_score", auc_score)
         17
         18      print("eval_acc: ", eval_acc)
         19      print("auc_score: ", auc_score)
         20
         21      mlflow.pytorch.log_model(model, "PyTorch_MNIST")
         22  mlflow.end_run()

INFO: 'PyTorch_MNIST' does not exist. Creating a new experiment
C:\Users\Shumpu\Anaconda2\envs\p36\lib\site-packages\ipykernel_launcher.py:30: UserWarning: Implicit dimension
choice for softmax has been deprecated. Change the call to include dim=X as an argument.

eval_acc:  0.9797
auc_score:  0.9888141186225917
```

그림 4-76 실험 설정, MLFlow 실행에서 파라미터, 지표 및 모델 로깅

▷▷ MLFlow UI - 실행 체크

UI를 오픈한다. 그림 4-77을 참조한다.

그림 4-77 MLFlow UI를 살펴본다. PyTorch_MNIST가 생성된 것을 인지한다.

PyTorch_MNIST라는 새로운 실험이 있다. 그것을 클릭한다. 방금 완료한 실행이 표시된다. 그림 4-78을 참조한다.

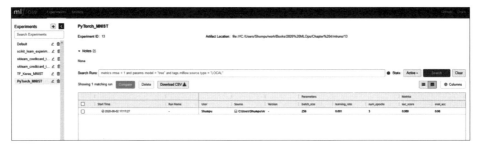

그림 4-78 완료된 실행을 보여주는 MLFlow UI

이제 실행이 표시됐으므로 클릭한다. 해당 실행에 기록된 파라미터 및 지표를 볼 수 있다. 그림 4-79를 참조한다.

그림 4-79 특정의 모든 파라미터, 지표 및 아티팩트(모델)가 로깅됐다.

MLFlow에 의해 아티팩트 아래에 저장된 모델도 살펴본다.

그림 4-80을 참조한다.

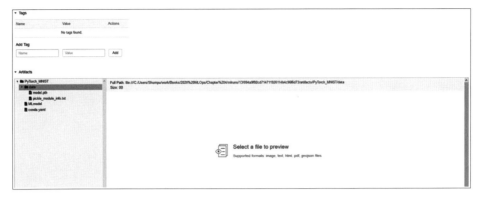

그림 4-80 MLFlow의 모델도 성공적으로 로깅됐다.

▶▶ MLFlow 모델 적재

이제 MLFlow를 사용해 이 모델을 적재하는 방법을 살펴본다. run ID를 복사하고 노트북으로 돌아간다. 다음을 실행하되, `YOUR_RUN_ID` 자리를 실제 run ID로 바꾼다.

```
loaded_model = mlflow.pytorch.load_model("runs:/YOUR_RUN_ID/
PyTorch_MNIST")
```

run ID는 `094a9f92cd714711926b4c96f6d73`이므로 코드는 그림 4-81과 같다.

```
In [17]:  1  loaded_model = mlflow.pytorch.load_model("runs:/094a9f92cd714711926114b4c96f6d73/PyTorch_MNIST")
          2
```

그림 4-81 로깅된 MLFlow 모델 적재

이제 작업이 완료됐으므로 예측하고 지표를 다시 계산해본다.

```
preds = loaded_model.forward(torch.Tensor(x_test.float()).cuda())
preds = np.round(preds.detach().cpu().numpy())
eval_acc = accuracy_score(y_test, preds)
auc_score = roc_auc_score(y_test, preds)
```

```
print("eval_acc: ", eval_acc)
print("auc_score: ", auc_score)
```

그림 4-82를 참조해 출력을 확인한다.

```
In [18]:   1  preds = loaded_model.forward(torch.Tensor(x_test.float()).cuda())
           2  preds = np.round(preds.detach().cpu().numpy())
           3  eval_acc = accuracy_score(y_test, preds)
           4  auc_score = roc_auc_score(y_test, preds)
           5
           6  print("eval_acc: ", eval_acc)
           7  print("auc_score: ", auc_score)

        eval_acc:   0.9797
        auc_score:  0.9888141186225917

        C:\Users\Shumpu\Anaconda2\envs\p36\lib\site-packages\ipykernel_launcher.py:30: UserWarning: Implicit dimension
        choice for softmax has been deprecated. Change the call to include dim=X as an argument.
```

그림 4-82 기록된 모델을 사용해 이전 평가 지표를 계산하는 출력이다. 점수는 정확히 일치한다.

이러한 지표는 학습 실행의 지표와 동일하다.

이제 MLFlow를 사용해 PyTorch 모델을 적재하는 방법과 예측에 사용하는 방법을 배운다.

이제 MLFlow를 PyTorch 실험에 통합하는 방법을 알게 된다. 다음으로 MLFlow를 PySpark에 통합하는 방법을 살펴본다.

▶▷ PySpark를 사용하는 MLFlow

마지막 예에서는 MLFlow가 PySpark와 어떻게 통합되는지 살펴본다.

scikit-learn 예제에서처럼 신용카드 데이터 세트에 대한 로지스틱 회귀 모델의 적용을 살펴볼 것이다. 실제로 이 코드는 2장의 PySpark 예시와 매우 유사하다.

시작하기 전에 CUDA 및 CuDNN을 포함해 사용 중인 모듈의 버전은 다음과 같다.

- PySpark - 2.4.5

- Matplotlib - 3.2.1

- Sklearn - 0.22.2.post1

186

- MLFlow - 1.10.0

- numpy - 1.18.5

▶️ 데이터 처리

이제 시작해보자. 먼저 필요한 모든 모듈을 가져오고 스파크에 대한 몇 가지 변수를
설정해야 한다.

```python
import pyspark #
from pyspark.sql import SparkSession
from pyspark import SparkConf, SparkContext
from pyspark.sql.types import *
from pyspark.ml.feature import VectorAssembler
from pyspark.ml import Pipeline
from pyspark.ml.classification import LogisticRegression
import pyspark.sql.functions as F
import os
import seaborn as sns
import sklearn #
from sklearn.metrics import confusion_matrix
from sklearn.metrics import roc_auc_score, accuracy_score
import matplotlib #
import matplotlib.pyplot as plt
import mlflow
import mlflow.spark
os.environ["SPARK_LOCAL_IP"]='127.0.0.1'
spark = SparkSession.builder.master("local[*]").getOrCreate()
spark.sparkContext._conf.getAll()
print("pyspark: {}".format(pyspark.__version__))
print("matplotlib: {}".format(matplotlib.__version__))
print("seaborn: {}".format(sns.__version__))
print("sklearn: {}".format(sklearn.__version__))
print("mlflow: {}".format(mlflow.__version__))
```

그림 4-83을 참조한다.

```
In [1]:   1  import pyspark #
          2  from pyspark.sql import SparkSession
          3  from pyspark import SparkConf, SparkContext
          4  from pyspark.sql.types import *
          5  from pyspark.ml.feature import VectorAssembler
          6  from pyspark.ml import Pipeline
          7  from pyspark.ml.classification import LogisticRegression
          8  import pyspark.sql.functions as F
          9  import os
         10  import seaborn as sns
         11  import sklearn #
         12  from sklearn.metrics import confusion_matrix
         13  from sklearn.metrics import roc_auc_score, accuracy_score
         14
         15  import matplotlib #
         16  import matplotlib.pyplot as plt
         17
         18  import mlflow
         19  import mlflow.spark
         20
         21  os.environ["SPARK_LOCAL_IP"]='127.0.0.1'
         22  spark = SparkSession.builder.master("local[*]").getOrCreate()
         23  spark.sparkContext._conf.getAll()
         24
         25  print("pyspark: {}".format(pyspark.__version__))
         26  print("matplotlib: {}".format(matplotlib.__version__))
         27  print("seaborn: {}".format(sns.__version__))
         28  print("sklearn: {}".format(sklearn.__version__))
         29  print("mlflow: {}".format(mlflow.__version__))

         pyspark: 2.4.5
         matplotlib: 3.2.1
         seaborn: 0.10.1
         sklearn: 0.22.2.post1
         mlflow: 1.10.0
```

그림 4-83 필요한 모듈 import 및 버전 출력

다음으로 데이터 세트를 적재하고 어떤 칼럼을 사용할지 지정한다.

```
data_path = 'data/creditcard.csv'
df = spark.read.csv(data_path, header = True,
inferSchema = True)
labelColumn = "Class"
columns = df.columns
numericCols = columns
numericCols.remove("Time")
numericCols.remove(labelColumn)
print(numericCols)
```

그림 4-84를 참조해 출력을 확인한다.

```
In [2]:   1  data_path = 'data/creditcard.csv'
          2
          3  df = spark.read.csv(data_path, header = True, inferSchema = True)
          4  labelColumn = "Class"
          5  columns = df.columns
          6  numericCols = columns
          7  numericCols.remove("Time")
          8  numericCols.remove(labelColumn)
          9  print(numericCols)

         ['V1', 'V2', 'V3', 'V4', 'V5', 'V6', 'V7', 'V8', 'V9', 'V10', 'V11', 'V12', 'V13', 'V14', 'V15', 'V16', 'V17',
         'V18', 'V19', 'V20', 'V21', 'V22', 'V23', 'V24', 'V25', 'V26', 'V27', 'V28', 'Amount']
```

그림 4-84 데이터 적재 및 목록으로 사용할 칼럼 지정

scikit-learn 예제와 같이 `Time` 칼럼을 삭제했다. 이 칼럼은 레이블 칼럼과 실제로 관련이 많지 않은 관련 없는 정보가 많이 추가될 뿐만 아니라 필요한 것보다 학습 과제를 더 어렵게 만들 수도 있다.

데이터프레임의 모양을 살펴본다.

```
df.toPandas().head()
```

그림 4-85를 참조해 출력을 확인한다.

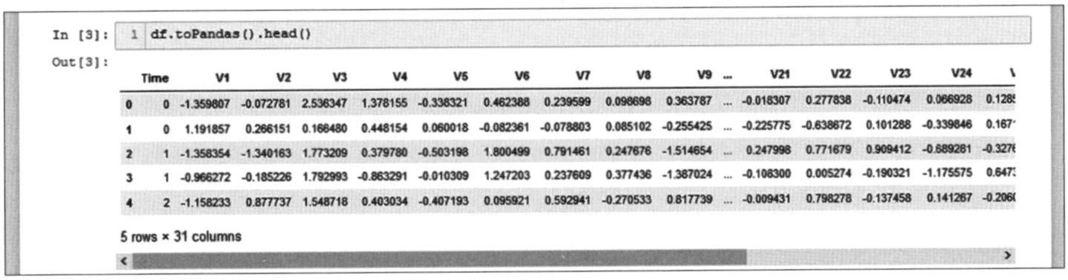
In [3]: 1 df.toPandas().head()

Out[3]:

	Time	V1	V2	V3	V4	V5	V6	V7	V8	V9	...	V21	V22	V23	V24	V
0	0	-1.359807	-0.072781	2.536347	1.378155	-0.338321	0.462388	0.239599	0.098698	0.363787	...	-0.018307	0.277838	-0.110474	0.066928	0.128
1	0	1.191857	0.266151	0.166480	0.448154	0.060018	-0.082361	-0.078803	0.085102	-0.255425	...	-0.225775	-0.638672	0.101288	-0.339846	0.167
2	1	-1.358354	-1.340163	1.773209	0.379780	-0.503198	1.800499	0.791461	0.247676	-1.514654	...	0.247998	0.771679	0.909412	-0.689281	-0.327
3	1	-0.966272	-0.185226	1.792993	-0.863291	-0.010309	1.247203	0.237609	0.377436	-1.387024	...	-0.108300	0.005274	-0.190321	-1.175575	0.647
4	2	-1.158233	0.877737	1.548718	0.403034	-0.407193	0.095921	0.592941	-0.270533	0.817739	...	-0.009431	0.798278	-0.137458	0.141267	-0.206

5 rows × 31 columns

그림 4-85 Spark 데이터프레임을 Pandas로 변환하고 출력을 확인한다. 보다시피 칼럼이 데이터와 함께 올바르게 로드됐다. 데이터프레임을 아직 필터링하지 않았기 때문에 Time 칼럼이 삭제되지 않았다.

Time처럼 "삭제된" 칼럼이 여전히 표시되는 것을 알 수 있을 것이다. 원하는 칼럼을 아직 필터링하지 않았다. 지금 필터링하려고 한다. 다음을 실행해 데이터프레임에서 원하는 피처를 선택하고 정상 및 이상치 분할을 생성한다.

```
stages = []
assemblerInputs = numericCols
assembler = VectorAssembler(inputCols=assemblerInputs, outputCol="features")
stages += [assembler]
dfFeatures = df.select(F.col(labelColumn).alias('label'), *numericCols )
normal = dfFeatures.filter("Class == 0").
sample(withReplacement=False, fraction=0.5, seed=2020)
anomaly = dfFeatures.filter("Class == 1")
normal_train, normal_test = normal.randomSplit([0.8, 0.2], seed = 2020)
anomaly_train, anomaly_test = anomaly.randomSplit([0.8, 0.2], seed = 2020)
```

셀의 코드는 그림 4-86을 참조한다.

```
In [4]:

stages = []
assemblerInputs =  numericCols
assembler = VectorAssembler(inputCols=assemblerInputs, outputCol="features")
stages += [assembler]

dfFeatures = df.select(F.col(labelColumn).alias('label'), *numericCols )

normal = dfFeatures.filter("Class == 0").sample(withReplacement=False, fraction=0.5, seed=2020)
anomaly = dfFeatures.filter("Class == 1")

normal_train, normal_test = normal.randomSplit([0.8, 0.2], seed = 2020)
anomaly_train, anomaly_test = anomaly.randomSplit([0.8, 0.2], seed = 2020)
```

그림 4-86 원하는 칼럼을 선택하고 정상 및 이상치 학습 및 테스트 세트 정의

이제 새로운 데이터프레임을 살펴본다.

```
dfFeatures.toPandas().head()
```

그림 4-87을 참조한다.

```
In [5]: dfFeatures.toPandas().head()
Out[5]:
```

	label	V1	V2	V3	V4	V5	V6	V7	V8	V9	...	V20	V21	V22	V23	V
0	0	-1.359807	-0.072781	2.536347	1.378155	-0.338321	0.462388	0.239599	0.098698	0.363787	...	0.251412	-0.018307	0.277838	-0.110474	0.0669
1	0	1.191857	0.266151	0.166480	0.448154	0.060018	-0.082361	-0.078803	0.085102	-0.255425	...	-0.069083	-0.225775	-0.638672	0.101288	-0.3398
2	0	-1.358354	-1.340163	1.773209	0.379780	-0.503198	1.800499	0.791461	0.247676	-1.514654	...	0.524980	0.247998	0.771679	0.909412	-0.6892
3	0	-0.966272	-0.185226	1.792993	-0.863291	-0.010309	1.247203	0.237609	0.377436	-1.387024	...	-0.208038	-0.108300	0.005274	-0.190321	-1.1755
4	0	-1.158233	0.877737	1.548718	0.403034	-0.407193	0.095921	0.592941	-0.270533	0.817739	...	0.408542	-0.009431	0.798278	-0.137458	0.1412

5 rows × 30 columns

그림 4-87 Time 칼럼이 삭제됐다. 이것은 학습 및 테스트 세트가 파생된 데이터프레임이다.

제외된 칼럼이 사라졌다. 이제 정상 및 이상치는 삭제했던 피처가 없으며 모든 것이 계획대로 진행되고 있다. 이제 학습 및 테스트 세트를 생성한다.

```
train_set = normal_train.union(anomaly_train)
test_set = normal_test.union(anomaly_test)
```

그림 4-88을 참조한다.

```
In [6]:  1  train_set = normal_train.union(anomaly_train)
         2  test_set = normal_test.union(anomaly_test)
```

그림 4-88 정상 및 이상치 세트를 연결해 학습 및 테스트 세트 생성

이제 로지스틱 회귀 분석 모델에서 사용할 피처 벡터 생성으로 진행한다. 다음을 실행해 파이프라인을 정의하고 최종 학습 및 테스트 세트를 생성한다.

```python
pipeline = Pipeline(stages = stages)
pipelineModel = pipeline.fit(dfFeatures)
train_set = pipelineModel.transform(train_set)
test_set = pipelineModel.transform(test_set)
selectedCols = ['label', 'features'] + numericCols
train_set = train_set.select(selectedCols)
test_set = test_set.select(selectedCols)
print("Training Dataset Count: ", train_set.count())
print("Test Dataset Count: ", test_set.count())
```

그림 4-89를 참조한다.

```
In [7]:   1
          2  pipeline = Pipeline(stages = stages)
          3  pipelineModel = pipeline.fit(dfFeatures)
          4  train_set = pipelineModel.transform(train_set)
          5  test_set = pipelineModel.transform(test_set)
          6  selectedCols = ['label', 'features'] + numericCols
          7  train_set = train_set.select(selectedCols)
          8  test_set = test_set.select(selectedCols)
          9
         10  print("Training Dataset Count: ", train_set.count())
         11  print("Test Dataset Count: ", test_set.count())

         Training Dataset Count:  114230
         Test Dataset Count:  28359
```

그림 4-89 모델을 학습하는 데 사용할 피처 벡터를 생성하는 데 사용되는 파이프라인 정의. 피처 벡터와 레이블 벡터에서 최종 학습 및 테스트 세트를 정의한다.

이제 데이터 처리를 마쳤으므로, 모델을 학습하고 몇 가지 관련 지표를 계산하는 기능을 정의한다.

```python
def train(spark_model, train_set):
    trained_model = spark_model.fit(train_set)
    trainingSummary = trained_model.summary
    pyspark_auc_score = trainingSummary.areaUnderROC
    mlflow.log_metric("train_acc", trainingSummary.accuracy)
```

```
        mlflow.log_metric("train_AUC", pyspark_auc_score)
        print("Training Accuracy: ", trainingSummary.accuracy)
        print("Training AUC:", pyspark_auc_score)
        return trained_model
```

셀 내 함수를 보려면 그림 4-90을 참조한다.

```
In [8]:   1  def train(spark_model, train_set):
          2
          3      trained_model = spark_model.fit(train_set)
          4
          5      trainingSummary = trained_model.summary
          6      pyspark_auc_score = trainingSummary.areaUnderROC
          7
          8      mlflow.log_metric("train_acc", trainingSummary.accuracy)
          9      mlflow.log_metric("train_AUC", pyspark_auc_score)
         10
         11      print("Training Accuracy: ", trainingSummary.accuracy)
         12      print("Training AUC:", pyspark_auc_score)
         13
         14      return trained_model
```

그림 4-90 PySpark 로지스틱 회귀 분석 모델을 학습하고 학습 정확도 및 AUC 점수 지표를 기록하는 코드

이제 모델을 평가하고 지표를 계산하는 함수를 정의한다.

```
    def evaluate(spark_model, test_set):
        evaluation_summary = spark_model.evaluate(test_set)
        eval_acc = evaluation_summary.accuracy
        eval_AUC = evaluation_summary.areaUnderROC
        mlflow.log_metric("eval_acc", eval_acc)
        mlflow.log_metric("eval_AUC", eval_AUC)
        print("Evaluation Accuracy: ", eval_acc)
        print("Evaluation AUC: ", eval_AUC)
```

그림 4-91을 참조한다.

```
In [9]:   1  def evaluate(spark_model, test_set):
          2
          3      evaluation_summary = spark_model.evaluate(test_set)
          4
          5      eval_acc = evaluation_summary.accuracy
          6      eval_AUC = evaluation_summary.areaUnderROC
          7
          8      mlflow.log_metric("eval_acc", eval_acc)
          9      mlflow.log_metric("eval_AUC", eval_AUC)
         10
         11      print("Evaluation Accuracy: ", eval_acc)
         12      print("Evaluation AUC: ", eval_AUC)
         13
```

그림 4-91 학습된 PySpark 로지스틱 회귀 분석 모델을 평가하고 평가 정확도와 AUC 점수 지표를 기록하는 코드

▶▶ MLFlow 실행 - 학습, UI 및 MLFlow 모델 적재

이제 학습 및 평가 기능과 기록할 지표의 정의를 마쳤으므로, MLFlow 실행을 시작하고 모델을 빌드해야 한다.

```python
lr = LogisticRegression(featuresCol = 'features', labelCol =
'label', maxIter=10)
mlflow.set_experiment("PySpark_CreditCard")
with mlflow.start_run():
    trainedLR = train(lr, train_set)
    evaluate(trainedLR, test_set)
    mlflow.spark.log_model(trainedLR,
    "creditcard_model_pyspark")
mlflow.end_run()
```

그림 4-92를 참조한다.

```python
In [10]:    1  lr = LogisticRegression(featuresCol = 'features', labelCol = 'label', maxIter=10)
            2
            3  mlflow.set_experiment("PySpark_CreditCard")
            4
            5  with mlflow.start_run():
            6
            7
            8      trainedLR = train(lr, train_set)
            9
           10      evaluate(trainedLR, test_set)
           11
           12      mlflow.spark.log_model(trainedLR, "creditcard_model_pyspark")
           13
           14  mlflow.end_run()

INFO: 'PySpark_CreditCard' does not exist. Creating a new experiment
Training Accuracy:  0.9986080714348244
Training AUC: 0.9778117954354749
Evaluation Accuracy:  0.998624775203639
Evaluation AUC:  0.9788891095270811
```

그림 4-92 MLFlow 실행의 출력이다. 실험이 생성됐고 지표와 모델이 성공적으로 기록됐다.

이제 MLFlow가 모든 기록을 마치고 실행이 종료됐으므로, MLFlow UI를 연다. 그림 4-93과 같은 것을 볼 수 있다.

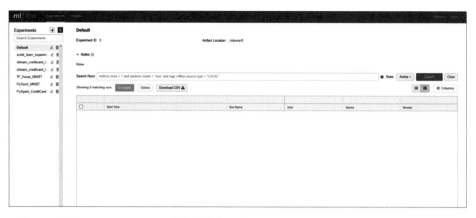

그림 4-93 실험 PySpark_CreditCard가 생성됐음을 보여주는 MLFlow UI

PySpark_CreditCard라는 새로운 실험이 생성됐다. 클릭하면 그림 4-94와 같은 항목이 표시된다.

MLFlow가 여기에 실행을 기록하지 않은 경우, 셀을 다시 실행해본다. 올바르게 기록돼야 한다.

그림 4-94 실행이 성공적으로 완료됐음을 나타내는 MLFlow UI

모든 작업이 잘 진행됐으면, 이 실험에 기록이 있는 것을 볼 수 있을 것이다. 클릭하면 그림 4-95와 같은 항목이 표시된다.

그림 4-95 실행을 보니, 모든 지표가 성공적으로 기록된 것으로 보인다.

마지막으로 아티팩트 섹션에서 creditcard_model_pyspark라는 폴더를 클릭해 확장한다. PySpark 로지스틱 회귀 분석 모델이 들어 있는 sparkml이라는 폴더가 표시된다. 그림 4-96을 참조한다.

그림 4-96 MLFlow는 또한 PySpark 모델을 기록했다.

PySpark의 모델 저장 방식 때문에 TensorFlow나 PyTorch 사례와 같은 구체적인 모델 파일이 없다.

이제 MLFlow가 지정한 모든 항목을 기록했는지 확인했으므로 상단에 실행 번호를 복사한다. 이제 노트북으로 돌아가 다음을 실행하고 자리 표시자를 당신의 실행 ID 로 대체한다.

```
model = mlflow.spark.load_model("runs:/YOUR_RUN_ID/
creditcard_model_pyspark")
```

본 사례에서 실행 ID는 58e6aac5d43948c6948bee29c0c04cca이므로 셀은 그림 4-97과
같다.

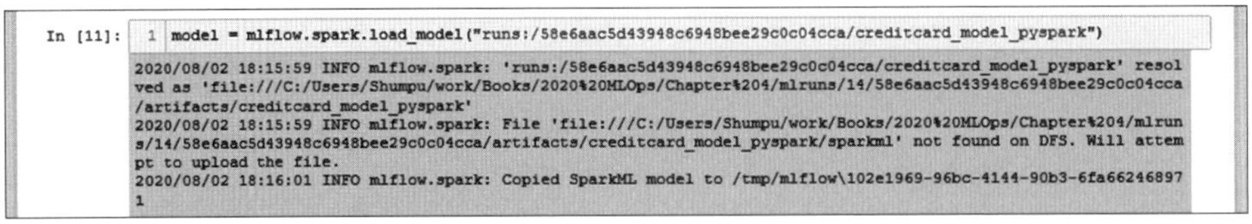

그림 4-97 로깅된 MLFLOW 모델을 적재

이제 모델이 적재됐으므로 몇 가지 예측을 해보고 다음을 실행한다.

```
predictions = model.transform(test_set)
y_true = predictions.select(['label']).collect()
y_pred = predictions.select(['prediction']).collect()
```

셀 내 코드를 보기 위해 그림 4-98을 참조한다.

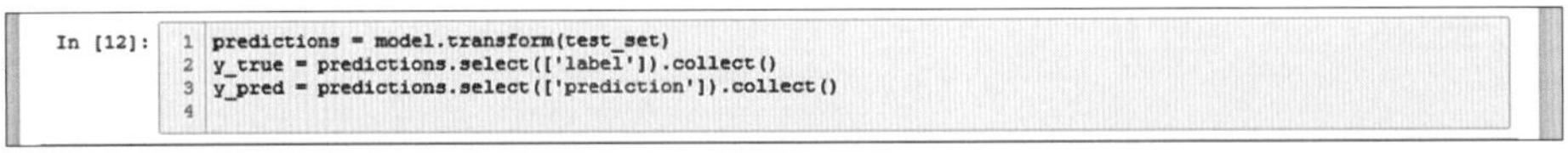

그림 4-98 적재된 모델을 활용한 예측

평가 정확도와 AUC 점수를 출력해본다.

```
print(f"AUC Score: {roc_auc_score(y_true, y_pred):.3%}")
print(f"Accuracy Score: {accuracy_score(y_true, y_pred):.3%}")
```

그림 4-99를 참조한다.

그림 4-99 평가 지표를 출력한다. AUC 점수는 눈에 띄게 다르지만 정확도 점수는 MLFlow 실행 중에 표시된 것과 일치한다.

AUC 점수는 평가 기능에서 계산한 것과 비교해 차이가 있음을 알 수 있다. 이는 PySpark가 모델 자체에 직접 액세스할 수 있기 때문에 ROC 곡선을 약간 다르게 계산하기 때문일 수 있다. 반면 scikit-learn을 사용하면 실제 레이블과 함께 사용할 예측만 표시되므로 ROC 곡선은 약간 다르게 계산된다.

마지막으로 혼동 매트릭스를 구성한다.

```
conf_matrix = confusion_matrix(y_true, y_pred)
ax = sns.heatmap(conf_matrix, annot=True,fmt='g')
ax.invert_xaxis()
ax.invert_yaxis()
plt.ylabel('Actual')
plt.xlabel('Predicted')
```

그림 4-100을 참조한다.

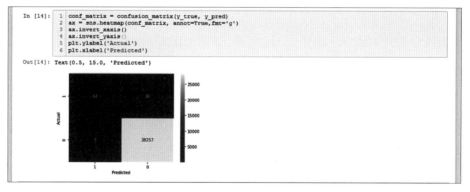

그림 4-100 참 값과 적재한 모델의 예측을 사용해 혼동 매트릭스 표시

혼동 매트릭스에서 PySpark가 계산한 AUC 점수가 정상 데이터를 얼마나 잘 분류하는지에 따라 성능이 반영돼 있음을 알 수 있다. 이상치를 보면 상당수의 부정 데이터가 잘못 분류됐다. 대략적으로 말하면 모델은 테스트 데이터에서 평가했을 때 이상치의 3분의 2만 받았다. 아마도 이것이 scikit-learn이 말하는 AUC 점수와 PySpark가 말하는 AUC 점수의 차이를 설명해줄 것이다. PySpark의 그래프로 ROC 곡선을 약간 다르게 계산한 것이 정상 데이터 분류의 참 양의 비율을 유리하게 만들었다.

이제 MLFlow를 PySpark 실험에 통합하는 방법을 알게 된다.

다음으로 모델을 로컬에 배포하는 방법과 데이터 샘플을 사용해 모델을 쿼리하고 예측을 수신하는 방법을 살펴본다.

▶▶ 로컬 모델 서빙 모델 배포

모델을 로컬에서 서비스하고 쿼리하는 것은 매우 쉬우며 명령줄에서 수행할 수 있다. 실험 ID와 실행 ID만 있으면 모델을 지원할 수 있다. 이 부분에 이전의 출력 문장이 적용될 수 있다. 특정 실행의 실행 ID가 출력되기 때문이다. 최신 모델만 서비스하려는 경우 해당 ID를 사용해 서비스할 수 있다.

그렇지 않으면 MLFlow UI를 찾아 필요에 맞는 모델 실행을 선택한 다음 이 방법으로 실행을 붙여넣을 수 있다.

시작하기 전에 MLFlow UI로 다시 이동해 실험 `scikit_learn_experiment`를 클릭한다. 실행을 선택하고 실행 ID를 복사한다. 두 모델 중 하나로 모델을 기록한 모델 이름은 `log_reg_model`이어야 한다.

코드를 좀 더 체계적으로 유지하기 위해 새 노트북을 만들 수 있지만 다음 모듈을 `import`한다.

```python
import pandas as pd
import mlflow
import mlflow.sklearn
import seaborn as sns
```

```
import matplotlib.pyplot as plt
from sklearn.preprocessing import StandardScaler
from sklearn.model_selection import train_test_split
from sklearn.metrics import roc_auc_score, accuracy_score, confusion_matrix
import numpy as np
import subprocess
import json
```

이제 하위 프로세스를 import하고 있다. 동일한 노트북을 사용하는 경우 이 모듈도 가져온다.

셀에서 이 코드를 보려면 그림 4-101을 참조한다.

```
In [99]:   1  import pandas as pd
           2  import mlflow
           3  import mlflow.sklearn
           4
           5  import seaborn as sns
           6
           7  import matplotlib.pyplot as plt
           8
           9  from sklearn.preprocessing import StandardScaler
          10  from sklearn.model_selection import train_test_split
          11  from sklearn.metrics import roc_auc_score, accuracy_score, confusion_matrix
          12
          13  import numpy as np
          14
          15  import subprocess
          16  import json
          17
```

그림 4-101 필요한 모듈 import

이제 명령 프롬프트/터미널을 오픈해 로컬 모델 서비스를 시작할 수 있다. 먼저 모든 실험을 통해 mlruns 폴더가 들어 있는 디렉터리로 변경해야 한다. 다음으로 model run과 model name 두 가지가 필요하다.

다시 한 번 MLFlow UI에서 선택하는 모델 실행이 될 수도 있고 단순히 가장 최신의 실행일 수도 있다. 모델 이름은 모델을 기록할 때 설정한 이름이다. 이 경우 log_reg_ model이 된다.

명령 프롬프트/터미널에서 다음 명령을 실행한다. 명령을 일반화했으므로 필드를 각각 모델 실행 및 모델 이름으로 변경한다.

```
mlflow models serve --model-uri runs:/YOUR_MODEL_RUN/
YOUR_MODEL_NAME -p 1235
```

이 경우 모델 실행 ID는 3862eb3bd89b43e8ace610c521d974e6이었고 모델 이름은 다시 log_reg_model이었다. 우리가 실행한 명령은 그림 4-102와 같다.

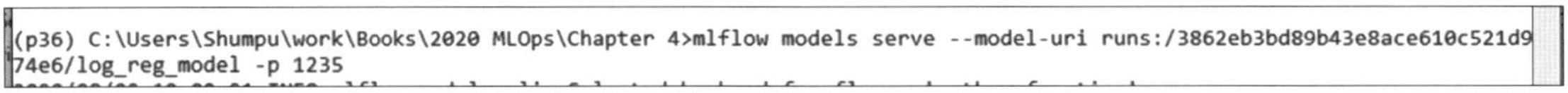

```
(p36) C:\Users\Shumpu\work\Books\2020 MLOps\Chapter 4>mlflow models serve --model-uri runs:/3862eb3bd89b43e8ace610c521d9
74e6/log_reg_model -p 1235
```

그림 4-102 모델을 로컬에서 서비스하기 위해 실행한 명령이다.

텍스트에서 명령은 다음과 같다.

```
mlflow models serve --model-uri runs:/3862eb3bd89b43e8ace610c52
1d974e6/log_reg_model -p 1235
```

MLFlow는 로컬에서 서비스를 제공하는 데 사용할 새로운 콘다^{Conda} 환경을 즉시 구축해야 한다. 이 환경에서는 모델이 실행해야 하는 기본 패키지 및 특정 패키지를 설치한다.

시간이 지나면 그림 4-103과 같은 내용이 표시된다.

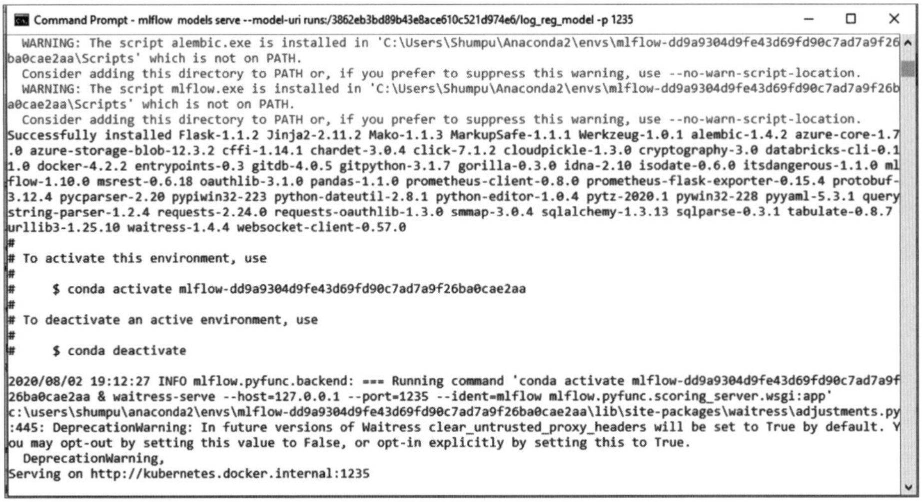

그림 4-103 모델을 로컬로 배포하는 명령을 실행한 결과다. localhost:1235와 같은 다른 항목이 표시될 수 있지만 이는 도커가 설치돼 있기 때문이다.

MLFlow는 로컬 서버에서 모델을 호스팅하기 전에 새 조건 환경을 생성해야 한다. 포트 옵션 -p를 사용해 모델을 호스팅할 특정 포트를 설정할 수 있다. MLFlow UI를 동시에 실행할 수 있도록 특정 포트를 선택했다(두 포트 모두 포트 5000으로 기본 설정 됨). 이 경우 MLFlow UI는 포트 1234에서 실행되므로, 포트 1235에서 모델을 지원 한다.

▶▷ 모델 쿼리

이제 데이터를 사용해 모델을 쿼리하고 예측을 수신할 준비가 됐다. 여기서 하위 프로세스 모듈이 적용되며 잠시 후 그 이유를 확인할 수 있다. 먼저 데이터프레임을 다시 적재해본다. 다음 코드를 실행한다.

```
df = pd.read_csv("data/creditcard.csv")
```

그림 4-104와 같은 것을 볼 수 있다.

```
In [3]:  1  df = pd.read_csv("data/creditcard.csv")
```

그림 4-104 신용카드 데이터 세트 적재

그런 다음 모델을 쿼리할 데이터프레임에서 80개의 값을 선택한다.

다음 코드를 실행한다.

```
input_json = df.iloc[:80].drop(["Time", "Class"],
axis=1).to_json(orient="split")
```

그림 4-105와 같은 것을 볼 수 있다.

```
In [7]:    1  input_json = df.iloc[:80].drop(["Time", "Class"], axis=1).to_json(orient="split")
```

그림 4-105 선택된 80개의 행을 변환해 모델을 학습하는 데 사용된 원래 x_train에서 Time과 Class 칼럼을 삭제한 후 분할된 형태를 가진 JSON 타입으로 생성한다.

모델을 원래 학습하기 전에 데이터를 전처리하는 방법 때문에 다음 단계가 중요하다. 평가 지표가 비확장 데이터 및 확장 데이터 전달과 그 차이를 빠르게 시연해보일 것이다. 먼저, 다음은 모델에 데이터를 보내고 예측을 다시 수신하는 코드다.

```
proc = subprocess.run(["curl",  "-X", "POST", "-H",
"Content-Type:application/json; format=pandas-split",
"--data", input_json, "http://127.0.0.1:1235/invocations"],
stdout=subprocess.PIPE, encoding='utf-8')
output = proc.stdout
df2 = pd.DataFrame([json.loads(output)])
df2
```

기본적으로 Python 자체에서 다음 명령을 실행한다.

```
curl -X POST -H "Content-Type:application/json;
format=pandas-split" ?data "CONTENT_OF_INPUT_JSON"
"http://127.0.0.1:1235/invocations"
```

문제의 핵심은 명령줄에서 이 명령을 실행하는 경우 칼럼이 너무 많아서 데이터프레임의 JSON 형식 데이터를 붙여넣기가 매우 복잡해질 수 있다는 것이다. 그렇기 때문에 JSON의 내용을 보관하기 위해 변수 이름인 input_json을 사용해 JSON 자체를 직접 전달하기가 더 쉽기 때문에 하위 프로세스를 선택했다.

그림 4-106과 같은 것을 볼 수 있다.

```
In [10]:    1  proc = subprocess.run(["curl",  "-X", "POST", "-H", "Content-Type:application/json; format=pandas-split",
            2                "--data", input_json, "http://127.0.0.1:1235/invocations"],
            3                        stdout=subprocess.PIPE, encoding='utf-8')
            4
            5  output = proc.stdout
            6  df2 = pd.DataFrame([json.loads(output)])
            7  df2
```

그림 4-106 로컬 호스트 모델로 데이터 전송 및 모델로부터 예측 수신

이제 크기가 조정되지 않은 입력 데이터로 모델을 쿼리한다.

▶▶ 스케일링 없는 쿼리

이전 값 80개를 선택한 상태로 모델을 쿼리한다. 모델에서는 JSON 형식의 데이터를 허용하므로 모델에 데이터를 전송하기 전에 데이터 형식을 변환해야 한다. 그림 4-106의 셀을 실행한다.

그림 4-107과 같은 것을 볼 수 있다.

```
In [11]:    1  proc = subprocess.run(["curl",  "-X", "POST", "-H", "Content-Type:application/json; format=pandas-split",
            2                        "--data", input_json, "http://127.0.0.1:1235/invocations"],
            3                        stdout=subprocess.PIPE, encoding='utf-8')
            4
            5  output = proc.stdout
            6  df2 = pd.DataFrame([json.loads(output)])
            7  df2

Out[11]:
            0 1 2 3 4 5 6 7 8 9 ... 70 71 72 73 74 75 76 77 78 79
            0 1 0 1 1 1 0 0 1 1 0 ... 1  0  0  0  0  0  1  1  0  0

         1 rows × 80 columns
```

그림 4-107 input_json을 사용해 모델을 쿼리한 후 얻을 수 있는 예측 목록이다. 많은 이상치를 예측하고 있다. 이것은 뭔가 잘못됐다는 것을 나타내는 첫 번째 빨간색 플래그다.

결과 데이터프레임은 모델에서 얻은 예측을 데이터프레임으로 변환하면 얻을 수 있다. 예측이 정확하므로 AUC 점수와 정확도 점수를 계산해 모델이 어떻게 됐는지 알아본다. 다음 코드를 실행한다.

```
y_true = df.iloc[:80].Class
df2 = df2.T
eval_acc = accuracy_score(y_true, df2)
y_true.iloc[-1] = 1
eval_auc = roc_auc_score(y_true, df2)
print("Eval Acc", eval_acc)
print("Eval AUC", eval_auc)
```

먼저 .T 를 사용해 df2를 전치해야 예측값을 Pandas 형식으로 만들 수 있다. 다음으로 y_true 또는 y_pres 중 하나에 클래스가 하나만 있으면 AUC 점수를 계산할 수 없다. 이 경우 y_true는 정상값으로만 구성되므로, AUC 점수만 받는 것이 아니라 마지막 값을 조작해 1로 만들어야 했다. 물론, 결과로 나온 AUC 점수는 무의미하다.

그림 4-108과 같은 것을 볼 수 있다.

```
In [45]:    1  y_true = df.iloc[:80].Class
            2  df2 = df2.T
            3  eval_acc = accuracy_score(y_true, df2)
            4
            5  y_true.iloc[-1] = 1
            6  eval_auc = roc_auc_score(y_true, df2)
            7
            8  print("Eval Acc", eval_acc)
            9  print("Eval AUC", eval_auc)

            Eval Acc 0.65
            Eval AUC 0.3291139240506329
```

그림 4-108 예측의 정확도 및 AUC 점수 평가. AUC 점수는 무의미하지만 정확도 점수는 모델이 매우 형편없는 성능을 보인다는 것을 보여준다.

보다시피 정확도 점수는 형편없다. 이는 기본적으로 모델이 이상치와 정상치 간의 차이를 알지 못하지만 정상치에 대해서는 어느 정도 인지하고 있다는 것을 의미한다.

모델이 학습 과정 동안 그렇게 잘했음에도 좋지 못한 이유는 입력 데이터가 확장되지 않았기 때문이다. 이제 데이터를 전달하기 전에 확장하면 모델 성능의 차이를 확인할 수 있다.

▶ 스케일링을 사용한 쿼리

이제 데이터를 전달하기 전에 축소할 경우를 제외하고 동일한 분할된 데이터를 가져온다. 다음 코드를 실행해 원래 모델을 학습할 때 스케일러에 맞추는 데 사용한 데이터를 다시 만든다.

```
normal = df[df.Class == 0].sample(frac=0.5, random_state=2020).
reset_index(drop=True)
anomaly = df[df.Class == 1]
normal_train, normal_test = train_test_split(normal,
test_size = 0.2, random_state = 2020)
anomaly_train, anomaly_test = train_test_split
(anomaly, test_size = 0.2, random_state = 2020)
```

```
scaler = StandardScaler()
scaler.fit(pd.concat((normal, anomaly)).drop(["Time", "Class"],axis=1))
```

그림 4-109와 같은 것을 볼 수 있다.

```
In [48]:  1  normal = df[df.Class == 0].sample(frac=0.5, random_state=2020).reset_index(drop=True)
          2  anomaly = df[df.Class == 1]
          3
          4  normal_train, normal_test = train_test_split(normal, test_size = 0.2, random_state = 2020)
          5  anomaly_train, anomaly_test = train_test_split(anomaly, test_size = 0.2, random_state = 2020)
          6
          7  scaler = StandardScaler()
          8  scaler.fit(pd.concat((normal, anomaly)).drop(["Time", "Class"], axis=1))
          9

Out[48]:  StandardScaler(copy=True, with_mean=True, with_std=True)
```

그림 4-109 데이터를 원래 처리할 때 표준 스케일러를 맞추는 데 사용한 원래 데이터 세트를 재생성한다. 이를 통해 새로운 데이터 샘플을 변환해 모델에 전달한다.

이제 스케일러에 맞게 데이터 선택을 전환해본다.

```
scaled_selection = scaler.transform(df.iloc[:80].drop
(["Time", "Class"], axis=1))
input_json = pd.DataFrame
(scaled_selection).to_json(orient="split")
```

그림 4-110을 참조한다.

```
In [52]:  1  scaled_selection = scaler.transform(df.iloc[:80].drop(["Time", "Class"], axis=1))
          2  input_json = pd.DataFrame(scaled_selection).to_json(orient="split")
```

그림 4-110 원래 데이터프레임에서 선택한 80개의 값을 스케일링하고 모델에 전송할 JSON 형식으로 변환한다.

이제 다음을 실행한다.

```
proc = subprocess.run(["curl", "-X", "POST", "-H",
        "Content-Type:application/json; format=pandas-split",
        "--data", input_json, "http://127.0.0.1:1235/invocations"],
        stdout=subprocess.PIPE, encoding='utf-8')
output = proc.stdout
preds = pd.DataFrame([json.loads(output)])
preds
```

그림 4-111과 같은 것을 볼 수 있다.

```
In [55]:  1  proc = subprocess.run(["curl", "-X", "POST", "-H", "Content-Type:application/json; format=pandas-split",
          2                         "--data", input_json, "http://127.0.0.1:1235/invocations"],
          3                        stdout=subprocess.PIPE, encoding='utf-8')
          4
          5  output = proc.stdout
          6  preds = pd.DataFrame([json.loads(output)])
          7  preds

Out[55]:
          0 1 2 3 4 5 6 7 8 9 ... 70 71 72 73 74 75 76 77 78 79
          0 0 0 0 0 0 0 0 0 0 ... 0  0  0  0  0  0  0  0  0  0

          1 rows × 80 columns
```

그림 4-111 스케일링된 값으로 모델 쿼리. 언뜻 보기에 이번에는 예측이 맞는 것 같다.

한 가지 유의해야 할 점은 학습, 테스트 및 검증 분할을 생성할 때처럼 모든 정상치 데이터와 모든 이상치 데이터의 조합에서 스케일링한다는 것이다. 이 모델은 학습 과정에서 사용한 데이터 파티션의 크기를 조정한 데이터(교육, 검정 및 검증 데이터)에 대해 학습됐으므로 데이터 크기를 다르게 지정하면 올바른 예측 결과를 얻을 수 없다. 새 데이터를 스케일링할 때는, 학습 세트에 맞춘 후 스케일링해야 한다.

결국 발생할 수 있는 한 가지 문제는 새로운 데이터가 원래 학습 데이터와 다른 분포를 가질 수 있다는 것이다. 이로 인해 모델에 성능 문제가 발생할 수 있지만, 실제로 이는 모델을 새 데이터에 업데이트하도록 학습해야 한다는 신호다.

이제 모델이 어떻게 작동하는지 확인해본다.

```
y_true = df.iloc[:80].Class
preds = preds.T
eval_acc = accuracy_score(y_true, preds)
y_true.iloc[-1] = 1
eval_auc = roc_auc_score(y_true, preds)
print("Eval Acc", eval_acc)
print("Eval AUC", eval_auc)
```

그림 4-112를 참조한다.

```
In [66]:    1  y_true = df.iloc[:80].Class
            2  preds = preds.T
            3  eval_acc = accuracy_score(y_true, preds)
            4
            5  y_true.iloc[-1] = 1
            6  eval_auc = roc_auc_score(y_true, preds)
            7
            8  print("Eval Acc", eval_acc)
            9  print("Eval AUC", eval_auc)

Eval Acc 0.9875
Eval AUC 0.5
```

그림 4-112 예측의 정확성 및 AUC 점수 확인. 정확도 점수는 훨씬 더 높지만 AUC 점수를 얻으려면 정상치 및 이상치 값이 모두 포함된 더 많은 예측 데이터가 필요하다.

보다시피 정확도 점수가 눈에 띄게 높고, 모델의 성능이 학습 및 평가 당시를 연상시킨다. 아쉽게도 당신이 모델을 쿼리하는 샘플은 정상 데이터만 갖고 있기 때문에 AUC 점수는 모델의 성능을 정확하게 반영하지 못한다. 더 큰 데이터 샘플을 사용해 모델을 쿼리할 때 모델이 어떻게 작동하는지 살펴본다.

▶▶ 배치 쿼리

모형에 예측을 요청할 수 있는 데이터 샘플 수에는 제한이 있다. 숫자 80은 한 번에 보낼 수 있는 최대 샘플 수에 매우 가깝다. 그렇다면 이 문제를 어떻게 해결하고 단 80개 이상의 샘플에서 예측을 할 수 있을까? 첫 번째 방법은 표본을 배치하고 한 번에 한 배치씩 예측할 수 있다.

다음 코드를 실행한다.

```
test = df.iloc[:8000]
true = test.Class
test = scaler.transform(test.drop(["Time", "Class"], axis=1))
preds = []
batch_size = 80
for f in range(100):
    sample = pd.DataFrame(test[f*batch_size:(f+1)*batch_size]).
    to_json(orient="split")
    proc = subprocess.run(["curl",  "-X", "POST", "-H",
                           "Content-Type:application/json;
                           format=pandas-split", "--data",
```

```
                              sample, "http://127.0.0.1:1235/
                              invocations"],
                              stdout=subprocess.PIPE,
                              encoding='utf-8')
    output = proc.stdout
    resp = pd.DataFrame([json.loads(output)])
    preds = np.concatenate((preds, resp.values[0]))
eval_acc = accuracy_score(true, preds)
eval_auc = roc_auc_score(true, preds)
print("Eval Acc", eval_acc)
print("Eval AUC", eval_auc)
```

여기서는 데이터프레임에서 처음 8,000개의 샘플을 선택한다. 배치 크기는 80이므
로 모델에 전달하는 배치는 100개다. 물론 데이터를 전달하기 전에 데이터 크기를
조정해야 한다. 이전과 유사한 방식으로 스케일링을 수행한다. 모델 학습 파이프라
인 샘플에서 사용한 것과 동일한 정상치 및 이상치 데이터에 스케일러를 맞춰 모델
에 전송하려는 값을 변환한다. 완료되면 그림 4-113과 같은 것을 볼 수 있다. 이 작
업을 완료하는 데 몇 초가 걸릴 수 있으므로 가만히 기다린다.

```
In [92]:  1  test = df.iloc[:8000]
          2  true = test.Class
          3  test = scaler.transform(test.drop(["Time", "Class"], axis=1))
          4  preds = []
          5
          6  batch_size = 80
          7  for f in range(100):
          8      sample = pd.DataFrame(test[f*batch_size:(f+1)*batch_size]).to_json(orient="split")
          9      proc = subprocess.run(["curl", "-X", "POST", "-H",
         10                             "Content-Type:application/json; format=pandas-split", "--data",
         11                             sample, "http://127.0.0.1:1235/invocations"],
         12                             stdout=subprocess.PIPE, encoding='utf-8')
         13
         14      output = proc.stdout
         15      resp = pd.DataFrame([json.loads(output)])
         16      preds = np.concatenate((preds, resp.values[0]))
         17
         18  eval_acc = accuracy_score(true, preds)
         19  eval_auc = roc_auc_score(true, preds)
         20
         21  print("Eval Acc", eval_acc)
         22  print("Eval AUC", eval_auc)

          Eval Acc 0.9995
          Eval AUC 0.9230769230769231
```

그림 4-113 데이터프레임에서 처음 8,000개의 샘플을 사용해 모델을 쿼리한 결과다. AUC 점수가 훨씬 더 우
수하다.

이번에는 전체 데이터에 클래스가 하나만 있는 것에 대해 걱정할 필요가 없다. 이는
이 8,000개의 데이터 선택 시 이상치의 예가 있으므로, 실제 레이블과 예측에 두 클
래스의 샘플이 모두 포함돼야 한다.

이 데이터에서는 모델이 매우 우수한 성능을 발휘하며, 여기에는 모델이 이전에 보지 못한 데이터가 포함돼 있다. 데이터를 학습할 때 모든 이상치를 사용했지만, 비교적 높은 AUC 점수로 입증됐듯이 모델은 여전히 정상치 데이터에 대해 우수한 성능을 발휘한다.

이를 확인하기 위해 그 모델이 어떻게 작용했는지 그리고 무엇이 AUC 점수를 떨어뜨렸는지 보기 위해 혼동 매트릭스를 구성해본다. 다음 코드를 실행한다.

```
conf_matrix = confusion_matrix(true, preds)
ax = sns.heatmap(conf_matrix, annot=True,fmt='g')
ax.invert_xaxis()
ax.invert_yaxis()
plt.ylabel('Actual')
plt.xlabel('Predicted')
plt.title("Confusion Matrix")
```

그림 4-114를 참조해 출력을 확인한다.

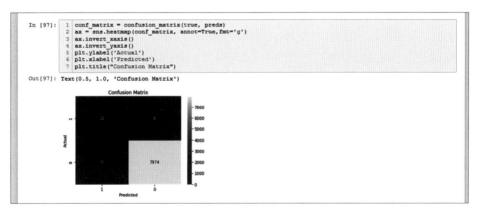

그림 4-114 예측 및 참값에 대한 혼동 매트릭스. 이 모델은 탁월한 성능을 보였으며 모든 정상 지점과 대부분의 이상 지점을 정확하게 분류할 수 있었다.

혼동 매트릭스는 모델이 이 데이터에 대해 매우 잘 수행됐음을 보여준다. 정상 지점을 완벽하게 분류했을 뿐만 아니라 대부분의 이상 지점도 정확하게 분류했다.

이를 통해 모델을 배포하고 쿼리하는 프로세스에 관해 자세히 알게 될 것이다. 클라우드 플랫폼에 배포할 때 쿼리 프로세스는 클라우드 플랫폼에 모델을 배포하고 데이터를 JSON 형식으로 전송해 쿼리해야 하는 유사한 경로를 따른다.

▶▶ 요약

MLFlow는 기존 코드 베이스에 MLOps 원칙을 통합해 널리 사용되는 다양한 프레임워크를 지원하는 API이다. 4장에서는 MLFlow를 사용해 지표, 파라미터, 그래프 및 모델 자체를 로깅하는 방법에 대해 설명했다. 또한 기록된 모델을 적재하고, 기능을 활용하는 방법에 대해 배웠다. 프레임워크는 scikit-learn, TensorFlow 2.0/Keras, PyTorch 및 PySpark의 실험에 MLFlow를 적용하는 방법과 이러한 모델 중 하나를 로컬에 배포하고 모델을 사용해 예측하는 방법을 살펴봤다.

5장에서는 MLFlow 모델을 가져와 MLFlow 기능을 사용해 Amazon SageMaker에 배포하는 방법을 살펴볼 예정이다. 또한 배포된 모델을 사용해 예측하는 방법도 살펴볼 예정이다.

AWS에 배포

5장에서는 AWS SageMaker를 사용해 MLFlow 모델을 작동하는 방법을 살펴본다. 여기서는 실행을 S3 스토리지에 업로드하는 방법, MLFlow Docker 컨테이너 이미지를 빌드 및 AWS에 푸시하는 방법, 모델을 배포하고 쿼리하고 모델을 배포한 후 업데이트하고 배포된 모델을 제거하는 방법을 설명한다.

▶▶ 소개

4장에서는 MLFlow가 무엇이며 MLOps 원리를 코드에 통합하는 기능을 활용하는 방법을 배웠다. 로컬 서버에 모델을 배포하고 모델 추론을 수행하는 방법도 살펴봤다. 하지만 이제 다음 단계로 이동해 여러 엔티티가 예측 서비스를 사용할 수 있도록 클라우드 플랫폼에 머신러닝 모델을 구현하는 방법을 알아본다.

시작하기 전에 몇 가지 중요한 전제 조건이 있다.

- AWS CLI(명령줄 인터페이스)가 설치돼 있고 자격 증명이 구성돼 있어야 한다.

    - 자격 증명이 확인되면 AWS CLI를 통해 AWS 작업 공간에 연결할 수 있다. 여기에서 새 버킷을 생성하고, 명령줄을 통해 SageMaker(세이지메이커) 엔드포인트를 확인하는 등의 작업을 수행할 수 있다.

- S3 버킷에 대한 SageMaker 액세스 권한을 부여하는 IAM 실행 역할이 정의돼 있어야 한다. 자세한 내용은 그림 5-8을 참조한다.

- Docker를 설치해 정상적으로 작동해야 한다. Docker 이미지를 빌드할 수 있는지 확인한다.

    - Docker가 없으면 MLFlow가 AWS ECR에 푸시할 Docker 컨테이너 이미지를 빌드할 수 없으므로 시스템에서 Docker를 작업하는 것이 중요하다.

또한 AWS에 대해 전반적으로 알아보고 AWS의 작동 방식을 알아보는 것이 좋다. AWS에 대한 배경지식과 작동 방식을 갖추면 5장을 이해하고 이슈를 훨씬 쉽게 해결할 수 있다.

5장에서는 다음 사항에 대해 자세히 살펴본다.

- **AWS 구성**: 여기서 버킷을 설정하고 mlruns 폴더를 푸시해 클라우드에 저장한다.

    이러한 폴더에는 기록된 모델 자체와 함께 실험과 관련된 모든 실행에 대한 정보가 포함된다. 그런 다음 MLFlow에 정의된 대로 특정 Docker 컨테이너를 빌드하고 이를 AWS ECR에 푸시한다. SageMaker에서는 이 컨테이너 이미지를 사용해 MLFlow 모델을 제공한다.

- **AWS SageMaker에 모델 배포**: 내장된 MLFlow SageMaker 모듈 코드를 사용해 모델을 SageMaker에 푸시한다. SageMaker에서 엔드포인트를 생성한 후 이전에 ECR에 푸시한 도커 이미지를 사용해 모델이 여기서 호스팅된다.

- **예측하기**: 모델의 배포가 완료되고 서비스 준비가 완료되면 Boto3을 사용해 모델을 쿼리하고 예측 정보를 수신한다.

- **모델 전환**: MLFlow는 배포된 모델을 새 모델로 전환할 수 있는 기능을 제공한다. 기본적으로 배포하려는 새 모델로 엔드포인트를 업데이트한다.

- **배포된 모델 제거**: 마지막으로 MLFlow를 사용하면 배포된 모델을 모두 제거하고 엔드포인트를 삭제할 수 있다. 이는 엔드포인트를 실행 상태로 두는 비용이 발생하지 않도록 하기 위해 중요하다.

또한, AWS가 활발하게 작업되고 있으며 기능과 운영 절차가 변경될 수 있다는 점을 유념해야 한다! 그것이 의미하는 것은 지금 작동하는 무언가가 나중에 작동하지 않을 수도 있다는 것이다.

그러나 MLFlow는 특별히 SageMaker에 대한 지원을 제공하므로 향후 SageMaker의 운영 방식에 근본적인 변화가 있을 경우 MLFlow가 다음 빌드에서 이를 설명할 가능성이 높다.

그런 일이 일어나지 않는 최악의 경우에는 여전히 MLFlow 서버를 실행하고 AWS에서 호스팅할 수 있다. 모델을 배포하고 추론을 할 수 있으며 전체 기능은 그대로 유지된다. MLFlow 컨테이너 이미지를 사용해 모델을 직접 호스팅하는 대신, MLFlow 서버가 호스팅되는 서버 IP 및 포트에 연결하는 것을 제외하고 4장에서 수행한 로컬 모델 배포 실험과 유사한 작업을 수행한다.

MLFlow는 SageMaker와 Azure처럼 Google 클라우드를 지원하지 않기 때문에 Google 클라우드에서 이를 수행하는 방법을 알아본다.

이제 시작해본다!

▶▶ AWS 구성

SageMaker에 모델을 푸시하려면 먼저 Amazon 작업 공간을 설정해야 한다. 로컬 모델 배포와 마찬가지로 로컬 mlruns 디렉터리에서 모델을 푸시할 수 있지만, 모든 실행을 AWS로 푸시해 버킷에 저장하는 것이 훨씬 편리하고 중앙 집중화된 방법이다. 이렇게 하면 모든 팀이 여기에 저장된 모델에 액세스할 수 있다. MLFlow에서 제공하는 모델 레지스트리와 동일한 기능을 제공하지는 않지만 어떤 의미에서는 "모델 레지스트리" 역할을 할 수 있다.

MLFlow를 사용하면 특정 실행을 수행해 해당 모델을 개발 브랜치에 스테이징할지 아니면 프로덕션에 스테이징할지를 결정할 수 있다.

이 경우 개발 또는 프로덕션 브랜치로 구분된 각 팀에 대해 버킷을 가질 수 있다. MLFlow의 모델 레지스트리에 더해 몇 가지 추가 단계를 거쳤지만 모델 레지스트리가 있는 이점을 누릴 수 있다.

이 경우 모든 MLFlow 실행을 호스팅하는 단일 버킷을 생성하기만 하면 된다. 지금부터 특정 실행을 선택해 SageMaker에 배포한다. 단순성을 유지하기 위해 배포하려는 모델로 학습한 사이킷런 로지스틱 회귀 분석 모델을 다시 한 번 사용할 수 있다.

그래서 그것으로, 간단한 버킷을 만들고 그것을 `mlflow-sagemaker`와 같은 것으로 명명한다. AWS CLI를 통해 생성하거나 브라우저의 AWS 콘솔을 통해 생성할 수 있다.

후자를 통해 버킷이 생성될 때 Amazon이 실제로 무엇을 하는지 시각적으로 확인할 수 있다.

AWS는 UI에서 항상 작동하기 때문에 화면에 묘사된 것과 동일하게 보이지 않을 수 있다. S3 버킷 스토리지 서비스에 액세스할 수 있기 때문에 UI가 변경되더라도 핵심 기능은 그대로여야 한다.

포털에 로그인하면 그림 5-1과 같은 항목이 표시된다.

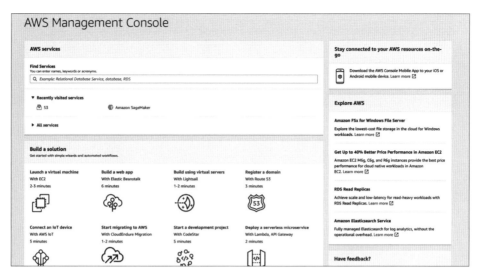

그림 5-1 AWS 콘솔의 홈 화면. 여기에 표시된 것과 다르게 보일 수 있다는 것을 인지한다.

보다시피 검색 표시줄로 서비스를 조회할 수 있다. 여기에 S3를 입력하고 "클라우드의 확장 가능한 스토리지"라는 설명과 함께 "S3"로 표시된 결과를 클릭한다.

그림 5-2처럼 보이는 페이지로 가야 한다.

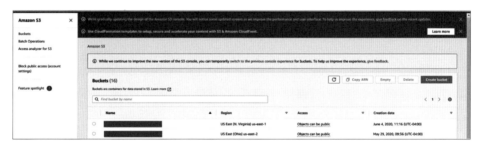

그림 5-2 S3 버킷 서비스 모듈을 오픈할 때 표시되는 화면 모습. 버킷의 이름은 회색으로 표시했지만 여기서 문자열 이름을 확인할 수 있다.

버킷 생성 버튼이 표시된다. 클릭하면 그림 5-3과 같은 화면이 나타난다.

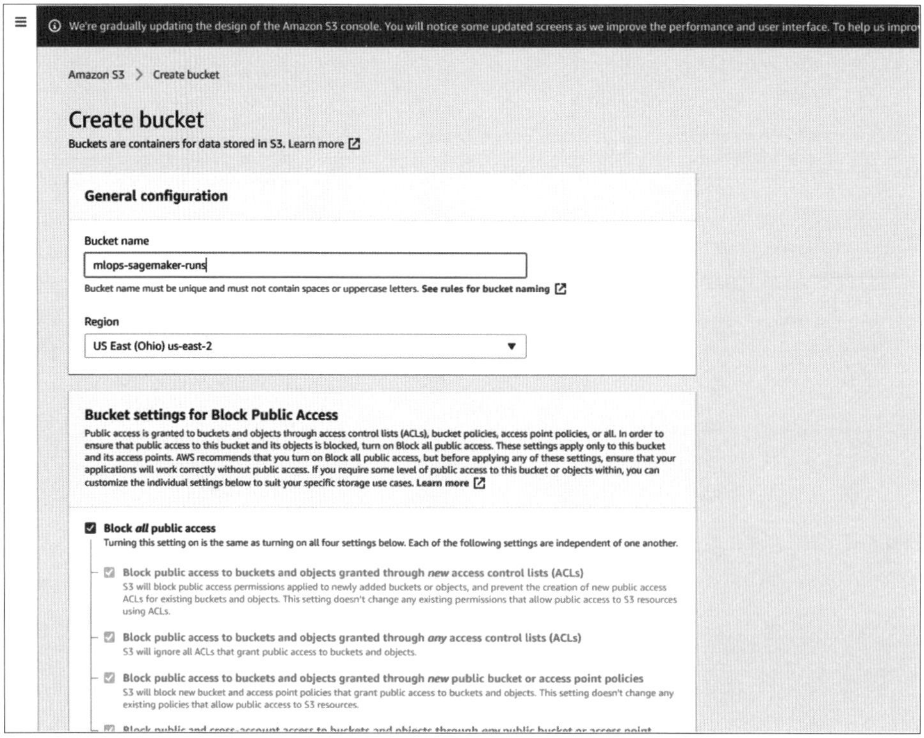

그림 5-3 버킷 생성 화면은 다음과 같다.

이 경우 버킷 이름을 지정하기만 하면 된다. 다른 것은 신경 쓰지 않는다.

우리는 버킷의 이름을 `mlops-sage maker-runs`라고 지었다. 나머지 옵션은 걱정할 필요가 없으므로 아래로 스크롤해 버킷 생성을 클릭한다. 완료되면 버킷 목록에서 버킷을 볼 수 있다.

여기서부터 하위 프로세스를 사용해 로컬 `mlruns` 디렉터리를 이 버킷에 동기화해본다. 이렇게 하면 전체 `mlruns` 디렉터리를 버킷에 업로드해 모든 실행이 클라우드에 저장된다.

먼저 다음 특성을 수집한다.

- `s3_sx_name`: 푸시하려는 S3 버킷의 이름은 무엇인가?

- `mlruns_directory`: 버킷에 푸시하는 `mlruns` 디렉터리의 위치는 어디인가?

이를 기반으로 다음을 실행한다. 이 경우 버킷 이름과 mlruns 디렉터리를 포함했으므로 각 값으로 바꾸기만 하면 된다.

```python
import subprocess
s3_bucket_name = "mlops-sagemaker-runs"
mlruns_direc = "./mlruns/"

output = subprocess.run(["aws", "s3", "sync", "{}"
.format(mlruns_direc), "s3://{}".format(s3_bucket_name)],
stdout=subprocess.PIPE, encoding='utf-8')
print(output.stdout)
print("\nSaved to bucket: ", s3_bucket_name)
```

이 코드를 실행하면 그림 5-4와 유사한 항목이 표시되고 로컬 mlruns 디렉터리를 버킷과 동기화했다는 것을 알 수 있다. 출력이 표시되지 않으면 새로 푸시할 것이 없다는 뜻이다(재실행 중인 경우). mlruns 디렉터리가 이 노트북과 동일한 디렉터리에 있는지 확인한다. 그렇지 않으면 찾을 수 없다.

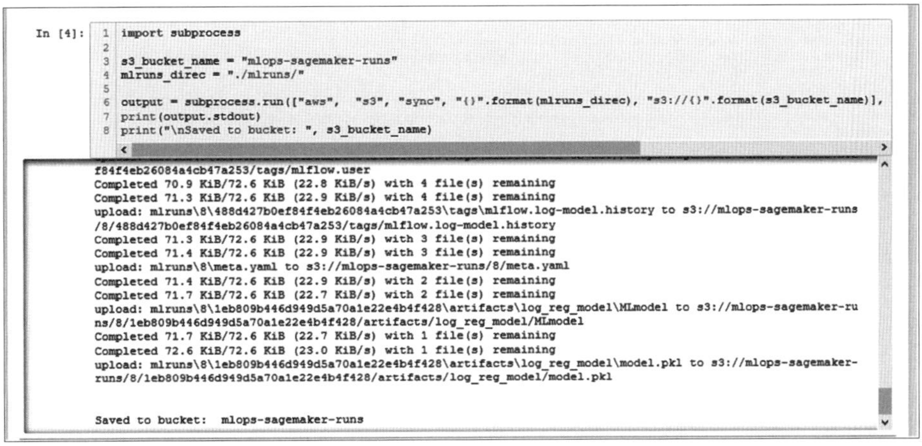

그림 5-4 mlruns 디렉터리를 버킷과 처음 동기화할 때 출력의 모양이다. mlruns 디렉터리가 이 노트북 파일과 동일한 디렉터리에 있는지 확인한다.

이 작업이 완료되면 배포가 완료된 후 SageMaker에서 모델을 호스팅하는 데 사용할 컨테이너를 빌드할 수 있다. 이렇게 하려면 터미널에서 다음 명령을 실행한다. 이렇게 하려면 터미널에서 다음 명령을 실행한다.

```
mlflow sagemaker build-and-push-container
```

이 경우에도 Amazon 자격 증명을 구성해야 한다.

새 프레임워크를 사용할 때마다 새 도커 이미지를 생성할 필요가 없다. 이 하나의 이미지는 모듈화 덕분에 모든 MLFlow 모델을 처리할 수 있다. 이는 3장에서 설명한 배포 파이프라인과 유사하며 모델을 주고받기만 하면 된다.

이 단계는 시간이 걸릴 수 있으므로, 편안히 앉아서 제 역할을 하도록 하게 둔다.

그림 5-5와 같은 것을 볼 수 있다.

```
(p36) C:\Users\Shumpu>mlflow sagemaker build-and-push-container
2020/08/06 22:49:46 INFO mlflow.models.docker_utils: Building docker image with name mlflow-pyfunc
tFIND: Parameter format not correct
Sending build context to Docker daemon  3.072kB

Step 1/16 : FROM ubuntu:18.04
 ---> c3c304cb4f22
Step 2/16 : RUN apt-get -y update && apt-get install -y --no-install-recommends         wget         curl         ngi
nx         ca-certificates         bzip2         build-essential         cmake         openjdk-8-jdk         git-c
ore         maven      && rm -rf /var/lib/apt/lists/*
 ---> Using cache
 ---> 90de6fbae65e
Step 3/16 : RUN curl -L https://repo.anaconda.com/miniconda/Miniconda3-latest-Linux-x86_64.sh >> miniconda.sh
 ---> Using cache
 ---> 3f24bc53a181
Step 4/16 : RUN bash ./miniconda.sh -b -p /miniconda; rm ./miniconda.sh;
 ---> Using cache
 ---> 5a79e9d672ac
Step 5/16 : ENV PATH="/miniconda/bin:$PATH"
```

그림 5-5 컨테이너를 빌드하는 명령을 실행할 때 표시되는 것과 유사한 기능

이 작업이 완료되면 콘솔이 그림 5-6과 같은 항목을 출력한다.

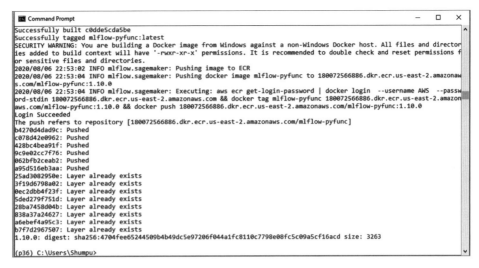

그림 5-6 도커 컨테이너 이미지가 성공적으로 빌드돼 Amazon ECR로 푸시된 경우 확인해야 할 사항

이제 Amazon ECR로 이동하면 포털에 새 컨테이너가 표시된다.

홈 콘솔에서 Amazon ECR로 이동하고 `mlflow-pyfunc`라는 항목이 표시되는지 확인한다. 도커 이미지가 AWS ECR에 성공적으로 푸시됐음을 확인하는 그림 5-7과 같은 내용이 표시돼 있어야 한다.

그림 5-7 명령을 실행한 후, ECR 저장소 목록에 컨테이너가 표시된다.

이를 통해 모델을 SageMaker에 배포하는 데 필요한 MLFlow 기능과 관련된 모든 사항을 AWS 콘솔에 설정할 수 있다.

이제 모델 중 하나를 배포해본다.

▶▶ AWS SageMaker에 모델 배포

모델을 SageMaker에 배포하려면 다음 정보를 수집해야 한다.

- app_name

- model_uri

- execution_role

- region

- image_ecr_url

실행 역할은 콘솔에서 "IAM"을 검색해 찾을 수 있는 IAM 역할을 나타낸다. 실행 역할을 생성하거나 선택한 후에는(이 역할이 S3에 액세스할 수 있고 S3에 대한 가져오기, 넣기, 삭제 및 나열 작업을 수행할 수 있는지 확인) 존재하는 전체 값을 복사한다.

이 역할이 따라야 하는 특정 정책에 대해서는 그림 5-8을 참조해 IAM 실행 역할이 설정되는 방법을 확인한다.

실행 역할 ARN 번호는 그림 5-8과 같다.

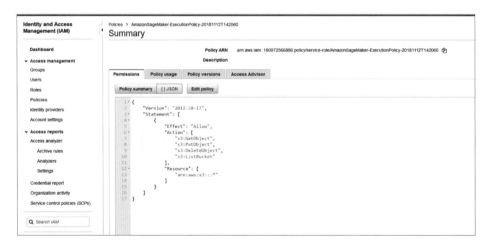

그림 5-8 IAM 탭의 정책에서 배포 프로세스를 실행하는 데 사용할 역할을 선택하거나 생성한다. 여기에서 특정 정책 ARN 값을 확인할 수 있으며, 이를 복사하고 추적해야 한다.

정책 ARN 값을 복사했는지 확인한다. 정책 옆의 작은 클립보드 심볼을 누르면 AWS에서 이를 클립보드에 복사할 수 있다.

`image_ecr_url` 값을 찾으려면 ECR로 돌아가서 그림 5-7과 같은 값을 찾는다. 이제 그림 5-9와 같은 것을 보려면 클릭해본다.

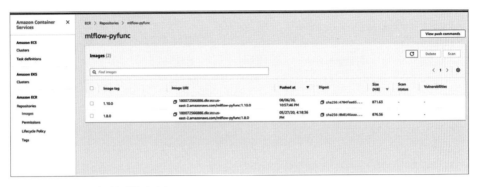

그림 5-9 Image URI는 복사할 값이다.

원하는 버전을 제외하고 Image URI라고 표시된 위치에 값을 복사한다. MLFlow 버전 1.10.0이 실행 중이니 값을 복사한다. 그런 다음 배포할 특정 실행을 찾는다. S3 버킷 목록으로 이동해 `mlops-sagmaker-runs`라는 제목의 생성한 버킷을 클릭한다.

여기에서 여러 번의 실행이 표시된 폴더가 표시될 때까지 탐색한다.

우리는 최상위 run을 선택했다. 그림 5-10을 참조한다.

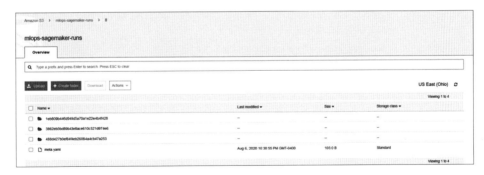

그림 5-10 배포할 실행을 찾으려면 버킷을 확인한다. 이러한 실행은 모두 동일한 성능 지표를 가지므로 어떤 메트릭스를 선택하는지는 중요하지 않다. 그렇다면 MLFlow UI를 통해 해당 터미널을 살펴보고 (푸시한 것과 동일한 mlruns 디렉터리에 터미널이 있는지 확인) 최적의 실행을 선택할 수 있다. 또한 실험 ID와 기록한 모델의 이름을 기록해둔다. 실행 ID를 클릭한 다음 아티팩트를 클릭하면 찾을 수 있다. 우리의 경우 log_reg_model이다.

이러한 모든 정보를 수집한 후 배포를 진행한다.

다음을 실행한다.

```python
import boto3
import mlflow.sagemaker as mfs
import json
app_name = "mlops-sagemaker"
execution_role_arn = "arn:aws:iam::180072566886:role/
service-role/AmazonSageMaker-ExecutionRole-20181112T142060"
image_ecr_url = "180072566886.dkr.ecr.us-east-2.amazonaws.com/
mlflow-pyfunc:1.10.0"
region = "us-east-2"
s3_bucket_name = "mlops-sagemaker-runs"
experiment_id = "8"
run_id = "1eb809b446d949d5a70a1e22e4b4f428"
model_name = "log_reg_model"
model_uri = "s3://{}/{}/{}/artifacts/{}/".format
(s3_bucket_name, experiment_id, run_id, model_name)
```

그러면 배포 코드를 실행하는 데 사용할 모든 파라미터가 설정된다.

마지막으로 실제 배포 코드를 살펴본다.

```python
mfs.deploy(app_name=app_name,
           model_uri=model_uri,
           execution_role_arn=execution_role_arn,
           region_name=region,
           image_url=image_ecr_url,
           mode=mfs.DEPLOYMENT_MODE_CREATE)
```

그림 5-11과 같은 것을 볼 수 있다.

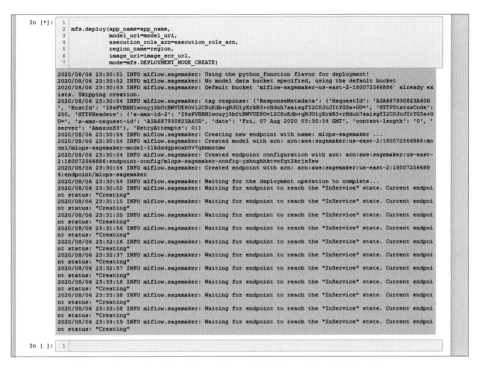

```
In [*]:  1
         2  mfs.deploy(app_name=app_name,
         3             model_uri=model_uri,
         4             execution_role_arn=execution_role_arn,
         5             region_name=region,
         6             image_url=image_ecr_url,
         7             mode=mfs.DEPLOYMENT_MODE_CREATE)
```

```
2020/08/06 23:30:51 INFO mlflow.sagemaker: Using the python_function flavor for deployment!
2020/08/06 23:30:52 INFO mlflow.sagemaker: No model data bucket specified, using the default bucket
2020/08/06 23:30:53 INFO mlflow.sagemaker: Default bucket `mlflow-sagemaker-us-east-2-180072566886` already ex
ists. Skipping creation.
2020/08/06 23:30:54 INFO mlflow.sagemaker: tag response: {'ResponseMetadata': {'RequestId': 'A3A687930823A60D
', 'HostId': 'I8sPVBBH1wouyj5b0tBWVUE8Ov12C8oEdb+qNJO1yXrkR3+rHduh7aaisgfI2C0JcJItYG3a+GU=', 'HTTPStatusCode':
200, 'HTTPHeaders': {'x-amz-id-2': 'I8sPVBBH1wouyj5b0tBWVUE8Ov12C8oEdb+qNJO1yXrkR3+rHduh7aaisgfI2C0JcJItYG3a+G
U=', 'x-amz-request-id': 'A3A687930823A60D', 'date': 'Fri, 07 Aug 2020 03:30:54 GMT', 'content-length': '0', '
server': 'AmazonS3'}, 'RetryAttempts': 0}}
2020/08/06 23:30:54 INFO mlflow.sagemaker: Creating new endpoint with name: mlops-sagemaker ...
2020/08/06 23:30:54 INFO mlflow.sagemaker: Created model with arn: arn:aws:sagemaker:us-east-2:180072566886:mo
del/mlops-sagemaker-model-11kdsdgpsnab0v7qkmmztmw
2020/08/06 23:30:54 INFO mlflow.sagemaker: Created endpoint configuration with arn: arn:aws:sagemaker:us-east-
2:180072566886:endpoint-config/mlops-sagemaker-config-yshnghhktvefqt2krjxfew
2020/08/06 23:30:54 INFO mlflow.sagemaker: Created endpoint with arn: arn:aws:sagemaker:us-east-2:18007256688
6:endpoint/mlops-sagemaker
2020/08/06 23:30:54 INFO mlflow.sagemaker: Waiting for the deployment operation to complete...
2020/08/06 23:30:55 INFO mlflow.sagemaker: Waiting for endpoint to reach the "InService" state. Current endpoi
nt status: "Creating"
2020/08/06 23:31:15 INFO mlflow.sagemaker: Waiting for endpoint to reach the "InService" state. Current endpoi
nt status: "Creating"
2020/08/06 23:31:35 INFO mlflow.sagemaker: Waiting for endpoint to reach the "InService" state. Current endpoi
nt status: "Creating"
2020/08/06 23:31:56 INFO mlflow.sagemaker: Waiting for endpoint to reach the "InService" state. Current endpoi
nt status: "Creating"
2020/08/06 23:32:16 INFO mlflow.sagemaker: Waiting for endpoint to reach the "InService" state. Current endpoi
nt status: "Creating"
2020/08/06 23:32:37 INFO mlflow.sagemaker: Waiting for endpoint to reach the "InService" state. Current endpoi
nt status: "Creating"
2020/08/06 23:32:57 INFO mlflow.sagemaker: Waiting for endpoint to reach the "InService" state. Current endpoi
nt status: "Creating"
2020/08/06 23:33:18 INFO mlflow.sagemaker: Waiting for endpoint to reach the "InService" state. Current endpoi
nt status: "Creating"
2020/08/06 23:33:38 INFO mlflow.sagemaker: Waiting for endpoint to reach the "InService" state. Current endpoi
nt status: "Creating"
2020/08/06 23:33:58 INFO mlflow.sagemaker: Waiting for endpoint to reach the "InService" state. Current endpoi
nt status: "Creating"
2020/08/06 23:34:19 INFO mlflow.sagemaker: Waiting for endpoint to reach the "InService" state. Current endpoi
nt status: "Creating"
```

```
In [ ]:  1
```

그림 5-11 모델을 배포할 때 이와 같은 현상이 나타난다. 시간이 걸리더라도 걱정하지 않는다.

이 단계는 시간이 걸릴 수 있다. SageMaker 엔드포인트의 상태를 확인하려면 포털을 오픈하고 SageMaker를 검색해 이동한다. 엔드포인트에 대해 존재하는 모든 SageMaker 엔드포인트를 볼 수 있는 섹션이 있어야 한다. 그림 5-12와 같이 "creating" 상태의 현재 엔드포인트가 표시된다.

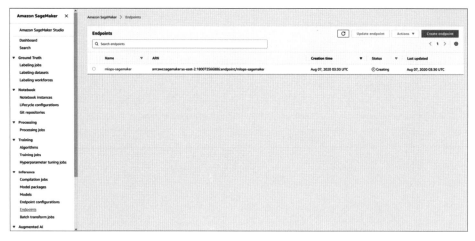

그림 5-12 Amazon SageMaker의 엔드포인트 섹션에 표시되는 내용이다. 엔드포인트 생성을 마치면 상태가 "InService"로 업데이트되는 것을 볼 수 있다.

이 엔드포인트가 성공적으로 생성되면 상태가 "InService"로 업데이트되는 것을 알 수 있다. 이제 예측으로 넘어갈 수 있다.

▶ 예측하기

예측은 간단하다. 모델을 쿼리하기 위해 boto3에서 제공하는 엔드포인트 이름과 기능만 있으면 된다. 모델을 쿼리하는 함수를 정의한다.

```
def query(input_json):
    client = boto3.session.Session().client
    ("sagemaker-runtime", region)
    response = client.invoke_endpoint(
        EndpointName=app_name,
        Body=input_json,
        ContentType='application/json; format=pandas-split',
    )
    preds = response['Body'].read().decode("ascii")
    preds = json.loads(preds)
    return preds
```

이제 로컬 모델 배포 사례에서처럼 데이터를 로드하고 처리한 후 확장해본다. 폴더 데이터가 있는지 확인하고, 그 안에 `creditcard.csv`가 있는지 확인한다. 다음을 실행한다.

```python
import pandas as pd
import mlflow
import mlflow.sklearn
import seaborn as sns
import matplotlib.pyplot as plt
from sklearn.preprocessing import StandardScaler
from sklearn.model_selection import train_test_split
from sklearn.metrics import roc_auc_score, accuracy_score,
confusion_matrix
import numpy as np
df = pd.read_csv("data/creditcard.csv")
```

Import문과 데이터프레임이 로드되면 다음을 실행한다.

```python
normal = df[df.Class == 0].sample(frac=0.5, random_state=2020).
reset_index(drop=True)
anomaly = df[df.Class == 1]
normal_train, normal_test = train_test_split(normal,
test_size = 0.2, random_state = 2020)
anomaly_train, anomaly_test = train_test_split(anomaly,
test_size = 0.2, random_state = 2020)
scaler = StandardScaler()
scaler.fit(pd.concat((normal, anomaly)).drop(["Time",
"Class"], axis=1))
```

이 작업이 완료되면 다음을 실행해 모델이 실제로 예측을 수행하는지 확인한다.

```python
scaled_selection = scaler.transform(df.iloc[:80].drop
(["Time", "Class"], axis=1))
input_json = pd.DataFrame
(scaled_selection).to_json(orient="split")
pd.DataFrame(query(input_json)).T
```

그림 5-13과 같은 출력이 표시된다.

```
In [25]:   1  scaled_selection = scaler.transform(df.iloc[:80].drop(["Time", "Class"], axis=1))
           2  input_json = pd.DataFrame(scaled_selection).to_json(orient="split")
           3
           4  pd.DataFrame(query(input_json)).T
           5

Out[25]:
                0 1 2 3 4 5 6 7 8 9 ... 70 71 72 73 74 75 76 77 78 79

              0 0 0 0 0 0 0 0 0 0 0 ... 0  0  0  0  0  0  0  0  0  0

           1 rows × 80 columns
```

그림 5-13 배포된 모델에 데이터프레임의 처음 80개 행을 나타내는 확장 데이터 쿼리 및 응답 반환

그림 5-13은 모델이 SageMaker 엔드포인트에서 호스팅되는 동안 성공적인 모델의 쿼리와 응답으로 수신된 예측을 보여준다. 몇 가지 수정 사항을 포함해 배치 쿼리 스크립트를 실행해본다.

```python
test = pd.concat((normal.iloc[:1900], anomaly.iloc[:100]))
true = test.Class
test = scaler.transform(test.drop(["Time", "Class"], axis=1))
preds = []
batch_size = 80
for f in range(25):
    print(f"Batch {f}", end=" - ")
    sample = pd.DataFrame(test[f*batch_size:(f+1)*batch_size]).
    to_json(orient="split")
    output = query(sample)
    resp = pd.DataFrame([output])
    preds = np.concatenate((preds, resp.values[0]))
    print("Completed")
eval_acc = accuracy_score(true, preds)
eval_auc = roc_auc_score(true, preds)

print("Eval Acc", eval_acc)
print("Eval AUC", eval_auc)
```

완료되면 그림 5-14와 같은 내용이 표시된다.

```
In [35]:    1  test = pd.concat((normal.iloc[:1900], anomaly.iloc[:100]))
            2  true = test.Class
            3  test = scaler.transform(test.drop(["Time", "Class"], axis=1))
            4  preds = []
            5
            6  batch_size = 80
            7  for f in range(25):
            8      print(f"Batch {f}", end=" - ")
            9
           10      sample = pd.DataFrame(test[f*batch_size:(f+1)*batch_size]).to_json(orient="split")
           11
           12      output = query(sample)
           13      resp = pd.DataFrame([output])
           14      preds = np.concatenate((preds, resp.values[0]))
           15
           16      print("Completed")
           17
           18  eval_acc = accuracy_score(true, preds)
           19  eval_auc = roc_auc_score(true, preds)
           20
           21  print("Eval Acc", eval_acc)
           22  print("Eval AUC", eval_auc)

           Batch 0 - Completed
           Batch 1 - Completed
           Batch 2 - Completed
           Batch 3 - Completed
           Batch 4 - Completed
           Batch 5 - Completed
           Batch 6 - Completed
           Batch 7 - Completed
           Batch 8 - Completed
           Batch 9 - Completed
           Batch 10 - Completed
           Batch 11 - Completed
           Batch 12 - Completed
           Batch 13 - Completed
           Batch 14 - Completed
           Batch 15 - Completed
           Batch 16 - Completed
           Batch 17 - Completed
           Batch 18 - Completed
           Batch 19 - Completed
           Batch 20 - Completed
           Batch 21 - Completed
           Batch 22 - Completed
           Batch 23 - Completed
           Batch 24 - Completed
           Eval Acc 0.9915
           Eval AUC 0.915
```

그림 5-14 배치 쿼리 스크립트의 출력이다. 또한 이상치에 대한 모델의 성능을 더 잘 파악할 수 있도록 100개의 이상치와 1900개의 정상치를 함께 포함했다. 이 작업이 완료되면 다음을 실행해 모델이 실제로 예측을 수행하는지 확인한다.

이 모든 것이 훌륭하다. 하지만 구현된 모델을 전환하려면 어떻게 해야 하는가? SageMaker를 사용하면 엔드포인트를 업데이트하고 새 모델로 전환할 수 있다. 어떻게 하는지 살펴보자.

▶▶ 모델 전환

모델을 업데이트하려는 경우 또는 현재 모델과 해당 예측 서비스를 더 이상 사용할 수 없으므로 새 엔드포인트를 삭제하고 생성할 필요 없이 교체할 수 있다. 이 경우 엔드포인트를 업데이트하고 해당 엔드포인트에서 현재 호스팅되는 모델을 교체하면 된다. 이렇게 하려면 새 model_uri만 수집하면 된다.

이번에는 model_uri가 배포할 새 모델의 URI를 참조한다. 이 경우 버킷에 업로드한 세 번의 실행 중 두 번째 실행을 선택한다. 다른 모든 기능은 그대로 유지되므로 새 model_uri만 획득하면 된다.

이제 run_id 값을 선택한 run_id로 바꾸면서 다음을 실행한다.

```
new_run_id = "3862eb3bd89b43e8ace610c521d974e6"
new_model_uri = "s3://{}/{}/{}/artifacts/{}/".format
(s3_bucket_name, experiment_id, new_run_id, model_name)
```

이제 이 코드를 실행했으므로 다음 코드를 실행해 모델을 업데이트한다.

```
mfs.deploy(app_name=app_name,
           model_uri=new_model_uri,
           execution_role_arn=execution_role_arn,
           region_name=region,
           image_url=image_ecr_url,
           mode=mfs.DEPLOYMENT_MODE_REPLACE)
```

이 기능은 모델을 배포하는 데 사용한 기능과 매우 유사하다는 것을 알 수 있다.

현재 mfs.DEPLOYMENT_MODE_CREATE 대신 mfs.DEPLOYMENT_MODE_REPLACE를 수행하고 있으므로 다른 파라미터는 모드^{mode}뿐이다.

그림 5-15를 참조해 출력의 모양을 확인한다.

이 작업은 완료하는 데 시간이 걸릴 수도 있다.

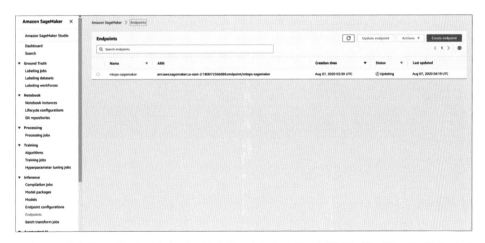

```
In [*]:   1  mfs.deploy(app_name=app_name,
          2              model_uri=new_model_uri,
          3              execution_role_arn=execution_role_arn,
          4              region_name=region,
          5              image_url=image_ecr_url,
          6              mode=mfs.DEPLOYMENT_MODE_REPLACE)
```

```
2020/08/07 00:19:31 INFO mlflow.sagemaker: Using the python_function flavor for deployment!
2020/08/07 00:19:32 INFO mlflow.sagemaker: No model data bucket specified, using the default bucket
2020/08/07 00:19:33 INFO mlflow.sagemaker: Default bucket `mlflow-sagemaker-us-east-2-180072566886` already ex
ists. Skipping creation.
2020/08/07 00:19:34 INFO mlflow.sagemaker: tag response: {'ResponseMetadata': {'RequestId': '19E60C275A0F8688
', 'HostId': 'm29MKVE5o1avY1FuIqPYj00yCx1BFwgcQfmBv70ntEYz90XjRfmaQIq06Zf16+m4Y2JQ/1N5n+s=', 'HTTPStatusCode':
200, 'HTTPHeaders': {'x-amz-id-2': 'm29MKVE5o1avY1FuIqPYj00yCx1BFwgcQfmBv70ntEYz90XjRfmaQIq06Zf16+m4Y2JQ/1N5n+
s=', 'x-amz-request-id': '19E60C275A0F8688', 'date': 'Fri, 07 Aug 2020 04:19:34 GMT', 'content-length': '0', '
server': 'AmazonS3'}, 'RetryAttempts': 0}}
2020/08/07 00:19:34 INFO mlflow.sagemaker: Found active endpoint with arn: arn:aws:sagemaker:us-east-2:1800725
66886:endpoint/mlops-sagemaker. Updating...
2020/08/07 00:19:34 INFO mlflow.sagemaker: Created new model with arn: arn:aws:sagemaker:us-east-2:18007256688
6:model/mlops-sagemaker-model-o5kndk8btxabtabice-0tbrq
2020/08/07 00:19:34 INFO mlflow.sagemaker: Created new endpoint configuration with arn: arn:aws:sagemaker:us-e
ast-2:180072566886:endpoint-config/mlops-sagemaker-config-npdknzrpskwicek40u1bvq
2020/08/07 00:19:35 INFO mlflow.sagemaker: Updated endpoint with new configuration!
2020/08/07 00:19:35 INFO mlflow.sagemaker: Waiting for the deployment operation to complete...
2020/08/07 00:19:35 INFO mlflow.sagemaker: The operation is still in progress.
2020/08/07 00:19:55 INFO mlflow.sagemaker: The update operation is still in progress. Current endpoint status:
"Updating"
2020/08/07 00:20:16 INFO mlflow.sagemaker: The update operation is still in progress. Current endpoint status:
"Updating"
2020/08/07 00:20:36 INFO mlflow.sagemaker: The update operation is still in progress. Current endpoint status:
"Updating"
```

그림 5-15 업데이트 코드를 실행한 후 출력되는 모습이다.

실행 중인 동안 포털에서 엔드포인트를 확인해 업데이트 중인지 확인할 수 있다. 이를 보려면 그림 5-16을 참조한다.

그림 5-16 이제 엔드포인트가 업데이트되고 있다. 완료되면 엔드포인트가 생성될 때와 마찬가지로 "InService"가 표시된다.

실행이 완료되면 동일한 기능을 사용해 이 모델을 다시 쿼리할 수 있다. 배치 스크립트도 수정할 필요가 없다. 이제 엔드포인트를 새 모델로 업데이트하는 방법을 알게 됐으므로 엔드포인트와 배포된 모델을 제거하는 방법에 대해 알아본다.

▶▶ 배포된 모델 제거

각각 다른 모델이 호스팅되는 여러 엔드포인트가 있을 수 있으며 비용 때문에 엔드 포인트를 더 이상 실행 상태로 유지하지 않으려는 경우가 있다.

엔드포인트를 삭제하려면 다음 정보만 있으면 된다.

- app_name

- region

이미 정의돼 있어야 하는 정보를 통해 다음을 간단히 실행한다.

```
mfs.delete(app_name=app_name,region_name=region)
```

그림 5-17과 같은 출력을 볼 수 있다. 이 프로세스는 매우 빠르게 완료된다.

그림 5-17 삭제 명령의 출력

포털에서도 엔드포인트를 확인할 수 있으며 그림 5-18과 같은 항목이 표시된다.

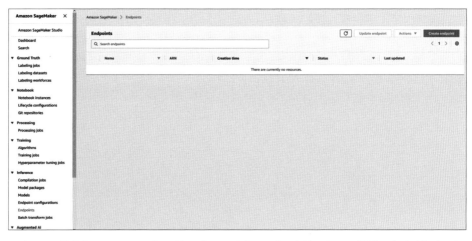

그림 5-18 삭제 후 SageMaker 엔드포인트 리소스. 삭제 프로세스가 성공적으로 진행됐으면 여기에 아무것도 없어야 한다.

보다시피 엔드포인트가 완전히 사라졌다.

한 가지 유의할 점은 시간이 지남에 따라 비용이 누적돼 지갑에 흠집이 날 수 있으므로 실수로 리소스를 실행 상태로 두지 않도록 해야 한다는 것이다. SageMaker 엔드포인트와 같은 서비스의 경우 시간당 요금이 부과되므로 작업이 끝나면 삭제해야 한다.

S3 버킷과 ECR 컨테이너는 데이터 전송 비용만 청구하는 일회성 요금이다.

이제 AWS SageMaker를 사용해 MLFlow 모델을 작동하는 방법을 알게 됐다.

▶▶ 요약

MLFlow는 운영화 코드에서 AWS SageMaker를 명시적으로 지원한다. 여기서는 실행을 S3 버킷에 업로드하는 방법과 모델 운영 시 사용할 AWS SageMaker용 MLFlow 도커^{Docker} 컨테이너 이미지를 생성하고 푸시하는 방법에 대해 설명했다. 또한 모델을 엔드포인트에 배포하고 쿼리하고 새 모델로 업데이트하고 엔드포인트를 삭제하는 방법도 다뤘다. 이제 MLFlow 및 AWS SageMaker를 사용해 머신러닝 모델을 운영하는 방법을 알게 됐기를 바란다.

6장에서는 Microsoft Azure를 사용해 MLFlow 모델을 운영하는 방법을 알아본다.

Chapter 6

Azure에 배포

6장에서는 마이크로소프트 애저^{Microsoft Azure}를 사용해 MLFlow 모델을 작동하는 방법을 살펴본다. 특히 Azure의 내장 기능을 활용해 모델을 개발 브랜치와 운영 브랜치에 배포하는 방법과 배포 후 모델을 쿼리하는 방법을 알아본다.

▶▶ 소개

5장에서는 모델을 Amazon SageMaker에 배포하고 업데이트 또는 삭제 이벤트를 통해 모델을 관리하고 쿼리하는 방법을 살펴봤다. 이제 Microsoft Azure를 사용해 MLFlow 모델을 어떻게 운영할 수 있는지 알아본다.

시작하기 전에 중요한 필수 조건이 있다.

- Python 환경에 azureml-sdk를 설치한다.

AWS와 마찬가지로 Microsoft Azure도 지속적으로 작업 및 업데이트되고 있다. MLFlow는 Microsoft Azure를 지원하므로 MLFlow를 사용해 모델을 작동할 수 있어야 한다. MLFlow에서 새 기능을 문서화해야 하며, 최악의 경우 Azure에서 서버를 호스팅하고 MLOps 기능을 그대로 유지할 수 있다.

7장에서는 구글 클라우드 API를 사용해 MLFlow 모델을 작동하는 방법을 다시 살펴본다.

6장에서는 다음 사항을 자세히 살펴본다.

- **Azure 구성**: 여기서는 MLFlow의 기능을 사용해 호스팅할 모델의 컨테이너 이미지를 작성한다. 그런 다음 이미지를 Amazon AWS Elastic Container Registry(ECR)로 푸시한 방식과 유사하게 Azure의 ACI[Azure Container Instance]로 푸시한다.

- **Azure에 모델 배포(개발 단계)**: 여기서는 내장된 azureml-sdk 모듈 코드를 사용해 Azure에 모델을 푸시한다. 그러나 이는 개발 단계 배포이므로 이 모델은 컴퓨팅 리소스가 제한돼 있으므로 운영에 준비가 돼 있지 않다.

- **예측하기**: 모델 배포가 완료되면 쿼리할 준비가 된다. 이 작업은 HTTP 요청을 통해 수행된다. 이는 모델이 개발 단계에 있으므로 클라우드에서 호스팅된 후 작동하는지 확인할 수 있는 방법이다.

- **운영 환경에 배포**: 여기서는 MLFlow Azure 모듈 코드를 사용해 컨테이너 인스턴스(또는 Azure Kubernetes Service와 같은 제공된 다른 배포 구성)를 생성해 모델을 운영 환경에 배포한다.

- **예측하기**: 개발 단계에서 모델을 쿼리하는 방식과 마찬가지로, 모델이 운영 단계에 배포된 후 모델을 조회하고 5장에서 언급한 것과 같이 배치 쿼리 스크립트를 실행한다.

- **모델 전환**: MLFlow는 모델을 전환할 수 있는 명시적 기능을 제공하지 않으므로, 서비스를 삭제하고 다른 모델을 실행해 다시 생성해야 한다.

- **배포된 모델 제거:** 마지막으로 수행한 모든 배포를 취소하고 모든 리소스를 제거한다. 즉, 개발 및 운영 브랜치 서비스와 컨테이너 레지스트리 및 완료 후 생성된 추가 서비스를 모두 삭제한다.

이제 시작해보자!

▶▶ Azure 구성

Azure의 기능을 사용해 모델을 작동하기 전에 먼저 Azure 워크스페이스를 새로 생성하거나 기존 워크스페이스를 연결해야 한다. 이 작업은 코드 또는 브라우저의 UI를 통해 수행할 수 있다.

이 경우 브라우저에서 포털을 열고 워크스페이스를 생성하는 방법을 배우게 된다. 그림 6-1을 참조한다.

그림 6-1 Microsoft Azure 포털 홈 화면의 예

그런 다음, Create a resource 옵션을 클릭하고 "Machine Learning"을 검색한다. 그림 6-2와 같은 것을 볼 수 있다.

그림 6-2 Azure에서 제공하는 "Machine Learning" 서비스의 예. 이 서비스 내에서 워크스페이스를 생성하려는 경우 Create 버튼을 클릭한다.

Create 버튼을 클릭한다. 그림 6-3과 같은 것을 볼 수 있다(우리 자체 파라미터로 필드를 채웠다).

당신의 구독은 우리의 구독과 다를 수 있다. 리소스 그룹을 위해 azure-mlops라는 새 리소스 그룹을 생성했다.

그림 6-3에서 완료한 필드는 워크스페이스를 생성하기에 충분한다. 그런 다음 **Review + Create** 옵션을 클릭하고 Azure가 유효성 검사 절차가 통과됐음을 알려주고 **Create**를 클릭할 수 있도록 허용하면 **Create**를 클릭한다.

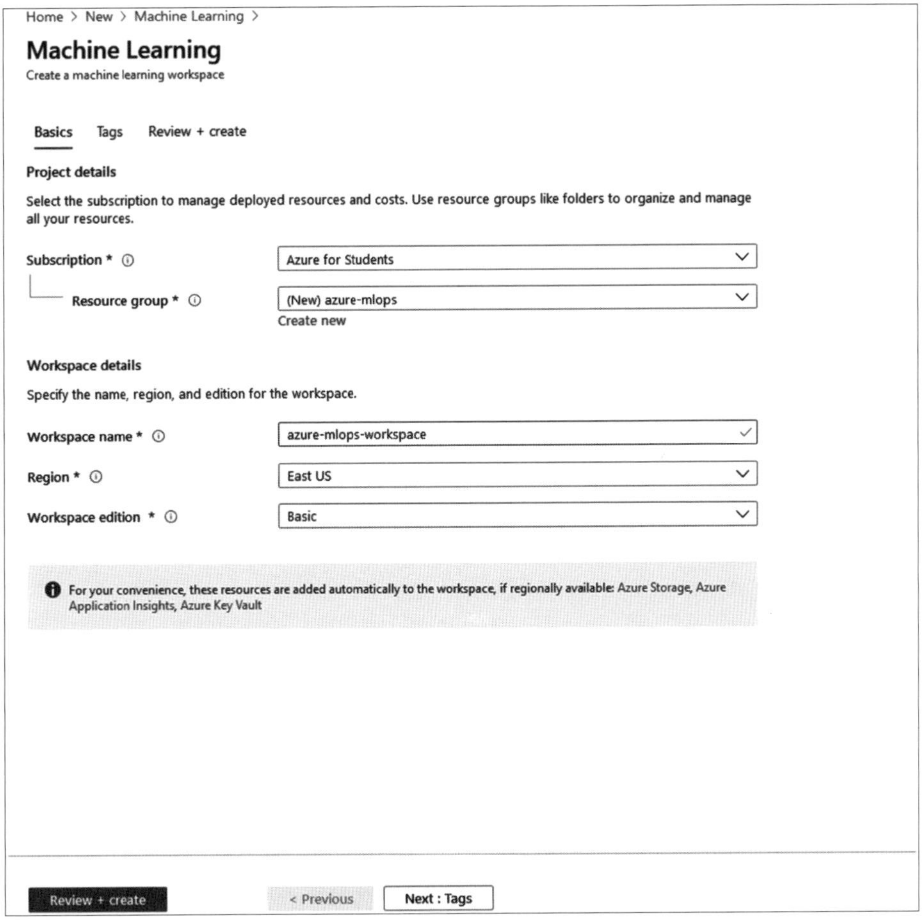

그림 6-3 워크스페이스 생성 UI

이 작업은 배포하는 데 시간이 걸린다. 워크스페이스를 생성했으면, 홈 포털로 돌아가서 모든 리소스 옵션을 클릭한다. 그림 6-4와 같은 것을 볼 수 있다.

워크스페이스를 클릭한다. 워크스페이스 옆에 화학 실험실에 있는 비이커 이미지가 있어야 한다.

이 개요에서는 이 워크스페이스와 관련된 몇 가지 파라미터를 볼 수 있다.

워크스페이스의 다음 특성을 추적해 코드로 연결할 수 있도록 한다.

- workspace_name(azure-mlops-filename)

- subscription(Subscription-ID라고 표시된 값)

- resource_group(azure-mlops)

- location(East-US)

그림 6-4 모든 리소스 옵션을 보면 이와 같은 현상이 나타날 수 있다.

그림 6-5를 참조한다.

그림 6-5 자신의 워크스페이스에서 이와 같은 것을 볼 수 있다. 여기서는 잠재적으로 중요한 필드를 점검했지만 고유한 subscription ID를 화면에서 볼 수 있어야 한다. 이것이 사용하려는 값이다.

이제 다음 작업을 실행해 워크스페이스를 생성하고 연결한다.


```python
import azureml
from azureml.core import Workspace
```

```
workspace_name = "MLOps-Azure"
workspace_location="East US"
resource_group = "mlflow_azure"
subscription_id = "xxxxxxxx-xxxx-xxxx-xxxx-xxxxxxxxxxxx"
workspace = Workspace.create(name = workspace_name,
                             location = workspace_location,
                             resource_group = resource_group,
                             subscription_id = subscription_id,
                             exist_ok=True)
```

워크스페이스에 성공적으로 연결했다면 셀은 이슈 없이 실행돼야 한다.

그런 다음 Azure에서 사용할 MLFlow 컨테이너 이미지를 빌드해야 한다. 여기서는 배포할 모델의 실행도 지정한다. Amazon SageMaker의 경우 로컬 시스템에서 실행하거나 S3 버킷에서 실행되는 작업을 참조할 수 있었다. Azure의 스토리지 엔티티인 BLOB를 사용하는 경우를 제외하고 Azure에도 동일한 작업을 수행할 수 있다.

어느 쪽이든 배포하려는 모델의 실행 ID와 모델이 로그인된 아티팩트 구성 체계가 필요하다. Amazon S3 버킷에 저장한 모델의 경우 s3:/라는 구성 체계를 사용했지만 이번에는 로컬에서만 실행된다. 원하는 경우 Amazon S3 버킷 또는 Google 클라우드 버킷을 계속 사용할 수 있다. 실행을 어디에 저장하느냐는 중요하지 않다.

다음을 실행해 값을 특정 실행 및 저장 체계로 변경한다.

```
run_id = "1eb809b446d949d5a70a1e22e4b4f428"
model_name = "log_reg_model"
model_uri = f"runs:/{run_id}/{model_name}"
```

모델 이름을 변경하지 않는 한 모델 이름과 동일해야 한다. 로컬 실행을 사용하므로 runs:/로 시작하는 URI가 있다. 다시 한 번, 이 문제를 상황에 맞는 것으로 변경한다. 마지막으로 이 모든 정보가 설정된 상태에서 컨테이너 이미지를 생성한다.

```
import mlflow.azureml
model_image, azure_model = mlflow.azureml.build_image
                         (model_uri=model_uri,
```

```
workspace=workspace,
model_name="sklearn_logreg_dev",
image_name="model",
description="SkLearn LogReg Model
for Anomaly Detection",
synchronous=False)
```

그림 6-6과 같은 것을 볼 수 있다. MLFlow 버전에 따라 경고 메시지가 표시되거나 표시되지 않을 수 있다.

```
In [36]:  1  import mlflow.azureml
          2
          3  model_image, azure_model = mlflow.azureml.build_image(model_uri=model_uri,
          4                                                        workspace=workspace,
          5                                                        model_name="sklearn_logreg",
          6                                                        image_name="model",
          7                                                        description="SkLearn LogReg Model for Anomaly Detection",
          8                                                        synchronous=False)
```

Registering model sklearn_logreg

```
2020/08/21 14:55:27 INFO mlflow.azureml: Registered an Azure Model with name: `sklearn_logreg` and version: `1`
C:\Users\Shumpu\Anaconda2\envs\p36\lib\site-packages\mlflow\azureml\__init__.py:201: DeprecationWarning: ContainerImage cla
ss has been deprecated and will be removed in a future release. Please migrate to using Environments. https://docs.microsof
t.com/en-us/azure/machine-learning/how-to-use-environments
  tags=tags,
C:\Users\Shumpu\Anaconda2\envs\p36\lib\site-packages\azureml\core\image\container.py:161: DeprecationWarning: ContainerImag
eConfig class has been deprecated and will be removed in a future release. Please migrate to using Environments. https://do
cs.microsoft.com/en-us/azure/machine-learning/how-to-use-environments
  base_image, base_image_registry, cuda_version=cuda_version)
C:\Users\Shumpu\Anaconda2\envs\p36\lib\site-packages\mlflow\azureml\__init__.py:206: DeprecationWarning: Image class has be
en deprecated and will be removed in a future release. Please migrate to using Environments. https://docs.microsoft.com/en-
us/azure/machine-learning/how-to-use-environments
  models=[registered_model])
```

Creating image

```
C:\Users\Shumpu\Anaconda2\envs\p36\lib\site-packages\azureml\core\image\image.py:407: DeprecationWarning: Image class has b
een deprecated and will be removed in a future release. Please migrate to using Environments. https://docs.microsoft.com/en
-us/azure/machine-learning/how-to-use-environments
  image = Image(workspace, id=image_id)
2020/08/21 14:55:43 INFO mlflow.azureml: Building an Azure Container Image with name: `model` and version: `1`
```

그림 6-6 Azure의 컨테이너 레지스트리에 컨테이너를 빌드하고 푸시한다. 지금은 경고 메시지를 무시한다. 앞으로는 이러한 메시지가 표시되지 않을 수 있다. 이 코드는 MLFlow에 의해 생성되고 유지되기 때문에, Azure가 푸시하는 모든 새로운 기능에 대한 지원을 제공할 가능성이 높다.

다음으로 코드를 실행해 컨테이너 상태를 확인한다.

```
model_image.wait_for_creation(show_output=True)
```

그림 6-7과 같은 것을 볼 수 있다.

```
In [37]:  1  model_image.wait_for_creation(show_output=True)

Succeeded
Image creation operation finished for image model:1, operation "Succeeded"
```

그림 6-7 이미지 생성 작업의 진행률 출력 확인

이미지가 생성되면 이제 모델을 배포할 수 있다.

▶▶ Azure에 배포(개발 단계)

Azure가 제공하는 흥미로운 기능 중 하나는 ACI 웹 서비스다. 이 웹 서비스는 특별히 개발 중인 일부 모델을 디버깅하거나 테스트하기 위한 목적으로 사용되므로 개발 단계에서 사용하기에 적합하다.

방금 생성한 모델 이미지를 기반으로 ACI 웹 서비스 인스턴스를 배포하려고 한다.

다음을 실행한다.

```python
from azureml.core.webservice import AciWebservice, Webservice
aci_service_name = "sklearn-model-dev"
aci_service_config = AciWebservice.deploy_configuration()
aci_service = Webservice.deploy_from_image
            (name=aci_service_name,
            image=model_image,
            deployment_config=aci_service_config,
            workspace=workspace)
```

그림 6-8과 같은 것을 볼 수 있다.

```
In [38]:    1  from azureml.core.webservice import AciWebservice, Webservice
            2
            3  aci_service_name = "sklearn-model-dev"
            4  aci_service_config = AciWebservice.deploy_configuration()
            5
            6  aci_service = Webservice.deploy_from_image(name=aci_service_name,
            7                                             image=model_image,
            8                                             deployment_config=aci_service_config,
            9                                             workspace=workspace)
           10

C:\Users\Shumpu\Anaconda2\envs\p36\lib\site-packages\ipykernel_launcher.py:9: DeprecationWarning: deploy_from_image has bee
n deprecated and will be removed in a future release. Please migrate to using Environments. https://docs.microsoft.com/en-u
s/azure/machine-learning/how-to-use-environments
  if __name__ == '__main__':
```

그림 6-8 ACI 서비스 생성의 출력이다. 이 기능은 향후에 제거될 것으로 보이지만, 현재로는 ACI 서비스에 접근해 모델을 배포하는 한 가지 방법이다.

이러한 정확한 서비스 시작 방법은 가까운 장래에 환경을 고려해 더 이상 사용되지 않을 수 있다. 당분간은 이러한 방식으로 ACI 서비스를 시작할 수 있지만 중요한 것은 개발 단계 테스트에 맞게 특별히 조정된 웹 서비스가 있다는 것이다.

이제 다음을 실행해 진행률을 확인한다.

```
aci_service.wait_for_deployment(show_output=True)
```

그림 6-9와 같은 것을 볼 수 있다.

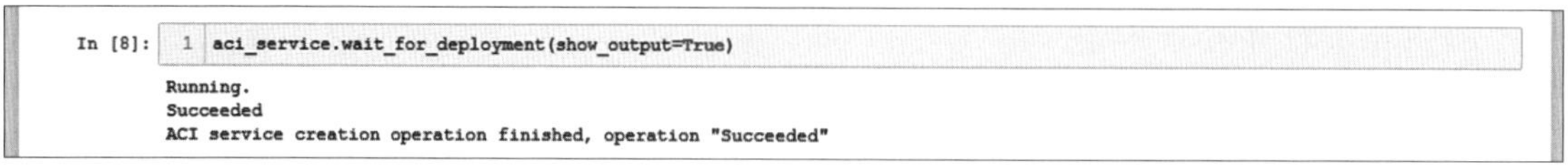

```
In [8]:  1  aci_service.wait_for_deployment(show_output=True)

Running.
Succeeded
ACI service creation operation finished, operation "Succeeded"
```

그림 6-9 배포가 성공적이었는지 여부를 확인할 수 있다.

예측하기 전에 먼저 서비스에 연결할 수 있는지 확인해본다.

```
aci_service.scoring_uri
```

그림 6-10과 같은 것을 볼 수 있다. 그렇지 않은 경우 포털의 리소스로 이동해 sklearn-model-dev라는 이름의 새 컨테이너가 있는지 확인한다. 그렇지 않다면 셀을 동일한 순서로 다시 실행해본다. 이번에는 일부 URI가 표시된다.

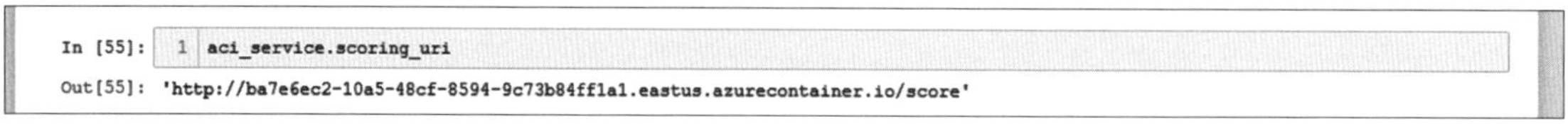

```
In [55]:  1  aci_service.scoring_uri
Out[55]:  'http://ba7e6ec2-10a5-48cf-8594-9c73b84ff1a1.eastus.azurecontainer.io/score'
```

그림 6-10 스코어링 URI가 표시되며, URI에 연결해 예측할 수 있음을 나타낸다.

이제 이 모델로 예측할 수 있다.

▶▶ 예측하기

이제 예측 가능한 데이터를 수집해야 한다.

이전과 마찬가지로 신용카드 데이터 세트를 로드하고, 이를 전처리하며 모델을 쿼리할 작은 배치를 따로 남겨둔다. 다음 코드 블록을 실행하고 이 디렉터리에 creditcard.csv가 있는 폴더 이름이 data인지 확인한다.

```python
import pandas as pd
import mlflow
import mlflow.sklearn
import seaborn as sns
import matplotlib.pyplot as plt
from sklearn.preprocessing import StandardScaler
from sklearn.model_selection import train_test_split
from sklearn.metrics import roc_auc_score, accuracy_score,
confusion_matrix
import numpy as np
import subprocess
import json
df = pd.read_csv("data/creditcard.csv")
```

모든 모듈을 로드하고 데이터를 적재했으면 다음을 실행한다.

```python
normal = df[df.Class == 0].sample(frac=0.5, random_state=2020).
reset_index(drop=True)
anomaly = df[df.Class == 1]
normal_train, normal_test = train_test_split(normal, test_size
= 0.2, random_state = 2020)
anomaly_train, anomaly_test = train_test_split(anomaly,
test_size = 0.2, random_state = 2020)
scaler = StandardScaler()
scaler.fit(pd.concat((normal, anomaly)).drop(["Time", "Class"],
axis=1))
```

셀에서 위의 두 개의 코드 블록은 그림 6-11과 같아야 한다.

```
In [39]:   1  import pandas as pd
           2  import mlflow
           3  import mlflow.sklearn
           4
           5  import seaborn as sns
           6
           7  import matplotlib.pyplot as plt
           8
           9  from sklearn.preprocessing import StandardScaler
          10  from sklearn.model_selection import train_test_split
          11  from sklearn.metrics import roc_auc_score, accuracy_score, confusion_matrix
          12
          13  import numpy as np
          14
          15  import subprocess
          16  import json
          17
          18  df = pd.read_csv("data/creditcard.csv")

In [40]:   1  normal = df[df.Class == 0].sample(frac=0.5, random_state=2020).reset_index(drop=True)
           2  anomaly = df[df.Class == 1]
           3
           4  normal_train, normal_test = train_test_split(normal, test_size = 0.2, random_state = 2020)
           5  anomaly_train, anomaly_test = train_test_split(anomaly, test_size = 0.2, random_state = 2020)
           6
           7  scaler = StandardScaler()
           8  scaler.fit(pd.concat((normal, anomaly)).drop(["Time", "Class"], axis=1))
           9

Out[40]:   StandardScaler(copy=True, with_mean=True, with_std=True)
```

그림 6-11 import 명령문 및 데이터 프로세싱 코드. 이 모델을 처음 학습할 때와 마찬가지로 스케일러를 정의해 데이터에 맞춘다.

데이터 준비를 마치면 배포된 모델을 쿼리하는 기능을 정의한다.

```
import requests
import json
def query(scoring_uri, inputs):
    headers = {
    "Content-Type": "application/json",
    }
    response = requests.post(scoring_uri, data=inputs,
    headers=headers)
    preds = json.loads(response.text)
    return preds
```

이제 몇 개의 포인트를 선택하고 예측할 수 있다.

```
data_selection = df.iloc[:80].drop(["Time", "Class"], axis=1)
input_json = pd.DataFrame(scaler.transform(data_selection)).
to_json(orient="split")
preds = query(scoring_uri=aci_service.scoring_uri,
inputs=input_json)
pd.DataFrame(preds).T
```

그림 6-12와 같은 내용이 함께 표시된다.

```
In [56]:   1  import requests
           2  import json
           3
           4  def query(scoring_uri, inputs):
           5
           6      headers = {
           7      "Content-Type": "application/json",
           8      }
           9
          10      response = requests.post(scoring_uri, data=inputs, headers=headers)
          11      preds = json.loads(response.text)
          12      return preds

In [64]:   1  data_selection = df.iloc[:80].drop(["Time", "Class"], axis=1)
           2  input_json = pd.DataFrame(scaler.transform(data_selection)).to_json(orient="split")
           3

In [65]:   1  preds = query(scoring_uri=aci_service.scoring_uri, inputs=input_json)
           2  pd.DataFrame(preds).T

Out[65]:
             0 1 2 3 4 5 6 7 8 9 ... 70 71 72 73 74 75 76 77 78 79
             0 0 0 0 0 0 0 0 0 0 ... 0  0  0  0  0  0  0  0  0  0

             1 rows × 80 columns
```

그림 6-12 ACI 웹 서비스에 배포된 모델에 일부 샘플 데이터로 쿼리하고 응답을 수신한다.

보다시피 스케일링 덕분에 모델에서 정확한 예측값을 반환했다.

이제 개발 브랜치에 배포하는 방법을 알게 됐으므로, 내장 MLFlow 기능을 사용해 운영 환경에 모델을 배포하는 방법을 살펴본다.

▶ 운영 환경에 배포

MLFlow는 Azure 지원을 제공하며 기본적으로 컨테이너 인스턴스를 사용해 모델을 직접 배포할 수 있도록 지원한다.

바로 시작해본다. 선호하는 이름으로 바꾸면서 다음을 실행한다.

```
azure_service, azure_model = mlflow.azureml.deploy(model_uri,
                    workspace,
                    service_name="sklearn-logreg",
                    model_name="log-reg-model",
                    synchronous=True)
```

특정 웹 서비스에 배포할 수 있다. 기본적으로 MLFlow는 컨테이너 인스턴스에서 모델을 호스트하지만 컴퓨터 클러스터를 지정할 수 있다. 자세한 내용은 다음 링크의 설명서를 참조한다.

```
www.mlflow.org/docs/latest/python_api/mlflow.azureml.html
```

코드 실행이 완료되면 약간의 시간이 걸릴 수 있으며 URI를 출력할 수 있는지도 확인할 수 있다.

```
azure_service.scoring_uri
```

함께 그림 6-13과 같은 것을 볼 수 있다.

그림 6-13 엔드포인트를 생성하고, 서비스에 URI가 있는지 확인했다.

모델을 성공적으로 배포했으므로 이제 예측으로 넘어간다.

▶▶ 예측하기

이제 모델을 배포했으므로 코드를 실행해 예측해본다.

먼저 다음을 실행해 예측을 수신하고 있는지 확인해본다. 다음과 같이 이미 input_json이 정의돼 있어야 한다.

```
preds = query(scoring_uri=azure_service.scoring_uri,
inputs=input_json)
pd.DataFrame(preds).T
```

이제 그림 6-14와 같은 것을 볼 수 있다.

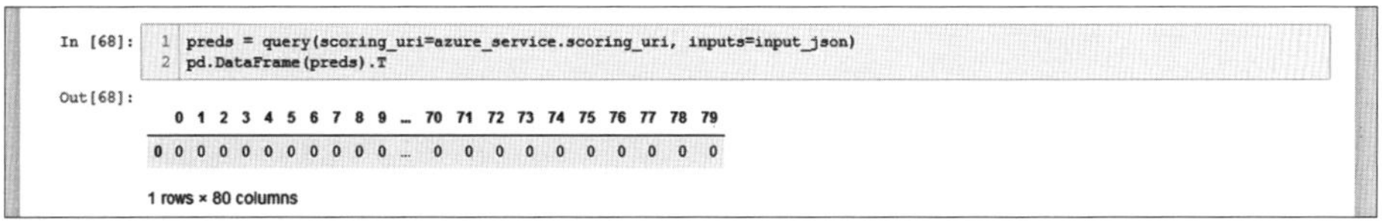

그림 6-14 배포된 모델을 확장된 데이터 배치와 함께 쿼리해 제대로 작동하는지 확인한다.

이제 배치 쿼리 스크립트를 실행한다.

```
test = pd.concat((normal.iloc[:1900], anomaly.iloc[:100]))
true = test.Class
test = scaler.transform(test.drop(["Time", "Class"], axis=1))
preds = []
batch_size = 80
for f in range(25):
    print(f"Batch {f}", end=" - ")
    sample = pd.DataFrame(test[f*batch_size:(f+1)*batch_size]).
    to_json(orient="split")
    output = query(scoring_uri=azure_service.scoring_uri,
    inputs=sample)
    resp = pd.DataFrame([output])
    preds = np.concatenate((preds, resp.values[0]))
    print("Completed")
eval_acc = accuracy_score(true, preds)
eval_auc = roc_auc_score(true, preds)
print("Eval Acc", eval_acc)
print("Eval AUC", eval_auc)
```

완료되면 그림 6-15와 같은 항목이 표시된다.

```
In [69]:    1  test = pd.concat((normal.iloc[:1900], anomaly.iloc[:100]))
            2  true = test.Class
            3  test = scaler.transform(test.drop(["Time", "Class"], axis=1))
            4  preds = []
            5
            6  batch_size = 80
            7  for f in range(25):
            8      print(f"Batch {f}", end=" - ")
            9
           10      sample = pd.DataFrame(test[f*batch_size:(f+1)*batch_size]).to_json(orient="split")
           11
           12      output = query(scoring_uri=azure_service.scoring_uri, inputs=sample)
           13      resp = pd.DataFrame([output])
           14      preds = np.concatenate((preds, resp.values[0]))
           15
           16      print("Completed")
           17
           18  eval_acc = accuracy_score(true, preds)
           19  eval_auc = roc_auc_score(true, preds)
           20
           21  print("Eval Acc", eval_acc)
           22  print("Eval AUC", eval_auc)

Batch 0 - Completed
Batch 1 - Completed
Batch 2 - Completed
Batch 3 - Completed
Batch 4 - Completed
Batch 5 - Completed
Batch 6 - Completed
Batch 7 - Completed
Batch 8 - Completed
Batch 9 - Completed
Batch 10 - Completed
Batch 11 - Completed
Batch 12 - Completed
Batch 13 - Completed
Batch 14 - Completed
Batch 15 - Completed
Batch 16 - Completed
Batch 17 - Completed
Batch 18 - Completed
Batch 19 - Completed
Batch 20 - Completed
Batch 21 - Completed
Batch 22 - Completed
Batch 23 - Completed
Batch 24 - Completed
Eval Acc 0.9915
Eval AUC 0.915
```

그림 6-15 배치 쿼리 스크립트를 실행한 결과다. 이를 통해 2,000개의 데이터를 효과적으로 예측할 수 있었다.

이제 배포된 모델을 쿼리하고 모델을 사용해 예측하는 방법을 알게 됐다. Azure Kubernetes Service와 같은 특정 컴퓨팅 클러스터에 배포하기로 선택한 경우에도 동일한 절차가 필요한다.

▶▶ 자원 정리하기

안타깝게도 새로운 모델로 서비스를 업데이트하기 위한 특별한 기능은 없는 것 같다. 서비스를 삭제하고 다른 URI 모델로 새 서비스를 생성하는 절차로 보인다.

이제 방금 생성한 모든 서비스를 제거하는 방법에 대해 살펴본다.

다음을 실행한다.

```
aci_service.delete()
azure_service.delete()
```

그림 6-16 참조한다.

```
In [70]:     1  aci_service.delete()

In [71]:     1  azure_service.delete()
```

그림 6-16 이전에 시작한 웹 서비스 삭제

이제 홈 포털에서 모든 리소스 섹션으로 다시 이동한다. 이름이 컨테이너 인스턴스인 리소스 그룹 유형의 모든 항목을 선택한다. 아무것도 없어야 한다는 것을 알아야 한다. 그림 6-17은 이러한 상황을 보여준다(여기에 컨테이너 인스턴스가 있지만 관련이 없다). 방금 서비스를 삭제했으므로 `sklearn-logreg` 또는 `sklearn-model-dev`가 표시되지 않는다.

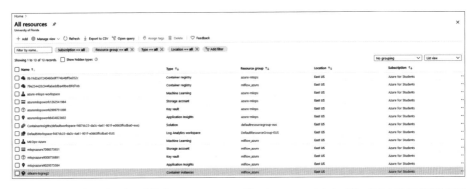

그림 6-17 컨테이너 인스턴스 유형의 sklearn-logreg 또는 sklearn-model-dev라는 리소스가 표시되지 않아야 한다. 여기에는 해당 리소스가 있지만 위에서 수행한 실험과는 관련이 없으며, 이 리소스 유형의 리소스가 어떻게 표시되는지 보이기 위해 존재한다.

여기에서 서비스를 제거하려면 그림 6-18과 같이 컨테이너 인스턴스 또는 다른 서비스를 삭제하기만 하면 된다.

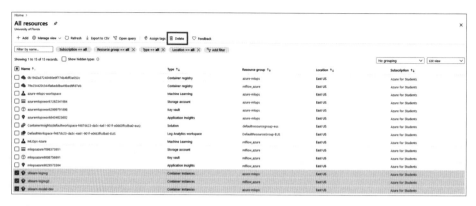

그림 6-18 모든 리소스 UI를 통해 수동으로 서비스 삭제

이제 동일한 절차에 따라 UI에서 Azure 워크스페이스를 정리하는 데 필요한 다른 모든 리소스(또는 6장에 대해 생성된 새 리소스만)를 삭제할 수 있다.

이제 MLFlow를 사용해 Microsoft Azure에 모델을 배포하는 방법을 알게 됐다.

Azure는 머신러닝 실험을 모니터링하고 다른 많은 추가 기능을 갖고 있지만, 이후 기능 수준에 따라 추가 비용이 발생할 수도 있다. Azure 및 Azure 기능에 관한 자세한 내용은 해당 제품의 훌륭한 문서를 참조한다.

▶▶ 요약

Amazon AWS와 마찬가지로 Microsoft Azure는 광범위한 사용자에게 많은 고급 서비스를 제공하는 클라우드 플랫폼이다. 특히 Azure는 MLFlow와 별도로 내장된 기능을 사용해 머신러닝 모델을 운영할 수 있도록 많은 지원을 받고 있다.

6장에서는 특정 MLFlow 모델 실행을 위한 컨테이너 이미지를 빌드하고, 개발/운영 환경에 배포하고, Microsoft Azure 기반에서 모델을 쿼리하는 방법을 배웠다.

7장에서는 MLFlow 모델을 운영하기 위한 플랫폼으로 Google 클라우드를 사용하는 방법을 살펴본다. Google 클라우드에 대한 명확한 MLFlow 지원은 없으므로, Google 클라우드에 호스팅된 서버에서 모델을 서비스하고 예측할 것이다.

Chapter 7

Google에 배포

7장에서는 MLFlow와 Google 클라우드를 사용해 Google 클라우드에 관한 명확한 배포 지원을 제공하지 않더라도 모델을 작동하는 방법을 설명한다.

좀 더 구체적으로 Google 클라우드 버킷 및 가상 머신을 설정하는 방법과 모델을 작동 및 쿼리하는 방법을 설명한다.

▶▶ 소개

6장에서는 모델을 Microsoft Azure에 배포하고 업데이트 또는 삭제 이벤트를 통해 모델을 관리하고 쿼리할 수 있는 방법을 설명했다. 이번에는 Google 클라우드를 사용해 모델을 작동하는 방법을 알아보겠다.

MLFlow는 AWS SageMaker 및 Microsoft Azure에서와 같이 Google 클라우드에서 배포하는 것을 명시적으로 지원하지 않으므로 앞의 5, 6장에서 모델을 조작하는 방식과 약간 다르게 접근해야 한다.

이번에는 인터넷으로 액세스할 수 있는 Google 클라우드 컴퓨터에서 호스팅한다는 점을 제외하고 4장에서 사용한 것과 동일한 모델 서비스 기능을 사용한다. 그러나 엔드포인트가 생성될 때까지 기다릴 필요가 없기 때문에 배포가 훨씬 빠르다. 또한 일단 시스템을 설정하면 모델 스왑이 매우 단순하며, 서로 다른 포트를 사용해 여러 모델을 서비스할 수도 있다.

Google 클라우드에는 쿠베플로우^{Kubeflow}와 같은 머신러닝 전용 고급 도구와 기능이 다양하게 포함돼 있다.

쿠베플로우는 머신러닝 라이프사이클을 기본적으로 쿠버네티스에 통합할 수 있는 도구다. 모든 머신러닝 파이프라인은 쿠버네티스를 통해 관리된다. 또한 쿠베플로우는 구글 클라우드 플랫폼과 통합돼 어떻게 쿠버네티스가 구글에 의해 만들어졌는지를 본다.

7장에서는 MLFlow 로그 모델을 배포할 수 있는 방법을 살펴보겠다. 머신러닝 라이프사이클을 관리하는 데 도움이 되는 플랫폼 특화 도구를 다루지는 않을 것이다.

시작하기 전에 다음과 같은 중요한 필수 조건이 있다.

- CLI를 사용해 서버에 연결할 수 있도록 Google Cloud SDK를 다운로드해 설치한다.

7장에서는 다음 사항을 자세히 살펴보겠다.

- **Google 구성**: 이는 아마도 이 배포 프로세스에서 가장 어려운 단계일 것이다. 먼저 버킷을 설정하고 클라우드에 저장할 mlruns 폴더의 내용을 푸시한다.

    그런 다음 모델을 배포할 때 서버를 호스트할 가상 머신을 설정한다. 여기에는 Conda 및 MLFlow 설치가 포함된다.

    마지막으로, MLFlow가 사용하는 기본 포트 5000을 통해 서버가 인바운드 접근되도록 방화벽을 설정해 주피터 노트북을 통해 이 서버에 실제로 연결할 수 있다.

- **모델 배포 및 쿼리**: 여기서 IP 주소를 확인하고 실행을 선택한 다음 모델을 서비스할 코드를 시작한다. 그런 다음 모델을 쿼리하고 배치 쿼리 스크립트도 실행한다.

- **배포 업데이트 및 제거**: 여기서는 배포를 중지하고 모델 서빙 스크립트를 다른 모델 실행으로 다시 실행해 모델 전환 기능을 수행한다. 모델을 업데이트한 후에는 모델 서비스를 중지하는 것만큼이나 쉽게 배포를 제거할 수 있다.

- **자원 정리**: 여기서는 사용한 모든 신규 서비스를 살펴보고 비용이 발생하지 않도록 모두 삭제한다.

이제 시작해보자!

▶▶ Google 구성

Google 클라우드를 사용해 모델을 배포하는 대부분의 작업은 실제로 구성 프로세스에 의해 수행된다. 모델을 호스팅하도록 스토리지와 시스템을 설정하고 나면 모델 서빙이 매우 쉬운 작업이 된다. 모델을 전환하려면 모델 실행을 변경하고 나머지 작업은 MLFlow가 처리하도록 하면 된다.

모델을 저장할 위치에 대해서는 Google 클라우드 스토리지를 사용한다. 이것은 실행을 Amazon S3 버킷 또는 Azure Blobs에 저장하는 것과 유사한 기능을 다시 수행한다. 모든 실행을 클라우드로 푸시하는 목적은 모델을 보관하는 중앙 집중식 스토리지 컨테이너가 있도록 하기 위함이다. 이제 전 세계 어디에서나 액세스할 수 있으며 실행 복사본이 다른 사람의 것과 다를 수 있는 버전 불일치 문제는 없다. 어떤 의미에서는 MLFlow 모델 레지스트리의 추가 기능 없이 모델 레지스트리의 역할을 수행한다.

▶▶ 버킷 스토리지

자 시작해보자. 먼저 Google 클라우드 포털에 들어간다. 그림 7-1과 같은 것을 볼 수 있다. 그러나 Google 클라우드도 지속적으로 업데이트되므로, 포털 화면이 다르게 보일 수 있다.

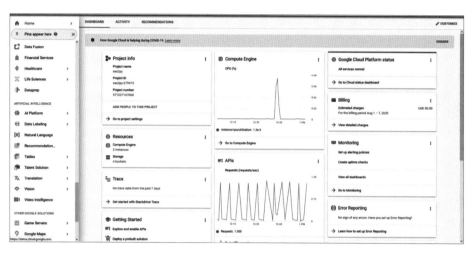

그림 7-1 Google 클라우드 포털 화면 모양

화면 왼쪽에 스크롤 막대가 있다. 여기에서 Google 클라우드가 제공하는 서비스를 살펴볼 수 있다. 스토리지라고 표시된 섹션으로 스크롤하고 스토리지라는 서비스를 클릭한다. 그림 7-2와 유사한 내용이 표시된다.

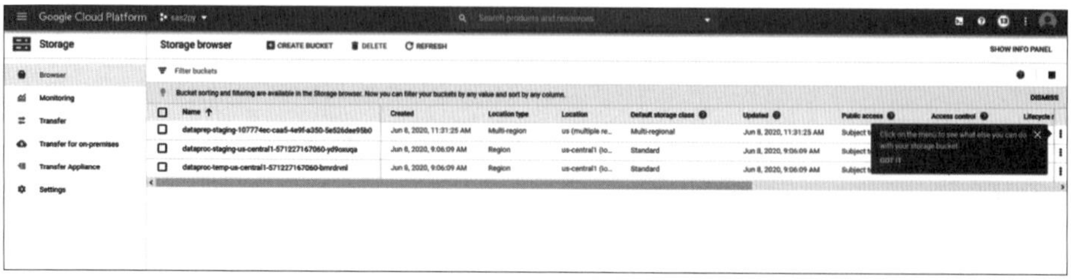

그림 7-2 직접 볼 수 있는 것과 비슷한 것이다. 여기에 버킷이 없을 수도 있다.

254

CREATE BUCKET이라고 표시된 버튼을 클릭한다. `mlops-storage`를 입력한다.

다음으로 location 유형을 묻는 메시지가 나타나면 지역 옵션을 선택해 비용을 최소화한다. 그림 7-3을 참조한다.

그림 7-3 버킷에 대한 스토리지 옵션 지정. 리전(Region)을 선택해 비용을 낮게 유지한다. 단, 푸시하는 데이터 양이 매우 적기에 실제 비용도 매우 적다.

나머지 옵션은 그대로 두고 **Create** 버튼을 클릭한다. 그림 7-4와 같은 것을 볼 수 있다.

그림 7-4 생성 후 버킷의 모양

여기서 MLFlow 실험(mlruns 디렉터리의 내용)을 폴더로 업로드하려면 Upload Folder를 클릭하고 mlruns 디렉터리 내의 모든 폴더를 업로드한다. .trash라는 폴더를 생략할 수 있다. 우리의 경우, 다른 실험을 사용하지 않을 것이기 때문에 scikit-learn을 이용한 실험만 업로드하고 나머지는 생략했다.

완료되면 그림 7-5와 같은 내용이 표시된다.

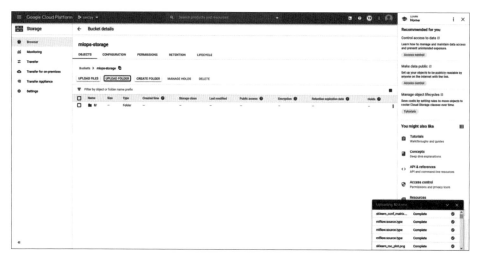

그림 7-5 mlruns 디렉터리 내용을 업로드한 후 버킷. 비용 절감을 위해 scikit-learn을 사용한 실험만 업로드했다.

이로써 스토리지 구성을 완료했다. 다음으로 모델을 호스팅할 가상 머신을 구성해야 한다.

▶▶ 가상 머신 구성

포털로 돌아간 후 Compute 섹션으로 스크롤하고 Compute 엔진 옵션을 클릭한다. 그림 7-6과 같은 것을 볼 수 있다. VM 인스턴스라는 서비스의 포털에 접속해야 한다.

그림 7-6 VM 인스턴스 화면 모양이다. 이 경우 이미 다른 머신이 실행 중이지만 새 머신을 생성하는 중이므로 이는 관련이 없다.

이제 **Create Instance**를 클릭하면 그림 7-7과 같은 항목이 표시된다.

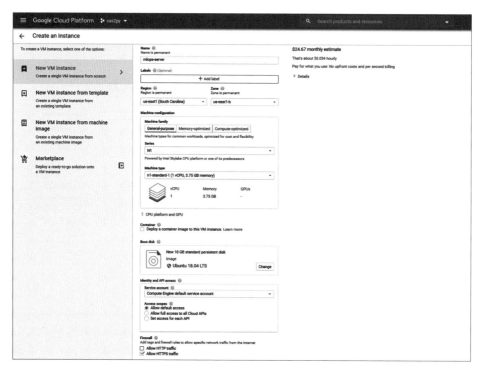

그림 7-7 VM 머신 인스턴스를 생성할 때 입력할 수 있는 옵션이다. 결과와 일관성을 보장하려면 그림에 표시된 선택 항목을 일치시켜야 한다.

이 경우 VM 머신에서 사용할 옵션을 입력하거나 선택했다. 머신을 mlops-server라고 명명하고 지역을 선택(자동으로 선택)했으며 Ubuntu 18.04 LTS를 사용하도록 지정했다. 마지막으로, 인터넷을 통한 HTTPS 트래픽을 허용하려고 한다.

마지막으로 완료되면 VM 머신을 머신 목록에서 볼 수 있다. 이제 `mlops-server` 이름을 클릭해 VM 머신 인스턴스를 오픈하려고 한다. 그러면 그림 7-8과 같은 화면이 표시된다.

그림 7-8 mlops-server를 클릭할 때 표시되는 항목. SSH라고 표시된 상자에 주목한다. 잠시 후 SSH를 사용할 수 있다.

SSH라고 적힌 상자를 본다. 드롭다운 목록임을 나타내는 작은 아래쪽 화살표가 있어야 한다. 해당 화살표를 클릭하고 View gcloud 명령 옵션을 선택한다. 그림 7-9를 참조한다.

그림 7-9 이 VM 인스턴스에 연결하기 위한 드롭다운 옵션

그러면 그림 7-10과 같은 팝업 창이 표시된다. 두 가지 옵션이 있다. Google Cloud SDK CLI의 새 인스턴스에서 해당 명령을 실행하거나(우리의 경우 "Google Cloud SDK Shell"을 검색해 구성된 Google 클라우드 터미널 인스턴스를 열거나), 포털 페이지 자체의 셀을 통해 직접 실행할 수 있다. 두 옵션 모두 VM에 연결되므로 두 옵션 중 하나를 수행할 수 있다.

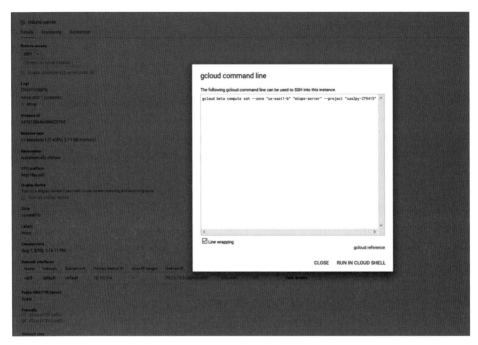

그림 7-10 SSH를 통해 VM에 연결할 수 있는 명령이다. 원하는 경우 포털 페이지 자체에서 SSH을 실행할 수도 있다.

터미널에 해당 명령을 복사하고 붙여넣어 VM에 연결한다. 실행을 마치면 그림 7-11 과 같은 항목이 나타나야 한다. 이 경우 VM에 있는 실제 셀의 PuTTY 인스턴스가 열린다.

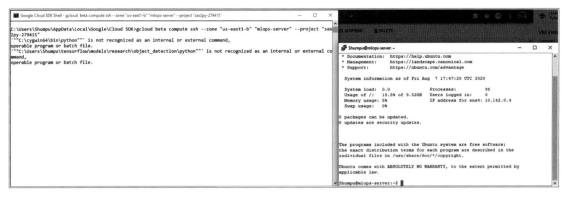

그림 7-11 포털에서 제공한 gcloud 명령을 실행한 결과다. 오른쪽에 VM 내부에 셸을 오픈한 PuTTY 터미널이 있다.

여기서 VM이 MLFlow 모델을 호스팅할 수 있도록 VM을 구성해야 한다.

먼저 다음 명령을 실행한다.

```
sudo apt update

sudo apt upgrade
```

프롬프트에 "y"로 답한다.

완료되면 이제 Conda를 설치할 수 있다. Conda가 없으면 MLFlow 모델이 로그인한 환경을 재구성할 수 없다. 이는 MLFlow 모듈화의 일부다. SageMaker 및 Azure의 경우 이름에서 알 수 있듯이 이미 이러한 Conda 환경을 "포함"한 컨테이너를 구축했다. 이렇게 하면 컨테이너가 클라우드에 있을 때 SageMaker에서 Conda 패키지를 재설치할 필요가 없다. 컨테이너의 인스턴스만 실행하면 되는데 이미 모든 것이 구성돼 있다.

먼저 리눅스 웹페이지에서 아나콘다를 설치하는 방법을 알아본다. 설치 링크를 제공해야 한다. 링크를 복사해 어딘가에 붙여넣는다. 명령을 사용해 해당 링크를 검색한다.

다음을 한 번에 하나씩 실행한다.

```
cd /tmp
curl -O https://repo.anaconda.com/archive/
Anaconda3-2020.07-Linux-x86_64.sh
```

그림 7-12와 같은 것을 볼 수 있다.

```
Shumpu@mlops-server:~$ cd /tmp
Shumpu@mlops-server:/tmp$ curl -O https://repo.anaconda.com/archive/Anaconda3-20
20.07-Linux-x86_64.sh
  % Total    % Received % Xferd  Average Speed   Time    Time     Time  Current
                                 Dload  Upload   Total   Spent    Left  Speed
100  550M  100  550M    0     0   165M      0  0:00:03  0:00:03 --:--:--  165M
Shumpu@mlops-server:/tmp$
```

그림 7-12 아나콘다 설치 스크립트 패치의 출력

다음을 실행해 아나콘다를 설치한다. bash Anaconda를 입력하고 **Tab** 키를 눌러 스크립트 이름의 나머지를 자동으로 채울 수 있다.

```
bash https://repo.anaconda.com/archive/
Anaconda3-2020.07-Linux-x86_64.sh
```

라이선스 계약을 살펴보라고 요청해야 한다. 마지막에 yes라고 대답하고 **Enter** 키를 눌러 기본 설치 위치를 확인한다. 그런 다음 Conda가 설치를 진행해야 한다. 추가 프롬프트에 yes라고 답한다. 완료되면 셸을 다시 시작한다(PuTTY 클라이언트를 닫고 명령 또는 클라우드 셸Shell을 다시 실행). 이제 Conda가 완전히 구성돼 있어야 한다.

이제 보다시피 Conda는 이미 기본 환경을 시작했다.

다음 코드를 실행해 새 환경을 생성해본다.

```
conda create -n mlflow python=3.7
```

다음 프롬프트에 "y"로 답하면 그림 7-13과 같은 메시지가 표시된다.

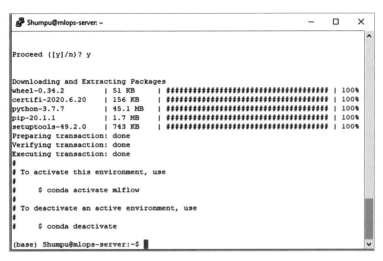

그림 7-13 이 화면이 표시되면 Conda 환경이 성공적으로 설치된 것이다.

다음으로 mlflow 및 google-cloud-storage 패키지를 설치한다.

전자는 당연히 설명이 필요없기 때문에, MLFlow로 무엇이든 할 수 있는 MLFlow가 필요하다. 이전 버전의 Google 저장소 버킷에서 실행한 항목에 접근할 예정이므로 Google 클라우드 스토리지가 필요하다.

다음을 실행한다.

```
conda activate mlflow

pip install mlflow google-cloud-storage
```

이 코드를 실행하면 모든 종속된 라이브러리도 같이 설치된다.

이후에 종속된 라이브러리를 더 설치해야 할 경우 mlflow 환경을 활성화하고 `pip install`을 사용해 패키지를 더 가져오거나 기존 패키지를 업데이트하는 것만으로 충분하다.

설치가 모두 완료되면 그림 7-14와 같은 화면이 나타난다.

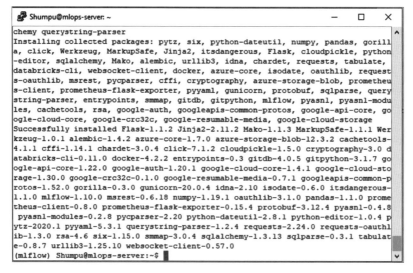

그림 7-14 Conda 환경에서 필요한 패키지 설치를 완료한 후 최종 출력

이를 통해 VM을 완전히 구성했다. 이제 방화벽만 구성하면 된다.

▶▶ 방화벽 구성

먼저 VM 인스턴스가 사용 중인 내부 IP를 확인해야 한다. 그러기 위해 다음을 실행한다.

```
ifconfig
```

그림 7-15와 같은 것을 볼 수 있다.

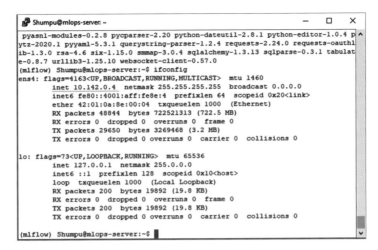

그림 7-15 명령을 실행할 때 표시되는 것과 유사한 것이다. 머신의 내부 IP를 찾을 수 있는 빨간색으로 강조 표시돼 있다. 지금의 경우 10.142.0.4이다. 이것은 진행하는 사람마다 다를 것이다.

빨간색으로 강조 표시된 내부 IP를 기록해둔다. 당신의 경우는 다를 것이다.

이제 방화벽을 추가해 서버 시작 후 서버에 액세스할 수 있도록 해야 한다. 포털로 돌아가 네트워킹이라고 표시된 섹션으로 스크롤하고 VPC 네트워크 옵션을 클릭한다. 그림 7-16과 같은 것을 볼 수 있다.

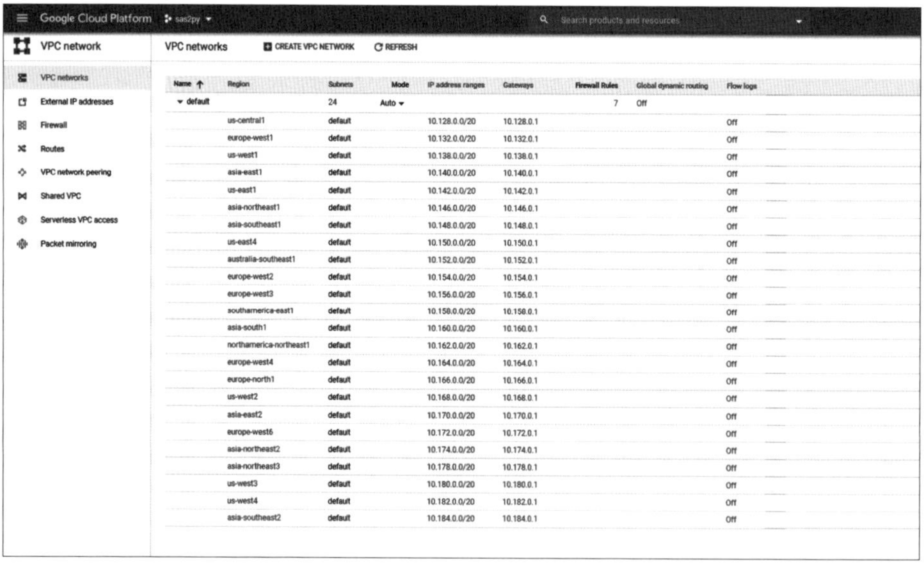

그림 7-16 포털의 VPC 네트워크 모듈. 방화벽 옵션을 클릭해 방화벽 옵션을 확인한다.

이제 방화벽을 클릭한 다음 방화벽 규칙 생성을 클릭한다. 즉, 다음 값을 입력할 수 있다.

- **Name**: mlflow-server

- **Target tags**: mlops-server, http-server, https-server

- **Source IP ranges**: 0.0.0.0/0

- **Protocols and Ports**: TCP 선택 후 5000포트 입력

의도치 않은 실수를 한 경우 방화벽 규칙을 편집할 수 있다. 그림 7-17과 같은 것을 볼 수 있다.

그림 7-17 방화벽 구성의 모습. 기본 세팅값으로 자동으로 채웠다.

이제 **Create**를 클릭한다. 방화벽 구성 및 Google 클라우드의 다른 모든 구성 작업은
완료했다. 이제 모델 배포로 이동할 수 있다.

▶▶ 모델 배포 및 쿼리

가상 머신이 완전히 구성됐다면 이제 모델을 배포해야 한다.

내부 IP가 여전히 로그인돼 있는지 확인한다. PuTTY 클라이언트로 돌아가서 다음 명령을 입력한다.

```
mlflow models serve -m gs://mlops-storage/EXPERIMENT_ID/RUN_ID/
artifacts/MODEL_NAME -h 10.142.0.4
```

명령은 다음과 같다. Google 스토리지 버킷에서 첫 실행만 하면 된다.

```
mlflow models serve -m gs://mlops-storage/8/1eb809b446d949d5a70
a1e22e4b4f428/artifacts/log_reg_model -h 10.142.0.4
```

그림 7-18과 같은 것을 볼 수 있다.

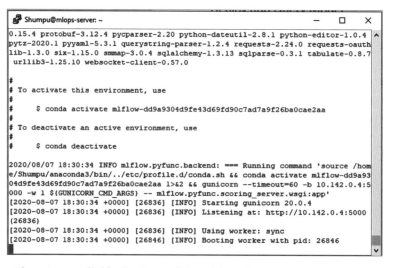

그림 7-18 Conda 환경을 성공적으로 구축하고 현재 모델을 서빙하는 경우 출력

이 모델을 성공적으로 예측하려면 한 단계만 더 진행하면 된다. 이제 외부 IP가 무엇인지 확인해야 한다. 이렇게 하려면 VM 인스턴스 페이지로 돌아가 VM 머신을 찾는다. 그림 7-19와 같은 것을 볼 수 있다.

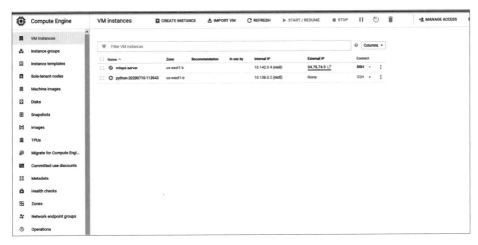

그림 7-19 포털의 VM 인스턴스 섹션에 서버의 외부 IP가 표시돼야 한다. 빨간색으로 강조 표시했지만 당신의 것은 아마도 무언가 다른 것일 것이다.

외부 IP 주소를 알게 되면 어딘가에 복사한다. 이제 주피터 노트북을 기동하고 이 모델을 쿼리할 수 있다.

주피터 노트북 셀에서 다음을 실행한다. 이 노트북과 동일한 디렉터리에 데이터 폴더가 있고 데이터 폴더에 creditcard.csv 파일이 포함돼 있는지 확인한다.

```
import pandas as pd
import seaborn as sns
import matplotlib.pyplot as plt
from sklearn.preprocessing import StandardScaler
from sklearn.model_selection import train_test_split
from sklearn.metrics import roc_auc_score, accuracy_score, confusion_matrix
import numpy as np
import subprocess
import json
df = pd.read_csv("data/creditcard.csv")
```

그런 다음 모델 예측을 가져오는 데 사용할 query() 함수를 정의한다.

```python
def query(input_json):
    proc = subprocess.run(["curl", "-X", "POST", "-H",
"Content-Type:application/json; format=pandas-split",
                        "--data", input_json,
                        "http://34.75.74.9:5000/invocations"],
                        stdout=subprocess.PIPE, encoding='utf-8')
    output = proc.stdout
    preds = json.loads(output)
    return preds
```

IP는 이제 http://34.75.74.9:5000/invocations이다.

기본적으로 IP는 http://YOUR_EXTERNAL_IP:5000/invocations 형식으로 자리 표시자를 VM의 외부 IP 주소로 대체한다.

이제 모델을 쿼리한다.

```python
input_json = df.iloc[:80].drop(["Time", "Class"],
axis=1).to_json(orient="split")
pd.DataFrame(query(input_json)).T
```

전체적으로 그림 7-20과 같은 것을 볼 수 있다.

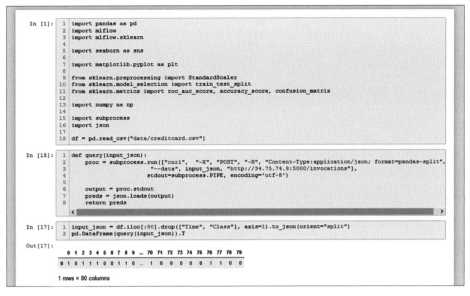

```
In [1]:   1  import pandas as pd
          2  import mlflow
          3  import mlflow.sklearn
          4
          5  import seaborn as sns
          6
          7  import matplotlib.pyplot as plt
          8
          9  from sklearn.preprocessing import StandardScaler
         10  from sklearn.model_selection import train_test_split
         11  from sklearn.metrics import roc_auc_score, accuracy_score, confusion_matrix
         12
         13  import numpy as np
         14
         15  import subprocess
         16  import json
         17
         18  df = pd.read_csv("data/creditcard.csv")
```

```
In [15]:  1  def query(input_json):
          2      proc = subprocess.run(["curl",  "-X", "POST", "-H", "Content-Type:application/json; format=pandas-split",
          3                             "--data", input_json, "http://34.75.74.9:5000/invocations"],
          4                            stdout=subprocess.PIPE, encoding='utf-8')
          5
          6      output = proc.stdout
          7      preds = json.loads(output)
          8      return preds
```

```
In [17]:  1  input_json = df.iloc[:80].drop(["Time", "Class"], axis=1).to_json(orient="split")
          2  pd.DataFrame(query(input_json)).T
```

Out[17]:

	0	1	2	3	4	5	6	7	8	9	...	70	71	72	73	74	75	76	77	78	79
0	1	0	1	1	1	0	0	1	1	0	...	1	0	0	0	0	0	1	1	0	0

1 rows × 80 columns

그림 7-20 데이터프레임의 처음 80개 행으로 모델을 쿼리하는 출력

모델을 쿼리하기 전에 데이터의 크기를 조정하지 않았기 때문에 예측이 정확하진 않다. 그러나 올바른 주소를 조회했으며 모델에서 예측을 반환할 수 있는지 확인한다.

이제 다음 셀을 실행한다.

```
normal = df[df.Class == 0].sample(frac=0.5, random_state=2020).
reset_index(drop=True)
anomaly = df[df.Class == 1]
normal_train, normal_test = train_test_split(normal, test_size
= 0.2, random_state = 2020)
anomaly_train, anomaly_test = train_test_split(anomaly,
test_size = 0.2, random_state = 2020)
scaler = StandardScaler()
scaler.fit(pd.concat((normal, anomaly)).drop(["Time", "Class"], axis=1))
test = pd.concat((normal.iloc[:1900], anomaly.iloc[:100]))
true = test.Class
test = scaler.transform(test.drop(["Time", "Class"], axis=1))
preds = []
batch_size = 80
for f in range(25):
```

```
    print(f"Batch {f}", end=" - ")
    sample = pd.DataFrame(test[f*batch_size:(f+1)*batch_size]).
    to_json(orient="split")
    output = query(sample)
    resp = pd.DataFrame([output])
    preds = np.concatenate((preds, resp.values[0]))
    print("Completed")
eval_acc = accuracy_score(true, preds)
eval_auc = roc_auc_score(true, preds)
print("Eval Acc", eval_acc)
print("Eval AUC", eval_auc)
```

완료되면 그림 7-21과 같은 것을 볼 수 있다.

```
In [19]:  1  test = pd.concat((normal.iloc[:1900], anomaly.iloc[:100]))
          2  true = test.Class
          3  test = scaler.transform(test.drop(["Time", "Class"], axis=1))
          4  preds = []
          5
          6  batch_size = 80
          7  for f in range(25):
          8      print(f"Batch {f}", end=" - ")
          9
         10      sample = pd.DataFrame(test[f*batch_size:(f+1)*batch_size]).to_json(orient="split")
         11
         12      output = query(sample)
         13      resp = pd.DataFrame([output])
         14      preds = np.concatenate((preds, resp.values[0]))
         15
         16      print("Completed")
         17
         18  eval_acc = accuracy_score(true, preds)
         19  eval_auc = roc_auc_score(true, preds)
         20
         21  print("Eval Acc", eval_acc)
         22  print("Eval AUC", eval_auc)

Batch 0 - Completed
Batch 1 - Completed
Batch 2 - Completed
Batch 3 - Completed
Batch 4 - Completed
Batch 5 - Completed
Batch 6 - Completed
Batch 7 - Completed
Batch 8 - Completed
Batch 9 - Completed
Batch 10 - Completed
Batch 11 - Completed
Batch 12 - Completed
Batch 13 - Completed
Batch 14 - Completed
Batch 15 - Completed
Batch 16 - Completed
Batch 17 - Completed
Batch 18 - Completed
Batch 19 - Completed
Batch 20 - Completed
Batch 21 - Completed
Batch 22 - Completed
Batch 23 - Completed
Batch 24 - Completed
Eval Acc 0.9915
Eval AUC 0.915
```

그림 7-21 배치 쿼리 스크립트 실행 결과

▶▶ 배포 업데이트 및 제거

모델 배포를 업데이트하는 것은 매우 쉽다. 설정 방법으로는 모델 서비스 명령(Ctrl+C)을 종료하고 다른 실행 ID로 명령을 다시 실행하면 된다.

다른 실행을 배포해본다. Google 스토리지 버킷을 확인하고 두 번째 실행을 선택한다.

우리의 경우 다음을 실행한다.

```
mlflow models serve -m gs://mlops-storage/8/3862eb3bd89b43e8ace610c521d97
4e6/artifacts/log_reg_model -h 10.142.0.4
```

그림 7-22에서 볼 수 있듯이 성공적으로 배포됐으며 동일한 스크립트를 사용해 쿼리하기만 하면 된다.

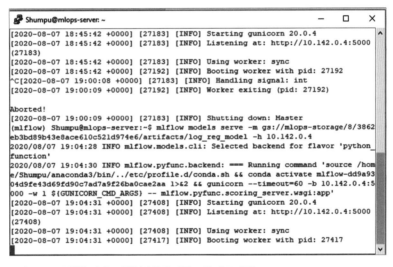

그림 7-22 동일한 명령 규칙을 사용해 다른 모델 배포 실행

배포를 제거하려면 **Ctrl+C**를 사용해 명령을 취소하기만 하면 된다. 이제 배포가 취소된다.

이제 모델을 서비스하고, 모델을 전환하고, 다른 모델을 배포하고, model serving 명령만 취소하면 배포를 제거할 수 있다.

▶ 자원 정리하기

이제 생성한 서비스의 모든 인스턴스를 삭제해 요금이 발생하지 않도록 해야 한다. 사용한 모든 서비스 목록은 다음과 같다.

- Google Cloud Storage Bucket

- Compute Engine VM Instance

- Networking Firewall Rule

먼저 VM 인스턴스부터 STOP을 클릭해 VM 실행을 중지하려 한다. 이 VM에 액세스하는 위치에 따라 그림 7-23과 같은 항목이 표시된다.

그림 7-23 중지한 이후의 VM 인스턴스

그런 다음 DELETE(삭제)를 클릭해 VM을 제거할 수 있다. VM을 중지해도 CPU/GPU 활용률이 청구되지 않을 뿐, VM에 연결된 서비스로 인해 발생하는 비용은 중지되지 않는다.

다음으로 스토리지 버킷으로 이동한다. 버킷을 확인하고 DELETE(삭제)를 클릭해 이 스토리지를 제거한다. 그림 7-24를 참조한다.

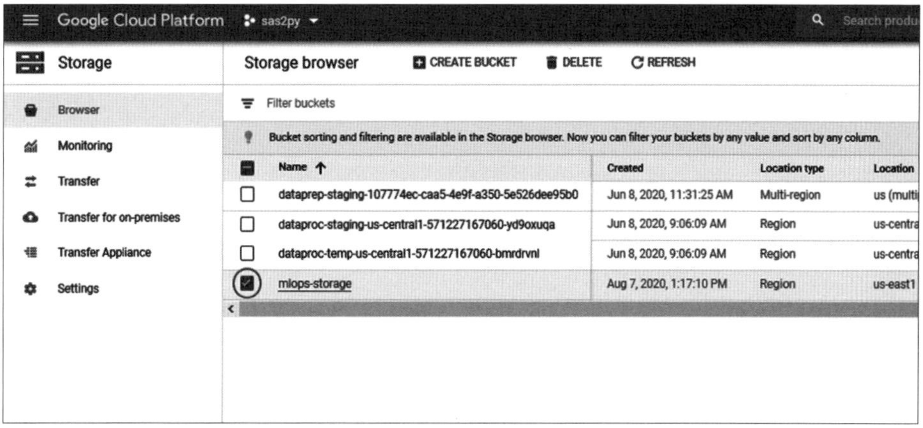

그림 7-24 스토리지 버킷 제거

마지막으로 방화벽 규칙도 제거할 수 있지만, 다른 규칙은 제거하지 않는다.

이를 통해 워크스페이스를 정리하고 더 이상 요금이 부과될 수 있는 서비스가 없어야 한다.

▶▶ 요약

Google 클라우드는 다양한 사용자에게 많은 고급 서비스를 제공하는 클라우드 플랫폼이다. MLFlow가 Google 클라우드 구축을 명시적으로 지원하지는 않지만, 여전히 MLFlow의 모델 서빙 기능과 Google 클라우드의 컴퓨팅 엔진을 사용해 클라우드에서 모델을 운영할 수 있다.

7장에서는 모델을 가상머신에 배포할 수 있도록 Google 클라우드를 설정하는 방법을 배웠다. 특히 MLFlow 실행을 버킷에 푸시하는 방법, 가상머신에서 Conda 환경을 설정하는 방법, 쿼리하기 위해 모델에 액세스할 수 있도록 방화벽을 설정하는 방법, 실행 ID를 전환하는 것으로 배포를 관리하는 방법을 살펴봤다.

부록에서는 Databricks가 모델 레지스트리를 사용해 모델을 작동시키고 관리하는 방법을 확인할 수 있다.

Databricks

부록에서는 Databricks가 무엇인지, Databricks 자체 내에서 MLFlow 실행을 로그에 기록하는 기본 MLFlow 기능을 활용하는 방법, Databricks에서 Azure로 모델을 배포하는 방법, Databricks에서 MLFlow 모델 레지스트리가 작동하는 방법 등을 설명한다.

▶▶ 소개

Databricks는 AWS, Microsoft Azure와 같은 다른 인기 AI 및 데이터 서비스와의 상호 운용성을 제공하는 개방형 플랫폼 및 클라우드 서비스다. Databricks는 Apache Spark, Delta Lake 및 MLFlow도 만들었다(MLFlow가 무엇인지 알아보려면 4장을 참조한다).

시작하기 전에 Databricks 계정이 필요하다. 사용자에게는 무료이지만 기능이 제한된 "커뮤니티 에디션" 계정을 만들 수 있다. 기본 MLFlow 기능은 Python 기능(예: PySpark 지원) 외에 사용할 수 있지만 모델 레지스트리 기능은 사용할 수 없다.

등록하려면 https://community.cloud.databricks.com/으로 이동한다.

그렇지 않으면 계정에 대한 가입 계획을 선택해 Databricks를 사용할 수 있으려면 비용을 지불해야 한다.

Databricks를 사용하면 Amazon AWS 또는 Microsoft Azure와 통합할 수 있다. Databricks에서 요금제에 가입하도록 선택하면 AWS와 통합된다. 그러나 Azure에서 Databricks를 배포할 수도 있다. 자세한 내용은 https://azure.microsoft.com/en-us/services/databricks/에서 확인할 수 있다.

주의: Microsoft Azure는 Databricks의 무료 14일 평가판을 제공하지만 Azure Databricks 프리미엄 버전(유료 Azure 구독 사용)으로 업그레이드하지 않으면 클러스터를 만들 수 없다.

이 부록에서는 Databricks의 커뮤니티 에디션을 사용할 예정이며, 이 에디션은 무료로 사용할 수 있다. 모델 레지스트리를 다루는 섹션은 프리미엄 Databricks 사용자만 사용할 수 있는 것으로 보이는 유일한 예외이다.

다음 사항에 관해 자세히 살펴보겠다.

- **Databricks 내에서 MLFlow 로깅 실행**: 오래된 노트북을 가져오는 기능을 제공하는 Databricks 자체 내에서 주피터 노트북을 실행할 수 있다. 이 파트에서는 scikit-learn을 사용해 실험을 수행하는 4장에서 노트북을 가져온다. 모든 실행은 Databricks 내에서 기록된다.

- **MLFlow UI**: Databricks에는 브라우저에서처럼 실험당 실행 내용을 모두 볼 수 있는 MLFlow UI가 내장돼 있다. 이 UI를 사용한 실험을 살펴보고 기록할 실행을 검사한다.

- **AWS/Azure에 배포**: 통합 대상에 따라 이러한 서비스 중 하나에 모델을 배포할 수 있다. 부록에서는 Microsoft Azure에 배포하겠다.

- **MLFlow 모델 레지스트리**: 프리미엄 Databricks를 사용하면 모델 레지스트리가 추가될 수 있다. 여기서는 모델 레지스트리가 무엇이고 어떻게 작동하는지 살펴보겠다.

자, 그럼 시작해보자.

▶▶ Databricks에서 실험 실행

커뮤니티 에디션이든 다른 버전이든 Databricks를 설정하면 그림 A-1과 비슷한 홈 화면이 나타난다.

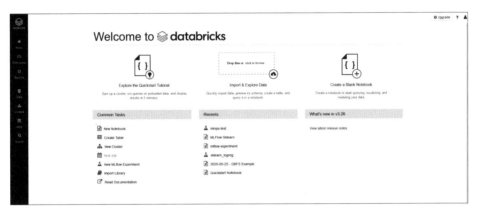

그림 A-1 Databricks 홈 화면. 커뮤니티 버전이 있는 경우 왼쪽에 있는 탐색 모음에는 모델 탭이 없지만 그렇지 않으면 거의 동일한 모양이어야 한다.

Common Tasks라고 표시되면 New MLFlow Experiment 옵션이 나타날 때까지 아래로 이동한다.

이 옵션을 클릭한다.

원하는 다른 이름을 입력할 수 있지만 그림 A-2와 같은 것이 표시된다.

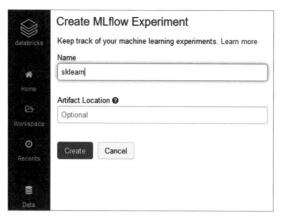

그림 A-2 MLFlow 실험을 생성할 때 보여야 하는 화면

Create를 클릭한다. 이제 MLFlow UI에 이 실험의 세부 정보가 표시된다. 물론 방금 만들었으니 실행은 없다. 그림 A-3 같은 것을 볼 수 있을 것이다.

그림 A-3 실험 생성 후 표시되는 화면. 실험 이름은 이제 /Users/sadari@bluewhale.one/sklearn이다. 코드에 실험을 설정할 때 사용할 전체 실험 이름이므로 이 점에 유의한다.

참고로 이 경우 실험 이름은 sklearn이 아니라 /Users/sadari@bluewhale.one/ sklearn 전체다. 보이는 것은 노트북 코드에서 실험을 설정할 때 사용하는 것이다. 이렇게 하면 Databricks를 클릭해 홈 화면으로 돌아간다.

이제 두 가지 선택 사항이 있다.

1. 새 노트북을 만들고 셀을 처음부터 채운다.

2. 4장에서 MLFlow scikit-learn 노트북을 가져온다.

부록에서는 MLFlow scikit-learn 노트북을 가져오지만 Databricks에서 작동하도록 조정하기 위해 몇 가지 사항을 변경한다.

그러나 노트북을 시작하기 전에 노트북 코드를 실행할 클러스터를 만들어야 한다. 이것을 위해 새 클러스터 옵션을 클릭하면 그림 A-4와 같은 항목이 표시된다.

그림 A-4 Databricks 커뮤니티 버전의 클러스터 생성 UI. 여기서 이름과 7.2 ML runtime이 자동으로 채워진다.

그림 A-4와 동일한 런타임이 있거나 런타임 이름에 "ML"이 있는 런타임이 있어야 한다. 완료되면 **Create Cluster option**을 클릭한다.

그런 다음 모든 클러스터를 표시하는 UI로 이동한다. 클러스터가 즉시 나타나지 않으면 새로고친다. 시간이 좀 걸릴 수 있으니 그 사이에 홈 화면으로 돌아가본다.

이제 노트북으로 진행할 수 있다. 왼쪽 탐색 창에서 **Home › Users**(선택되지 않은 경우)를 누른 다음 **username**을 클릭해 드롭다운 창을 연다. 그림 A-5와 같은 것을 볼 수 있다.

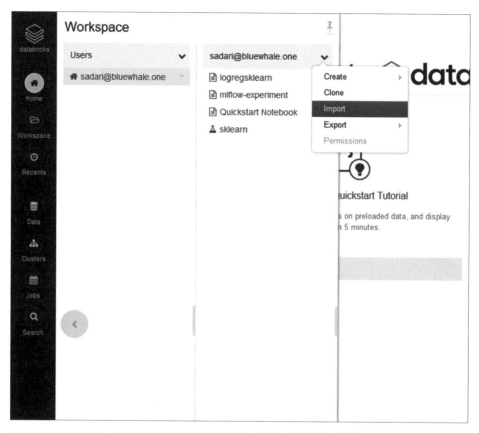

그림 A-5 노트북을 import할 수 있는 홈 메뉴다. 여기에 표시된 다른 파일은 신경쓰지 않는다. sklearn이라는 실험 파일과 Quickstart 노트북 파일만 있을 수 있다.

Import를 클릭하고 4장에서 언급한 MLFlow 노트북으로 이동한다(scikit-learn 전용 노트북이 있는 경우, 그것을 권장함).

이제 출력을 제외한 방금 import한 노트북의 모든 내용이 포함된 노트북으로 이동한다.

이 작업을 실행하기 전에 데이터를 import해야 한다. 그러려면 그림 A-6을 참조한다. 드롭다운 메뉴에서 **File > Upload Data**를 클릭해야 한다.

그림 A-6 이 노트북에서 접근할 수 있도록 데이터를 업로드

다른 모든 항목은 그대로 두고 **Browse**를 클릭해 신용카드 데이터 세트(creditcard. csv)를 찾아서 업로드한다.

파일 크기로 인해 업로드하는 데 다소 시간이 걸리지만 모든 작업이 완료되면 **Next**를 클릭한다. 이 파일을 import하는 방법을 알려주는 코드 샘플이 표시된다. pandas 를 선택했는지 확인한다. 이제 이 코드를 붙여넣어 실행할 수 있다. 우리의 경우 파일이 존재하지 않는다는 오류가 발생해 대신 Spark와 함께 로드해 그것을 Pandas 데이터프레임으로 변환했다. 동일한 파일 경로가 주어진 경우 어떤 이유로든 작동한다.

모든 것을 실행하기 전에 클러스터 구축이 완료됐는지 확인한다. 노트북의 첫 번째 셀 위에는 "detached"라는 막대가 있다. 그것을 클릭하면 사용 가능한 클러스터가 표시된다. 클러스터를 사용할 준비가 되면 옆에 녹색 점이 있어야 한다. 그렇지 않으면 구성 중임을 로딩 서클^{Loading Circle}이 표시할 것이다.

클러스터를 클릭한다. 완료되면 그림 A-7과 같은 것을 볼 수 있다.

그림 A-7 클러스터를 사용할 준비가 됐음을 나타낸다. 녹색 점이 보이면 이제 노트북에서 셀을 실행할 수 있다.

이제 코드를 수정하는 것부터 시작할 수 있다. 먼저 import문부터 살펴보겠다. 첫 번째 셀을 다음과 같이 변경한다.

```python
import numpy as np
import pandas as pd
import matplotlib #
import matplotlib.pyplot as plt
import seaborn as sns
import sklearn #
from sklearn.linear_model import LogisticRegression
from sklearn.model_selection import train_test_split
from sklearn.preprocessing import StandardScaler
from sklearn.metrics import roc_auc_score, plot_roc_curve,
confusion_matrix, accuracy_score
from sklearn.model_selection import KFold
import pyspark
from pyspark.sql import SparkSession
from pyspark import SparkConf, SparkContext
import os
import mlflow
import mlflow.sklearn
print("Numpy: {}".format(np.__version__))
print("Pandas: {}".format(pd.__version__))
print("matplotlib: {}".format(matplotlib.__version__))
print("seaborn: {}".format(sns.__version__))
print("Scikit-Learn: {}".format(sklearn.__version__))
print("MLFlow: {}".format(mlflow.__version__))
print("PySpark: {}".format(pyspark.__version__))
```

여기서는 PySpark를 import하기 위해 다른 import문을 추가했다.

첫 번째 셀 아래에 새 셀을 생성하고 다음을 추가한다.

```
os.environ["SPARK_LOCAL_IP"]='127.0.0.1'
spark = SparkSession.builder.master("local[*]").getOrCreate()
spark.sparkContext._conf.getAll()
```

실행 시 그림 A-8과 같은 것을 볼 수 있다.

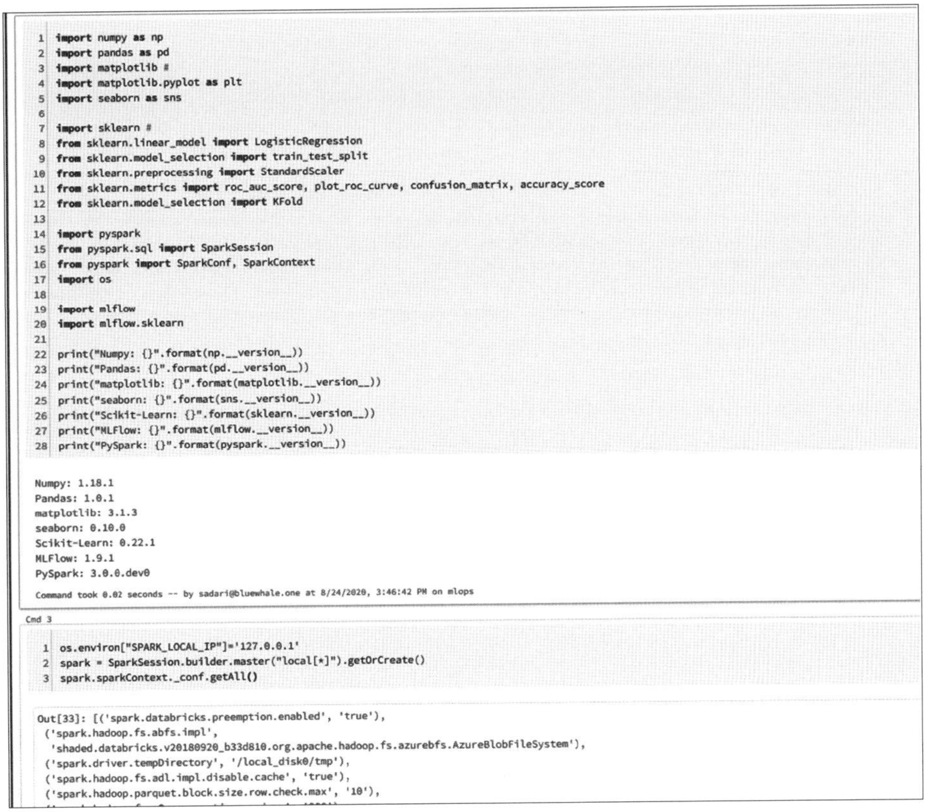

그림 A-8 처음 두 셀을 실행하고 Spark 컨텍스트를 확인한다.

다음 셀은 Pandas 데이터프레임을 적재하던 위치여야 한다. 다음과 같이 변경한다.

```
df = spark.read.csv("/FileStore/tables/creditcard.csv",header = True,
inferSchema = True).toPandas()
df = df.drop("Time", axis=1)
```

이 셀을 실행하고 df.head()인 다음 셀을 실행하면 그림 A-9와 같은 항목이 표시된다.

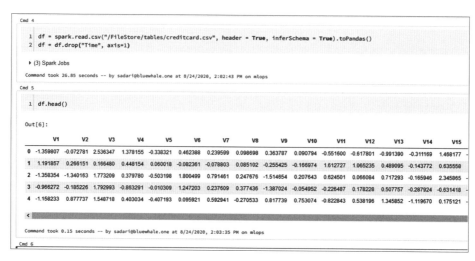

그림 A-9 PySpark에서 성공적으로 데이터프레임을 로드하고 pandas로 변환했는지 확인

이때 MLFlow 실행을 실제로 시작하는 셀까지 나머지 코드를 실행하면 된다.

모든 항목이 동일한 실행으로 기록되도록 하려면 이 셀을 분할해야 한다. 따라서 원하는 경우 다음 내용을 사용해 새로운 셀을 생성할 수 있다.

```
sk_model = LogisticRegression(random_state=None, max_iter=400,
solver='newton-cg')
mlflow.set_experiment("/Users/sadari@bluewhale.one/sklearn")
train(sk_model, x_train, y_train)
```

여기 다음 세 개의 셀이 있다. 각 텍스트 상자는 자체 셀이어야 한다.

```
evaluate(sk_model, x_test, y_test)
mlflow.sklearn.log_model(sk_model, "log_reg_model")
mlflow.end_run()
```

같이 보면 그림 A-10처럼 보일 것이다.

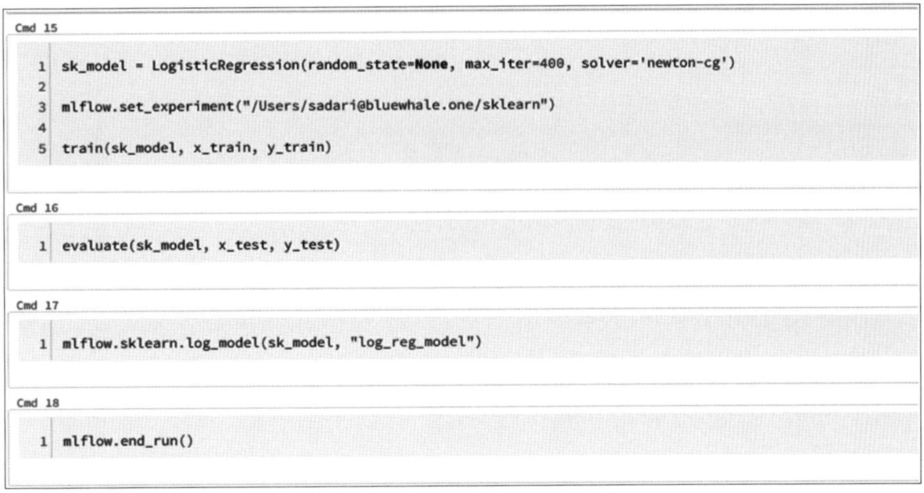

```
Cmd 15

1  sk_model = LogisticRegression(random_state=None, max_iter=400, solver='newton-cg')
2
3  mlflow.set_experiment("/Users/sadari@bluewhale.one/sklearn")
4
5  train(sk_model, x_train, y_train)


Cmd 16

1  evaluate(sk_model, x_test, y_test)


Cmd 17

1  mlflow.sklearn.log_model(sk_model, "log_reg_model")


Cmd 18

1  mlflow.end_run()
```

그림 A-10 코드를 분할해 관련 메트릭과 아티팩트를 기록해 모든 항목이 동일한 실행으로 끝나도록 한다. 직관적이지는 않지만 mlflow.start_run()을 사용하면 실행이 실패하는 것 같다.

이제 이 셀들을 실행하면 모든 항목이 실험에 기록되는 것을 볼 수 있다.

실행을 보려면 탐색 창^{navigation pane}에서 워크스페이스를 클릭한 다음 sklearn 및 실험 이름을 클릭한다. 거기에서 실행이 기록되는 것을 볼 수 있다. 그것을 클릭하면 모든 메트릭과 아티팩트가 성공적으로 기록된 그림 A-11과 같은 항목이 표시된다.

그림 A-11 실행 메트릭 및 아티팩트를 보고 성공적으로 기록됐는지 확인

이제 배포할 준비가 됐다. MLFlow 실행 로깅은 Databricks에서처럼 간단하다. Databricks의 추가 이점 중 하나는 Spark 기능을 통합하기 때문에 PySpark 모델을 주로 기록하려는 경우 Databricks가 이상적일 수 있다.

▶ Azure에 배포

이미 Azure에 배치하는 방법을 살펴봤으므로, 바로 본론으로 들어가겠다. 이 프로세스에 관해 더 자세히 알아보려면 6장을 참조한다.

▶ 워크스페이스에 연결

이 단계에서는 Databricks를 통해 기존 워크스페이스에 연결하기만 하면 된다. Databricks에는 azureml-sdk가 설치돼 있지 않으므로 사용자가 직접 설치해야 한다. 다행히 주피터는 셀에서 이를 할 수 있게 해주니, 간단히 다음을 실행한다.

```
!pip install azureml-sdk
```

그런 다음 모든 자리 표시자를 사용자 고유의 값으로 대체해 다음을 실행한다.

```
import azureml
from azureml.core import Workspace
workspace_name = "databricks-deploy" # Your workspace name
workspace_location="East US" # Your region
resource_group = "azure-mlops" #Your resource group
subscription_id = "xxxxxxxx-xxxx-xxxx-xxxx-xxxxxxxxxxxx"

# Your subscription ID above
workspace = Workspace.create(name = workspace_name,
                             location = workspace_location,
                             resource_group = resource_group,
                             subscription_id = subscription_id,
                             exist_ok=True)
```

이를 실행할 때 그림 A-12와 같은 항목이 인증을 요청하는 것을 볼 수 있다. 지시대로만 하면 바로 진행할 수 있다.

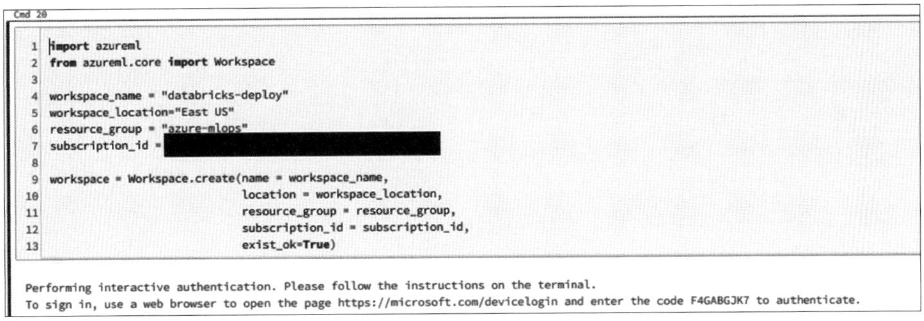

그림 A-12 기존 워크스페이스에 연결을 시도할 때 인증을 요청하는 셀이다. 지침에 따라 셀은 "Deployed Workspace with name databricks-deploy"문으로 마무리해야 한다. 몇 초 소요된다.

이 작업이 완료되면 MLFlow 기능을 사용해 컨테이너 이미지 빌드 및 푸시를 계속할 수 있다. 그러기 전에 run ID를 추적하고(그림 A-11에서 볼 수 있음) 아래 셀에 해당 정보를 복사한다.

```
run_id = "dabea5a03050455aa5ad4a61fa548093"
model_name = "log_reg_model"
model_uri = f"runs:/{run_id}/{model_name}"
```

다음은 MLFlow 코드가 있는 두 셀로 컨테이너 이미지를 빌드하고 푸시한다.

```
import mlflow.azureml
model_image, azure_model = mlflow.azureml.build_image
                        (model_uri=model_uri, workspace=workspace,
                         model_name="sklearn_logreg",
                         image_name="model",
                         description="SkLearn LogReg Model for
                         Anomaly Detection",
                         synchronous=False)
model_image.wait_for_creation(show_output=True)
```

셀들은 그림 A-13처럼 보여야 한다.

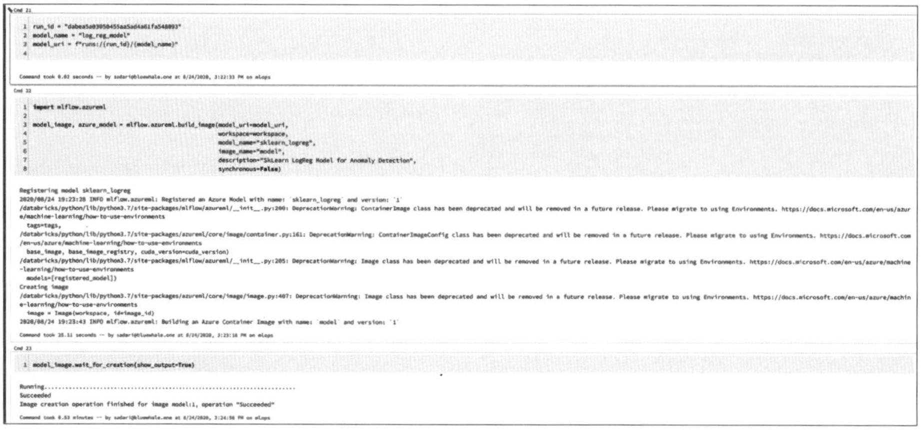

그림 A-13 위에서 나온 세 개의 셀과 그 출력. 여기서는 모델 런을 지정한 다음 해당 모델에 기반한 Azure에 컨테이너를 빌드 및 푸시한다.

이 단계를 완료하면 MLFlow Azure를 사용해 모델을 배포할 수 있다.

이렇게 하려면 다음을 실행하기만 하면 된다.

```
azure_service, azure_model = mlflow.azureml.deploy(model_uri,
                              workspace,
                              service_name="sklearn-logreg",
                              model_name="log-reg-model",
                              synchronous=True)
```

이제 쿼리에 사용할 URI를 확인해 성공적으로 배포됐는지 확인한다.

```
azure_service.scoring_uri
```

성공하면 양쪽 출력 셀 모두에 대해 그림 A-14와 같은 것을 볼 수 있다.

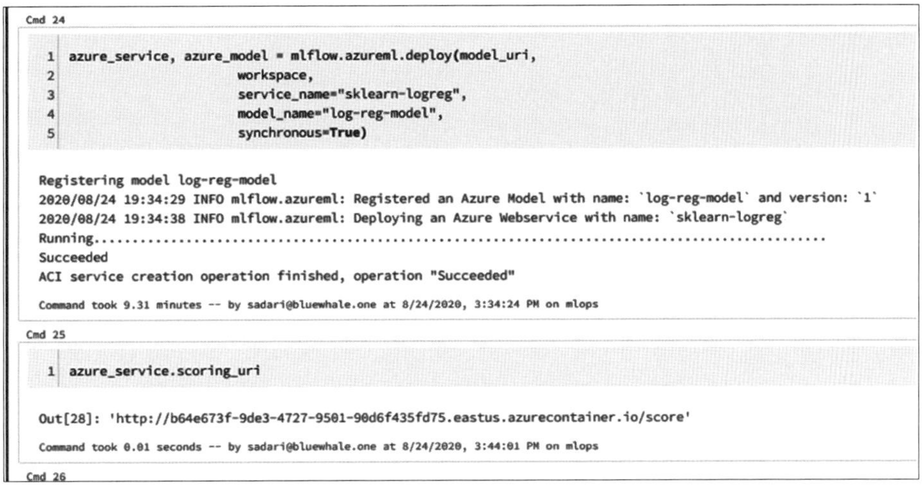

그림 A-14 모델의 배포 출력과 서비스의 점수 URI 확인

URI가 있기 때문에 모델이 성공적으로 배포됐다. 이제 쿼리 프로세스로 이동할 수 있다.

▶▶ 모델 쿼리

모델을 사용해 예측하기 전에 쿼리 함수를 정의해야 한다.

```python
import requests
import json
def query(scoring_uri, inputs):
    headers = {
    "Content-Type": "application/json",
    }
    response = requests.post(scoring_uri, data=inputs,
    headers=headers)
    preds = json.loads(response.text)
    return preds
```

배치 쿼리 코드를 사용해 배포된 모델을 쿼리하고 관련 메트릭스를 살펴보겠다. 다행히 이미 이전부터 Scaler 개체를 갖고 있었기 때문에 MLFlow 실험에서 데이터를 처리할 수 있었다.

다음을 실행하기만 하면 된다.

```python
test = pd.concat((normal.iloc[:1900], anomaly.iloc[:100]))
true = test.Class
test = scaler.transform(test.drop(["Class"], axis=1))
preds = []
batch_size = 80
for f in range(25):
    print(f"Batch {f}", end=" - ")
    sample = pd.DataFrame(test[f*batch_size:(f+1)*batch_size]).
    to_json(orient="split")
    output = query(scoring_uri=azure_service.scoring_uri,
    inputs=sample)
    resp = pd.DataFrame([output])
    preds = np.concatenate((preds, resp.values[0]))
    print("Completed")
eval_acc = accuracy_score(true, preds)
eval_auc = roc_auc_score(true, preds)
```

```
print("Eval Acc", eval_acc)
print("Eval AUC", eval_auc)
```

```
 1  test = pd.concat([normal.iloc[:1900], anomaly.iloc[:100]])
 2  true = test.Class
 3  test = scaler.transform(test.drop(["Class"], axis=1))
 4  preds = []
 5
 6  batch_size = 80
 7  for f in range(25):
 8      print(f"Batch {f}", end=" - ")
 9
10      sample = pd.DataFrame(test[f*batch_size:(f+1)*batch_size]).to_json(orient="split")
11
12      output = query(scoring_uri=azure_service.scoring_uri, inputs=sample)
13      resp = pd.DataFrame([output])
14      preds = np.concatenate((preds, resp.values[0]))
15
16      print("Completed")
17
18  eval_acc = accuracy_score(true, preds)
19  eval_auc = roc_auc_score(true, preds)
20
21  print("Eval Acc", eval_acc)
22  print("Eval AUC", eval_auc)

Batch 0 - Completed
Batch 1 - Completed
Batch 2 - Completed
Batch 3 - Completed
Batch 4 - Completed
Batch 5 - Completed
Batch 6 - Completed
Batch 7 - Completed
Batch 8 - Completed
Batch 9 - Completed
Batch 10 - Completed
Batch 11 - Completed
Batch 12 - Completed
Batch 13 - Completed
Batch 14 - Completed
Batch 15 - Completed
Batch 16 - Completed
Batch 17 - Completed
Batch 18 - Completed
Batch 19 - Completed
Batch 20 - Completed
Batch 21 - Completed
Batch 22 - Completed
Batch 23 - Completed
Batch 24 - Completed
Eval Acc 0.9915
Eval AUC 0.915
Command took 6.64 seconds -- by sudar1@bluewhale.one at 8/24/2020, 3:47:49 PM on etlogs
```

그림 A-1 배치 쿼리 스크립트의 출력. 배치 20 이전의 출력을 볼 수 없는 경우, 오른쪽 하단의 작은 화살표를 눌러 출력 크기를 조정한다.

이제 Databricks에서 MLFlow 실행을 기록하고 클라우드 플랫폼에 모델을 배포하는 방법을 알게 됐다.

배포를 삭제하려면 다음을 실행하면 된다.

```
azure_service.delete()
```

이 배포를 위해 생성한 리소스도 모두 삭제해야 한다.

AWS 절차는 5장에서 수행한 절차와 매우 유사하지만, Databricks가 AWS에 액세스할 수 있도록 AWS를 설정하면 된다.

Databricks에는 이 모든 작업을 수행하는 방법에 대한 튜토리얼이 있다. Databricks의 장점 중 하나는 거의 모든 것, 특히 MLFlow에 대한 광범위한 문서를 갖고 있다는 것이다.

▶▶ MLFlow 모델 레지스트리

이 절에서는 모델 레지스트리에 대해 간략히 설명하겠다. 모델 레지스트리를 사용하려면 Databricks 및 선택한 클라우드 플랫폼 서비스(AWS 또는 Azure)에 대한 프리미엄 가입이 필요하다.

MLFlow를 통해 Databricks는 사용자가 특정 모델이 어떤 단계에 있는지 정의할 수 있도록 내장된 모델 레지스트리 기능을 제공한다. MLFlow Model Registry를 사용하면 다양한 팀 간의 협업을 더욱 강화해 모델 수명 주기의 다양한 단계에서 모델을 개발하고 유지하며 중앙 집중화된 조직화된 영역에서 모두 관리할 수 있다.

사용자는 자동 제어와 수동 제어 사이의 옵션으로 모델의 수명 주기 단계 변경(실험, 테스트, 운영)을 제어한다. MLFlow Model Registry는 모델의 기록을 추적해 변경을 승인할 수 있는 사용자를 관리하는 데 있어 일종의 거버넌스를 제공한다.

알아야 할 몇 가지 개념

- **Registered model(등록된 모델)**: MLFlow Model Registry에 등록하면 고유한 이름, 버전, 단계 등을 가진다.

- **Stage(단계)**: 일부 사전 설정된 단계는 None, Staging, Production, Archived 이다. 사용자는 각 모델 버전에 대해 수명 주기를 나타내는 사용자 정의 단계를 생성할 수도 있다. 모델 단계 전환은 사용자의 관리 수준에 따라 요청되거나 승인된다.

- **Description(설명)**: 사용자는 팀의 모델에 주석을 달 수 있다.

- **Activities(활동)**: MLFlow는 등록된 모델의 활동을 기록해 모델의 단계 이력을 제공한다.

일부 기능에는 다음이 포함된다.

- **Central repository(중앙 저장소)**: MLFlow 모델을 중앙 위치에 등록한다.

- **Model versioning(모델 버전 관리)**: 모델의 버전 기록을 추적한다. 이제 특정 작업을 위해 제작된 모델은 여러 버전을 가질 수 있다.

- **Model stage(모델 단계)**: 모델 버전에는 전체 주기를 나타내는 단계가 있다. 예를 들어 모델 버전 관리와 함께 최신 버전이 먼저 준비 단계로 전송되는 동안 이전 모델 버전은 단계적으로 폐기될 수 있다.

- **Model stage transitions(모델 스테이지 전환)**: 자동화를 통해 새로운 변경 사항 및 이벤트에 대응할 수 있다. 예를 들어 학습 스크립트를 자동화해 새 모델을 자동으로 학습하고 스테이징에 할당할 수 있다.

- **CI/CD workflow integration(CI/CD 워크플로우 통합)**: 새 버전이 등록되고 배포 단계가 변경될 때 CI/CD 파이프라인의 변경 사항을 모니터링한다. 이를 통해 배포 프로세스에 대한 거버넌스를 개선할 수 있다.

- **Model serving(모델 서빙)**: MLFlow 모델은 AWS 또는 Azure와 같은 클라우드 서비스에 배포되는 것 외에도 REST API를 통해 Databricks에서 서비스될 수 있다.

그러면 Databricks에서 모델을 등록하는 방법을 살펴보겠다.

먼저 MLFlow experiment로 가서 run을 뽑는다. 아티팩트를 스크롤해 모델이 포함된 폴더를 클릭한다. 프리미엄 Databricks가 없는 경우 이 Register Model 버튼을 볼 수 없다. 버튼을 클릭하고 드롭다운 메뉴에서 **Create New Model**을 클릭하면 그림 A-16과 같은 항목이 표시된다.

그림 A-16 MLFlow 모델 등록

완료되면 **Register Model** 버튼을 녹색 확인 표시와 이 특정 모델의 모델 버전 페이지에 대한 링크로 대체된다.

이 페이지에서 모델의 단계를 설정할 수 있다. 모델 단계는 사전 설정된 단계만 사용하는 경우 None, Staging, Production 또는 Archived 중 하나이다. 또한 이 특정 모델에 설명을 추가할 수 있다.

또한 모델의 단계 변경을 요청할 수 있으며 승인, 거부 또는 취소될 수 있는 상황에 선택적으로 설명을 추가할 수도 있다.

이제 모델의 현재 단계를 파악해 모델을 더 잘 추적할 수 있다. 모델 버전 지정도 지원되므로 여러 버전의 모델이 있을 수 있으며 각 버전에 대한 모델 단계를 한 번에 볼 수 있다.

등록한 모든 모델을 보려면 그림 A-17과 같이 Databricks에서 Models 탭을 클릭한다.

그림 A-17 이 경우 Models 탭과 함께 Azure에 배포된 프리미엄 Databricks 왼쪽의 탐색 창(navigation pane)과 모델 레지스트리로 이동한다.

7장에서 살펴본 모델 레지스트리는 모델을 중앙 집중식 영역에 배치하기만 하면 되지만 실제 이러한 유형의 기능이 없다. 이 기능을 구현하려면 외부 프로그램을 통해 구현해야 한다. 그러나 모든 것이 모듈화된 방식을 고려할 때 상대적으로 간단한 작업이다.

일반 MLFlow를 사용하려면 mysql, myssl, sqlite 또는 postgresql 언어로 실행을 저장하는 MLFlow 서버가 있어야 한다. 그런 다음 이 특정 서버의 저장소와 관련된 UI를 열면 모델을 등록하고 모든 MLFlow Model Registry 기능을 사용할 수 있다.

이 모든 것이 상당히 복잡해질 수 있다. 따라서 프리미엄 버전의 Databricks와 AWS 또는 Azure 중 어느 플랫폼에든 Databricks를 사용할 수 있다면 Databricks가 모든 것을 해결해준다.

Databricks의 MLFlow 모델 등록은 여기까지다.

이제 Databricks에서 주피터 노트북을 실행하는 방법, MLFlow 실행 및 실험을 기록하는 방법, 클라우드 플랫폼에 모델을 배포하는 방법을 알게 됐다.

▶▶ 요약

Databricks는 Amazon AWS 또는 Microsoft Azure와 통합된 클라우드 플랫폼이다. MLFlow를 만든 Databricks는 MLFlow 기능을 자사 서비스에 통합해 클라우드에서 원하는 모든 MLFlow 실험을 실행할 수 있도록 지원한다. 또한 모델 레지스트리를 실행하는 메커니즘도 관리해 클라우드에서 MLFlow를 최대한 활용할 수 있다.

이 부록에서는 기존 노트북을 가져오고, MLFlow 실험을 생성하고 직접 MLFlow 실행을 기록하는 방법에 대해 배웠다. 또한 이 모델을 Databricks 자체 내에서 Azure에 배포하는 방법과 모델 레지스트리와 Databricks에서 작동하는 방식도 살펴봤다.

이를 통해 기존 머신러닝 실험을 수행하고 MLFlow를 사용해 매우 쉽게 운영할 수 있는 방법을 알게 됐다. 또한 Amazon AWS, Microsoft Azure 및 Google Cloud의 세 가지 클라우드 플랫폼에 모델을 배포하는 방법도 배웠다.

부록에서는 MLFlow 실험을 실행하는 데 주로 사용되는 Databricks도 목록에 추가했다. 즉, MLFlow 실험을 실행하고 다른 클라우드 플랫폼에서 실행을 기록할 수 있다. Databricks 내에서 실행하기가 훨씬 수월하다.

찾아보기

에이콘출판의 기틀을 마련하신 故 정완재 선생님 (1935-2004)

MLFlow를 활용한 MLOps
AWS, Azure, GCP에서 MLOps 시작하기

발 행 | 2022년 2월 28일

지은이 | 스리다르 알라 · 수만 칼리안 아다리
옮긴이 | 정 이 현

펴낸이 | 권 성 준
편집장 | 황 영 주
편 집 | 조 유 나
　　　　김 진 아
디자인 | 윤 서 빈

에이콘출판주식회사
서울특별시 양천구 국회대로 287 (목동)
전화 02-2653-7600, 팩스 02-2653-0433
www.acornpub.co.kr / editor@acornpub.co.kr

한국어판 ⓒ 에이콘출판주식회사, 2022, Printed in Korea.
ISBN 979-11-6175-613-4
http://www.acornpub.co.kr/book/mlops-mlflow

책값은 뒤표지에 있습니다.